喻园新闻传播学者论丛

转向媒介

中国传播史的探索与反思

TURNING TO MEDIA

EXPLORATION AND REFLECTION ON
THE HISTORY OF CHINESE COMMUNICATION

唐海江 著

社会科学文献出版社
SOCIAL SCIENCES ACADEMIC PRESS (CHINA)

喻园新闻传播学者论丛
编辑委员会

总 序

置身于全球化、媒介化的当下，我们深刻感受与体验着时时刻刻被潮水般的信息所包围、裹挟和影响的日常。这是一个新兴的信息技术日新月异快速变革和全面应用的时代，媒介技术持续地、全方位地形塑着人类社会信息传播实践的样貌。可以说，新闻传播的形态、业态和生态，在相当程度上被信息技术所决定和塑造。“物换星移几度秋”，信息技术的迭代如此之快，我们甚至已经难以想象，明天的媒体将呈现什么样的面貌，未来的人们将如何进行相互交流。

华中科技大学的新闻传播学科，就是在全球科技革命浪潮高涨的背景下开设的，在学校所拥有的以信息科学为代表的众多理工类优势学科的滋养下发展和繁荣的。诚然，华中科技大学新闻与信息传播学院还是一个相对年轻的学院。1983 年 3 月，在学院的前身新闻系筹建之时，学校派秘书长姚启和教授参加全国新闻教育工作座谈会。会上，姚启和教授提出，时代的发展，尤其是科学技术日新月异的进步，将对新闻从业者的媒介技术思维、素养和技能提出比以往任何时代都高的要求。当年 9 月，我们的新闻系成立并开始招生。成立后，即确立了“文工交叉，应用见长”的发展思路，强调培养学生的动手能力和应用能力，强调在科学研究和人才培养中，充分与学校的优势理工类专业交叉渗透。

1998 年 4 月，新闻系升格为学院。和其他新闻传播学院的命名有所不同，我们的院名定为“新闻与信息传播学院”，增添了“信息”二字。这是由当时华中科技大学的前身——华中理工大学的在任校长，也是前教育部长周济院士所加。他认为，要从更为广阔的视域来审视新闻与传播活动的过程和规律，尤其要注重从信息科学和技术的角度来透视人类传播现象，考察传播过程中信息技术与人和社会的关系。“日拱一卒，功不唐捐”。一直以来，这种思路被充分贯彻和落实到我院的学科规划、科学研究、人才培养、社会服务等各项工作中。

因此，华中科技大学新闻与信息传播学院的最大特色，就是我们自创立以来，一直秉承文工交叉融合发展的思路，在传统的人文学科和“人文学科+社会科学”新闻传播学科发展模式之外，倡导、创新和践行了一种全新的范式。在这种学科发展范式下，我们以“多研究些问题”的学术追求，开拓了以信息技术为起点来观察人类新闻传播现象的视界，建构了以媒介技术为坐标的新闻传播学科建设框架，形成了以“全能型”“高素质”“复合型”“创新型”为指向的人才培养目标，建立了跨越人文社会科学、科学技术和新闻传播学的课程体系和师资队伍，培育了适合学生实践技能和科技素质养成的教学环境。

就学科方向而论，30多年来，学院在长期的学科凝练和规划实践中，形成了相对稳定的三大支柱性学科方向：新闻传播史论、新媒体和战略传播。在本学科于1983年创办之时，新闻传播史论即是明确的战略方向。该方向下的教学和研究工作主要包括：马克思主义新闻观与思想体系、新闻基础理论、新闻事业改革、中外新闻史、传播思想史、传播理论、新闻传播学研究方法等领域；在建制上则包括新闻学系和新闻学专业（2001年增设新闻评论方向），此后又设立了广播电视学系和广播电视学专业（另有播音与主持艺术专业）、新闻评论研究中心、马克思主义新闻观教研平台等系所平台。30多年来，在新闻传播史论方向下，学院尤为重视新闻事业和思想史的研究，特别是吴廷俊教授关于中国新闻事业史、张昆教授关于外国新闻事业史的研究，以及刘洁教授和唐海江教授关于新闻传播思想史、观念史和媒介史的研究，各成一家，卓然而立。

如果说新闻传播史论方向是本学科的立足之本，那么积极规划新媒体方向，则是本学科建构自身特色的战略行动。20世纪90年代中期，互联网进入中国，“新媒体时代”正式开启。“不畏浮云遮望眼”，我们积极回应这一趋势，成功申报并获批国家社科基金重点项目“多媒体技术与新闻传播”（主持人系吴廷俊教授），在新闻学专业下开设网络新闻传播特色方向班，建设传播科技教研室和电子出版研究所，成立新闻与信息传播学院并聘请电子与信息工程系系主任朱光喜教授为副院长。此后，学院不断推进和电子与信息工程系、计算机学院等工科院系的深度合作，并逐步向业界拓展。学院先后成立了传播学系，建设了广播电视与新媒体研究院、媒介技术与传播发展研究中心、华彩新媒体联合实验室、智能媒体与传播科学研究中心等面向未来的研究平台，以钟瑛教授、郭小平教授、余红教授和笔者为代表的学者，不断推进信息传播新技术、新媒体内容生产与文化、新媒体管理、现代传播体系建设、广播电视与数字媒体、新媒体广告与品牌传播等领域的研究和教学工作，引领我国新媒体教育教学和科学研究风气之先。

20 世纪以来，约在 2005 年前后，依托于品牌传播研究所、广告学系、公共传播研究所等系所平台，学院逐步凝练和培育了一个新的战略性方向：战略传播。围绕这个方向，我们开始在政治传播、对外传播与公共外交、国家公共关系、国家传播战略、中国特色网络文化建设等诸领域发力，陆续获批系列国家课题，发表系列高水平论文，出版系列学术专著，对人才培养起到了积极支撑作用，促进了学院的社会服务工作，提升了本学科的影响力。可以说，战略传播方向是基于新媒体方向而成型和建设的。无论是关于政治传播、现代传播体系、对外传播与公共外交，以及国家传播战略方面的教学还是研究工作，皆是立足于新媒体发展和广泛应用的现实背景和演变趋势。在具体工作中，对于战略传播方向的进一步深入推进，则是充分融入了学校在公共管理、外国语言文学、社会学、中国语言文学、哲学等学科领域的学科资源，尤其注重与政府管理部门和业界机构的联合，最大限度整合资源，发挥协同优势。“既滋兰之九畹兮，又树蕙之百亩”。近年来，学院先后组建成立了国家传播战略研究院和中国故事创意传播研究院，张昆教授、陈先红教授等领衔的研究团队在建构本学科的社会影响力方面，起到了非常积极的作用。

“却顾所来径，苍苍横翠微。”本学科诞生于 20 世纪 80 年代初信息科技革命高涨的时代背景之下，其成长则依托于华中科技大学（1988—2000 年为华中理工大学）信息科学和人文社会科学的优势学科资源，凝练和规划了新闻传播史论、新媒体和战略传播三大支柱性学科方向，发展的基本思路是学科交叉融合。30 多年来，本学科的学者们前赴后继、薪火相传，从历史的、技术的、人文的、政策与应用的角度，观察、思考、研究和解读了人类的新闻与传播实践活动，丰富了中外学界关于媒介传播的理论阐释，启发了转型中的中国新闻传播业关于媒介改革的思路，留下了极为丰厚和充满洞见的思想资源。

现在，摆在读者诸君面前的“喻园新闻传播学者论丛”，即是近十多年来，在这三大学科版图中我院学者群体留下的知识贡献。这套论丛，包括二十余位教授的自选集及相关著述。其中，包括吴廷俊、张昆、申凡、赵振宇、石长顺、舒咏平、钟瑛、陈先红、刘洁、何志武、孙发友、欧阳明、余红、王溥、唐海江、郭小平、袁艳、李卫东、邓秀军、牛静等诸位教授的著述，共计30余部，其论述的领域，涉及新闻传播史、媒介思想史、新闻理论、传播理论、新闻传播教育、政治传播、新媒体传播、品牌研究、公共关系理论、风险传播、媒体伦理与法规等诸多方向。可以说，这套丛书是华中科技大学新闻传播学者最近十年来，为新闻传播学术研究所做的知识贡献的集中展示。我们希望以这套丛书作为媒介，在更广的学科领域和更大知识范畴的学者、学人之间进行交流探讨，切磋学术，为当代中国的新闻传播学术研究提供华中科技大学学者的智慧结晶和思想。

当今是一个新闻业和传播业大变革、大转折的时代，新闻传播业正在经历人类历史上“百年未有之大变局”。首先是信息科技革命的决定性影响。对当前和未来的新闻传播业来说，技术无疑是第一推动力。大数据、云计算、区块链、物联网、人工智能等技术，持续带来翻天覆地的变革，不断颠覆、刷新和重构人们的生活与想象。其次是国际化浪潮。当前的中国正在越来越走近世界舞台中央，“讲好中国故事”“传播好中国声音”，中国文化“走出去”和提升文化软实力，是国家层面的重大战略，这些理应是新闻传播学者需要面对和研究的关键课题。最后是媒体业跨界发展。在当前“万物皆媒”的时代，媒体的概念在放大，越来越体现出网络化、数据化、移动化、智能化趋势。媒体行业的边界极大拓展，正在进一步与金融、服务、政务、娱乐、财经、电商等行业产生更紧密的联系。在这个泛传播、泛媒体、泛内容的时代，新闻传播的研究本身也需要加速蝶变、持续迭代，以介入和影响行业实践的能力彰显学术研究的价值。

由是观之，新闻传播学的理论预设、核心知识可能需要重新思考和建构。在此背景下，华中科技大学新闻传播学科正在深化“文工交叉，应用见长”的学科建设思路，倡导“面向未来、学科融合、主流意识、国际视野”的发展理念，积极推进多学科融合。所谓“多学科融合”，是紧密依托华中科技大学强大的信息学科、医科和人文社科优势，在新的时代条件下，以面向未来、多元包容和开放创新的姿态，通过内在逻辑和行动路径的重构，全方位、深度有机融合多学科的思维、理论和技术，促进学科建设和科学研究的效能提升和知识创新。

为学，如水上撑船，不可须臾放缓。展望未来，我们力图在传统的新闻传播史论、新媒体和战略传播三大支柱性学科方向架构的学术版图中，在积极回应信息科技革命、全球化发展和媒体行业跨界融合的过程中，进一步凝练、丰富、充实、拓展既有的学科优势与学术方向。具体来说，有如下三方面的思考。

其一，在新闻传播史论和新媒体两大方向之间，以更为宏大和开阔的思路，跨越学科的壁垒，贯通科技与人文，在新闻传播的基础理论、历史和方法研究中融入政治学、社会学、语言学、公共管理学、经济学等学科的思维方式和理论资源，在更广阔的学科视域中观照人类新闻传播活动，丰富学科内涵。特别的，在“媒介与文明”的理论想象和阐释空间中，赋予这两大学术方向更大的活力和可能性，以推进基础研究的理论创新。

其二，在新媒体方向之下，及时敏锐地关注5G、人工智能、云计算、区块链等新兴技术日新月异的发展演变，以学校支持的重大学科平台建设计划“智能媒体与传播科学研究中心”为基础，聚焦当今和未来的信息传播新技术对人类传播实践和媒体行业的冲击、影响和塑造。在此过程中，一方面，充分发挥学校的计算机科学与技术、电子信息与通信、人工智能与自动化、光学与电子信息、网络空间安全等优势学科的力量，大力推进学科深度融合发展，拓展本学科的研究领域，充实科研力量，提高学术产能；另一方面，持续关注和追踪技术进步，积极保持与业界的对话和互动，通过学术研究的系列成果不断影响业界的思维与实践。

其三，在新媒体与战略传播两大方向之间，对接国家面临的健康中国、生态保护、科技创新等重大战略，以健康传播、环境传播和科技传播等系列关联领域为连接带，充分借助学校在基础医学、临床医学、公共卫生、医药卫生管理、生命科学与技术、环境科学与工程、能源与动力工程等学科领域的优势，在多学科知识的有机融合中突破既有的学科边界，发掘培育新的学术增长点，产出标志性的学术成果，彰显成果的社会影响力和政策影响力。

从 1983 年到 2019 年，本学科已走过了 36 年艰辛探索和开拓奋进的峥嵘岁月，为人类的知识创造和中国的新闻事业改革发展贡献了难能可贵的思想与智慧。在人类的历史长河中，36 年的时间只是短短一瞬，但对于以学术为志业的学者们而言，则已然是毕生心智与心血的凝聚。对此，学院谨以这套丛书的出版为契机，向前辈学人们致以我们最崇高的敬意！同时，也以此来激励年轻的后辈学者与学生，要不忘初心，继续发扬先辈们优良的学术传统，奋力在当今和未来的时代里书写更为辉煌的历史篇章！

“潮平两岸阔，风正一帆悬。”在技术进步、全球化发展和行业变革的当前，人类的新闻传播实践正处于革命性的转折点上，对于从事新闻传播学术研究的我们而言，这是令人激动的时代机遇。华中科技大学新闻传播学科将秉持“面向未来、学科融合、主流意识、国际视野”的思路，勇立科技革命和传播变革潮头，积极推进多学科融合，以融合思维促进学术研究和知识创新，彰显特色，矢志一流，为建设中国特色、世界一流的新闻传播学科，为我国的新闻传播事业改革发展，为人类社会的知识创造，为传承和创新中华文化与文明做出应有的积极贡献！

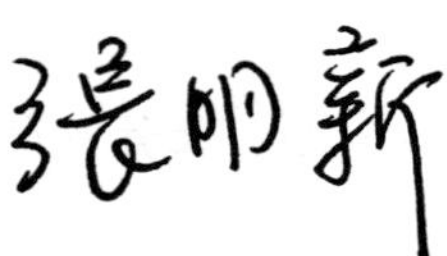

华中科技大学新闻与信息传播学院教授、博士生导师，院长

2019 年 12 月于武昌喻园

目　录
CONTENTS

转向媒介

序 言

今天的时代是一个转型的时代，也可以说是一个革命的时代。尤其是在信息传播、文化生活和社会系统方面，其迅猛的颠覆性变化，令人眼花缭乱。我们能够在这个时代生存，是我们的幸运，因为有史以来还没有人能够在如此短暂的时间，见证社会历史变幻的奇情壮采。我们看到历史在眼前爆炸，亲历时代的奔流，领略了能量在压缩后的极度膨胀。所有这些都发生在瞬间，等我们再睁开眼睛时，一切恍如隔世。

在人类历史的加速度发展进程中，信息传播是其重要的内在动力源。从农耕时代到工业时代，从工业时代跨入今天火热的生活，除了科学技术、生产力、贸易、战争等因素外，信息传播的影响绝对是不能忽略的。传播系统作为社会的黏合剂，作为社会系统的神经网络，推动了历史的进步。其中新闻传媒扮演了极其重要的角色。新闻传媒不仅见证、记录过往的历史，而且参与了历史的创造。自 17 世纪近代报刊诞生以来，在哪一场社会革命中看不到传媒及其从业者的身影？又有哪一种传媒能够置身于火热的革命浪潮之外？如果没有传媒及其从业者，近代以来的社会历史是无法想象的。

现在我们正处在迅猛转型的前夜，或者说是急剧的转型之中，一切都充满了不确定性。逝者不可追，现状难以维持，将来亦不确定。这样的时代，要安定我们的内心，特别需要寻求历史智慧的支持。马克思、恩格斯在《德意志意识形态》的第一章“费尔巴哈”中，有一段文字说明了历史科学的重要性：“我们仅仅知道一门唯一的科学，即历史科学。”虽然在其手稿中最终删去了这段文字，而《马克思恩格斯全集》的编辑则是以正文页下注的形式呈现了这段话，但是马克思、恩格斯对历史学的重视和强调则是世人皆知的。不了解历史，就难以理解现实；不理解现实，就无法认识未来。此时此刻，置身于媒介化社会的信息浪潮中，我们最缺乏的就是冷静、理性的辩证思维和历史意识。

作为一个新闻传播学者，我一直工作在新闻传播教育的第一线。无论是人才培养的需要，还是学科建设的要求，新闻传播史研究都是我关注的重点。一个学界公认的常识是，把新闻传播学视为由新闻传播理论、新闻传播史、新闻传播业务构成的完整的知识体系。而这一体系最初又是由新闻史研究奠基的。我曾经在武汉大学、华中科技大学的新闻传播学院供职，虽然在较长的时间里担任院系的负责人，但是我一直没有改变对新闻传播史重要性的认识，而且一直在从事新闻传播史课程的教学工作。2006年以后较长的一段时间，我在华中科技大学新闻与信息传播学院主政。这所新闻学院在新闻传播史研究方面有着相当高的声誉，我的前任院长吴廷俊教授就是著名的新闻史专家，其对《大公报》的研究成果蜚声中外。还有新加坡的华人学者、日本龙谷大学教授卓南生博士加盟华中科技大学新闻与信息传播学院，指导硕士和博士研究生。但是我也发现，这些资深教授的身边，缺乏中青年学术英才辅佐，其学术梯队建设存在着一定的隐患。我的重要任务就是培养、发现和引进青年才俊，充实华中科技大学新闻传播学科的学术力量。

在当时的情况下，由于市场经济大潮的冲击，学界甘心坐冷板凳做新闻传播史研究的人并不多见，而网络传播、传媒产业、媒体融合、新闻改革等热门话题受到了大家的普遍关注，成为一时的显学。在这种情况下，唐海江教授进入了我的视野。说起来，唐海江曾经是我在武汉大学指导的硕士研究生，他是一个很有天赋，也很勤奋、执着的青年人，在硕士期间就有作品在权威期刊《新闻与传播研究》上发表。后来师从方汉奇先生攻读博士学位，博士毕业后又到台湾世界新闻大学做博士后研究，其合作导师是知名学者成露茜教授。方汉奇先生和成露茜教授的治学理念与方法，深深地影响了唐海江教授。从博士到博士后，在老师的栽培下，他一边吸收新知，同时也接受了严格的历史学训练，其学术视野越来越开阔，历史意识越来越敏锐，一系列有分量的论文连续发表，让学界知道了有这样一位新锐的青年学者。这时的唐海江还在湖南大学新闻学院任教，他的博士、博士后经历都是以在职的形式完成的。

学界一些前辈也向我推荐，赞许唐海江的学术潜力，期待他能够在更高的平台上取得更大的成就。我在武汉大学的老领导吴高福教授以及中国人民大学的方汉奇教授都热心地介绍情况，客观地表达了他们对唐海江的评价。我的前任院长吴廷俊教授也十分欣赏唐海江的学术才华和治学风格，认为他是一个可造之才。学界前辈的赞许坚定了我的信心。大约在 2011 年底，通过院学术委员会一系列严格的考评和学校学术委员会组织的近乎苛刻的答辩，当时还是湖南大学副教授的唐海江以教授的资格被引进到华中科技大学新闻与信息传播学院，成为这个新的学术家庭的一员。

进入华中科技大学新闻与信息传播学院以后，根据学院的顶层设计和个人的具体情况，学院安排唐海江教授专心做中国新闻史的教学研究工作。没过多久，学院又安排他担任新闻学系主任、院长助理。虽然凭空增加了不少行政事务，但是他并没有因此耽误自己的学术研究，学校、学术界也继续给予了他充分的肯定和支持。2012 年，他入选教育部新世纪人才。2018 年，华中科技大学新闻与信息传播学院行政班子换届，他被任命为副院长。在来华中科技大学近八年的时间里，他在教学、科研和社会服务方面，扎扎实实地做了不少工作。

现在摆在我面前的这本《转向媒介：中国传播史的探索与反思》就是唐海江教授在新闻传播史研究方面成果的结晶。该书收录了他近年来发表的一些代表性的学术论文。从这些研究成果大体上可以看出唐海江教授在新闻传播史研究方面的一些特点。

第一，唐海江教授的新闻传播史研究视角与他人有所不同。由于他在大学本科时期学习的是政治学专业，在研究生时期又广泛阅读了政治文化方面的论著，这些著作给了他深厚的政治文化熏陶，所以他自然地从政治文化视野处理中国新闻传播史问题，集中探寻报刊的政治文化意涵及其舆论动员功能。这样的研究视角，在一定程度上突破了传统的报刊史研究中单纯的阶级分析方法，超越了单纯的阶级斗争，从而拓展了新闻传播史研究的思维空间。应该说，这种尝试是值得鼓励的。

第二，在观念史研究方面的突破。早在硕士研究生期间，唐海江就对新闻传播思想史表现出浓厚的兴趣。博士毕业后，他对于观念史的探索臻于佳境。这本书中收入的《出、入之间：民国初年舆论界对于“政治”的态度与思维转向》《“造健全之舆论”：清末民初士人对于“舆论”的表述与群体认知》《中国近代新闻思想史上的“泰晤士报”》等文章，便是其在观念史研究方面的代表作。唐海江教授研究观念史，不是就观念而观念，而是把观念史放在广阔的社会历史语境中考察，探索观念演变与社会环境的互动和勾连。这种研究范式，有利于揭示观念史演变的内涵及其原因。

第三，媒介史研究的转向。传统的报刊史研究，对于报刊自身的意义关注严重不够，因而在某种程度上忽略了媒介自身在历史意义建构中的价值。这就导致报刊史与政治史、思想史界限模糊，难以彰显报刊史自身的特色和意义。唐海江教授主张将中国新闻传播史的核心问题定位为媒介问题，希望借此使媒介原本的“意义”问题获得真正的解剖，同时最大限度地凸显新闻传播史学科自身的特色及其对于整个历史研究和传播研究的独特价值。为了贯彻这一思路，他牵头组建了校级的“媒介与文明”学术团队，组织学生和青年教师读书会，组织翻译国外系列媒介传播史研究的经典著作，如《媒介考古学》等，在学界引起了热烈的反响。

从唐海江教授的研究成果可以看出其开阔的视野、活跃的思维和创新的勇气，在今天的学术环境下，这种学术品质是特别难能可贵的。当我看到华中科技大学新闻与信息传播学院特别是“媒介与文明”学术团队活跃的学术氛围时，感到由衷的欣慰。不少新闻教育界前辈和同人认为，华中科技大学新闻传播学科的勃勃生机主要体现在一批“70后”青年学者的崛起。唐海江教授无疑是这批新锐青年学者中的代表。当然，科学研究尤其是人文学科的研究，需要长时间的积累，厚积薄发是这个领域的重要特点。他们现在正当青春勃发的时刻，富有朝气，思维活跃，敢于探索，不怕困难，这是他们的优势。但是学术上的罗马城也不是一天建起来的，它也需要工匠精神，需要慢工出细活，需要与时下流行的功利主义做斗争。

我希望这本书的出版是唐海江教授学术生涯中的一个重要节点，或者说得重一点，是他人生历程中的一个里程碑。越过了这个节点或里程碑，前路平坦宽阔，一片光明。

是为序。

张　昆

2019 年 12 月 12 日于喻园

引言　转向媒介

提起“转向媒介”，自然想起今年我们媒介与文明读书会的主角——德国媒介学者弗里德里希·基特勒。

阅读中注意到一个细节，2006 年，基特勒在接受采访时指出，现在我觉得最糟糕的一件事是，人们仍然认为互联网是他们与世界各地其他人联系的方式。事实上，是他们的电脑在全球范围内与其他电脑相连。真正的联系不是人与人之间，而是机器与机器之间。① 这一论述显然是媒介物质主义学派的经典表达，基特勒作为其始祖，做此主张，不应奇怪。在此之前，诸如此类的言辞频频出现：

> 书写不再被定义为人类的一种自然延伸，……相反，在媒体出现之前，任何感官都不存在。这种叫做人的动物来自随机的噪音和健忘。因此，记忆的建立是一种纯粹的外部暴力行为。人类并非通过连续不断的书写来获知自己的内在性，而是机器的无辜的受害者。机器以最真实的方式刻写和分割人类的身体。②

这些论述即使放在当下，也颇让人动容。试想一下，如果它们传入哈贝马斯及其门徒那里，又将引起何种反应？在基特勒的学术生涯中，法兰克福学派可谓他最重要的敌手，而与他同时代的，最著名的当属哈贝马

---

① Armitage, John, "From Discourse Networks to Cultural Mathematics: An Interview with Friedrich A. Kittler," *Theory, Culture & Society*, 2006, 23 (7-8): 17-38.

② Kittler, Friedrich, "The Mechanized Philosopher", *Looking after Nietzsche*, L. A. Rickels, ed., New York: SUNY Press, 1990.

斯。哈贝马斯强调主体性，主张交往理性；基特勒则反对将交往理性作为大众媒介的终极目的，而是突出物质技术、媒介和机器“捕获”人，以及对人的决定性地位，二者显然是针锋相对的。基特勒的名言是：媒介决定我们的处境。①

基特勒此语如今已过去十余年，基特勒本人也已作古，但是这期间媒介技术特别是互联网技术的飞速发展，给我们的感知方式、思维方式和生活方式带来如此重大的变化，不断地提醒我们，有必要重新体味基特勒这一极为“冷酷”的表述。基特勒的语调显然不同于麦克卢汉。麦克卢汉指出，未来的“地球村”将是人的神经网络相互连接的美丽新世界，这是多么令人神往的乌托邦。基特勒步福柯之后尘，将人视作沙滩上的一幅画，海浪袭来，便不复存在。这也许太残酷，也太扫兴了。

本书开篇引述基特勒之例，只是提请注意这一事实：基特勒是一位媒介史学家，然后才是媒介理论家。他早期研究德国文学，受福柯《词与物》以及香农信息论模式的影响，从与文学相联系的外在条件入手展开文学研究，而非研究文本的内容。《话语网络 1800/1900》一书中，他关注到“母亲的口”等作为话语网络对于 19 世纪儿童教育的影响，挑战了欧洲文学的解释学传统。基特勒将“话语网络”这一术语定义为“允许特定文化选择、存储和处理相关数据的技术和机构网络”，从而将文学史的视线从文学内部转向外部，这一取向后来在关于 20 世纪技术媒体的历史书写中得到延续。在《留声机　电影　打字机》一书中，他以拉康的真实界、想象界和象征界来对应不同存储媒介带来的数据分流局面。而文学、美学等主题均被毫无意义的数据流所取代，后者成为捕获“主体”的工具。至 20 世纪 90 年代，他的关注点转到“技术书写”，这一领域处理的是硬件、电路图或物理方程式，如信噪比以及计算机图形算法的操作模式。

正因为如此，基特勒不愿以媒介理论家自居，而经常自称媒介史学者。基特勒曾毫不谦虚地说，他“在历史学方面有着相当扎实的学术训

① 中译本翻译为“媒介决定我们的现状”，在此我将其改译为“处境”。参见〔德〕弗里德里希·基特勒：《留声机　电影　打字机》，邢春丽译，复旦大学出版社，2016，第 2 页。

练”，而与他同时代的被称为解构主义大师的德里达，“有的时候就非常缺乏历史的敏锐感”，以致在德里达与福柯之间那场有名的“超越笛卡尔”的较量中，基特勒毫不犹豫地“站在福柯这边”。原因很简单，他认为福柯对历史很敏感，是一位历史学家，而德里达只不过是一位解释者而已。①

就本书而言，从基特勒切入“转向媒介”，似乎过于极端，但其研究范式（如，他跳脱传统文学史的书写方式）尤其令人印象深刻，无疑为理解本书主题——“转向媒介”做了最为精彩的导言。

提及“转向媒介”，自然让人想起“媒介转向”。关于“媒介转向”，现在讨论非常热烈。最近看到黄旦教授主编的一部文集，即以“媒介转向”命名。黄老师在该书中对其含义做了概括：一是重新理解媒介在传播中的重要意义，也即媒介居中又联结创造关系，对传播的构成及其形态起着根本的作用，甚至“生成”人类社会的基本形态；二是将媒介确立为传播研究的基本视野，从媒介切入来理解传播及其构成的世界面孔。②黄老师的理解大致是从一种应然状态来勾勒转向之思路和目标，具有方法论之启示意义。本书用“转向媒介”（turn into media）而非“媒介转向”（media turn），强调作为动词的“转向”而非名词的“转向”，并不是要特意标新，而是突出转向的过程性和实践性，即任何一种转向都是立足于既有的学术史及其脉络，从既有的研究状况中探索和反思，延伸出媒介视野的问题（这似乎有点目的论?）。

对此，本人可谓体会尤深。本书的出版，与其说是个人作品的一个展示，不如视为对过往学术历程的检视和反思。通过回望过往，反求诸己，重新从媒介史的层面打量以往的学术历程，检点得失，通达未来。

大致梳理一下，自踏入新闻史学领域，研究主要集中在三个方面：一是清末民初的报刊舆论问题，二是近代中国新闻职业化问题，三是最近在做的媒介与文明研究，特别是媒介考古学。

---

① Armitage, John, “From Discourse Networks to Cultural Mathematics: An Interview with Friedrich A. Kittler,” *Theory*, *Culture & Society*, 2006, 23 (7-8): 17-38.

② 黄旦：《序言　媒介转向》，载《中国传播学评论》第八辑，中国传媒大学出版社，2019，第2~3页。

我本科学的是政治学，进入武汉大学攻读新闻学硕士，颇受导师张昆教授影响，对政治传播和传播史产生浓厚兴趣；在中国人民大学读博时，跟随方汉奇先生从事中国新闻史研究，自然将视线聚焦于清末民初的报刊舆论问题，特别是对报刊的舆论动员问题颇感兴趣，便将政治文化视野引入对此问题的分析之中，探索舆论动员的内部机制问题，不料竟得到不少同人的认可。收入本书的文章，如《政治文化视角与近代新闻史研究》《同门、省界与现代政治认同：政治文化视野下清末政论报人的组织离合》大致是这时期的作品。后来我将此视野延伸至延安时期党报事业和晚清报刊民族主义的研究，便有了《延安〈解放日报〉妇女形象建构的文化分析》《民族主义与 20 世纪初媒介话语空间之构成——以〈警钟日报〉为例》《清末收回路权运动中民族主义话语的报刊建构——以〈申报〉为中心的探讨》等文。2007 年，我赴台湾开展博士后研究，有感于台湾政治文化之分裂，以此视野对迁台后国民党“《中央日报》”进行研究，其成果发表于《新闻学研究》（因各种原因该文未纳入此书）。总体来看，关于政治文化视野的意图及价值，在《政治文化视角与近代新闻史研究》一文中有着大致表达。当时采用此视野，大概是不满于报刊史中的革命史和阶级分析方法，希望有所突破。现在来看，这一视野虽然注重政治文化语境之于报刊叙事的影响，但重心仍然集中于报刊文本（如关键词、图片、栏目）的意义和行动者思想的探究，而将报刊和媒介本身之价值置之度外。今天看来，或可理解为政治学传统与媒介学视野之间的某种分野。

赴台从事博士后研究期间，颇受合作导师成露茜教授的影响。成露茜教授是 UCLA 社会学终身教授，我跟着她补了一些社会学方面的知识，每周一次的读书会也是读传播社会史或文化社会学方面的书。从台湾回来后，试着写了《“正在构成”的新闻史：社会建构论与中国新闻史研究》一文，供师友批评。当时大陆不少学者对于结构主义和功能主义大有讨伐批判之势，我无意中赶上了这一“潮流”。从传播史层面言之，此时更为注重从社会语境展开对于报刊及媒介文本之意义的讨论。

大概也在此时，我开始将眼光集中于民国报业巨擘成舍我，展开了相关史料的收集整理工作，并以其为个案，从社会史层面探讨近代中国新闻职业化问题。前后走访十多个城市，历时十余年，系统收集和整理有关成舍我的第一手资料，组织编撰《成舍我文集（大陆卷）》和《成舍我年谱长编》，在此基础上，对近代中国新闻职业化问题展开专题探讨，撰写专著《成舍我与他的世界：关于近代中国新闻职业化的一项叙述》（均待出版）。三本书共同构成本人关于成舍我研究的“三部曲”。因有专著出版，相关文章没有收入本书。但社会学的视野对我有无形影响。收入本书第二部分的《出、入之间：民国初年舆论界对于“政治”的态度与思维转向》《“造健全之舆论”：清末民初士人对于“舆论”的表述与群体认知——兼论近代中国舆论的难局及其历史走向》《中国近代新闻思想史上的“泰晤士报”》等文虽可列入思想史范畴，但其更注重社会语境与思想观念之间的勾连。

从社会学视野展开新闻职业化的研究，似乎是“转向媒介”的一个过渡环节。在关于成舍我的研究中，虽然我就报刊如何作用于办报者以及如何影响其行动和实践方式，进行了初步探讨，但大致还是以行动者成舍我为主线展开研究，对于报刊如何建构主体，如何规范主体观念和行动方式，还未有明确意识。[①] 其问题是，它与前者一样，主要突出社会层面对于报刊活动之影响，甚至将报刊和社会进行二分。论及报刊对于社会之作用时，大致还是停留在文本分析的层面，媒介本身在其中的地位仍然是不明不白，甚至是完全缺席的。因此，一个很奇怪的现象就发生了，当我们声称自己在做报刊史研究时，报刊这一媒介却“飞入丛中不见”。或者，通用的做法是，将报刊史分割成报刊思想史、报刊业务史和报刊制度史，各自分章分节单独论述，报刊本身无形中“化解”成为社会各个层面的要素，却唯独失去了自身。报刊史书写也就成了社会“统治”报刊，或者处于二元对立的张力之下，无法自由施展拳脚。

上述体会不一定准确，但非常明确的一点是，虽然我们声称自己做的是“报刊”史，却很少关注报刊本身，更多时候是只见人，只见文本，

① 关于媒介学与社会学之区分，德布雷认为社会学往往将媒介作为隐喻般的中性存在，无视社会的技术原因。参阅〔法〕雷吉斯·德布雷：《媒介学引论》，刘文玲、陈卫星译，中国传媒大学出版社，2014，第152~155页。

却不见报刊，以致报刊在报刊史中仅仅作为一种符号和隐喻而存在，甚至完全消失。这不能不说是一件吊诡的事。

近年来，我更多关注新媒介史的书写，权且将其作为个人研究的一次重要转向。“转向”一词借用的是福柯在《知识考古学》中的意义，强调知识本身并非线性的、连贯的，而是断裂和分层的。这一点对于我的学术史而言似乎也是如此。

“转向媒介”显然有着时代的背景，更有个人的机缘。2011 年我在湖南工作，通过挖掘省档案馆资料，撰写了《新中国成立初期湖南建设宣传网的历史考察》一文，注意到宣传网之于新中国意识形态建设的基础性意义，但是主要是从制度史角度对宣传网进行考察，展开并不全面。我真正对媒介问题产生兴趣，应该是来到华中科技大学之后，感受到这所以工科为主的大学在技术研发方面的优势，尤其居住在号称“光谷”的高科技产业园附近，对于技术革命带来的冲击力尤为震撼。加上华中科技大学新闻传播学科注重文工交叉，研究思路自然为之一变。

但这一过程对我来说是非常痛苦的。尤其对于像我这样长期从事报刊史、具有沉重“历史负担”的人而言，要跳出既有的思维定式，从媒介层面重新向历史发问，可能比那些新入行者更为艰难。

这几年，我集中从媒介与文明领域开展媒介史的书写，创办媒介与文明读书会，组织翻译媒介与文明译丛，搭建媒介与文明团队，种种活动都挂上“媒介与文明”的标签，其意在提醒自己，要注意更新自己的理论基石，激活自身的学术观念，不要被这个时代抛弃。

这段探索旅程，体现在本书中，除了关于宣传网的那篇，另选有 7 篇或长或短的文章面世。有的并不能称之为完整的学术论文，但这里也摆出来，以示探索之过程。其中，首先值得一提的是《以“媒介”为方法论——比较视野中麦克卢汉与德布雷的媒介研究》一文，这是我探索媒介与文明论题时，对于其背后方法论的一个理解。所谓以“媒介”为方法论，其实也将本书的核心要义表达了出来。在我看来，在媒介史的书写中，媒介不仅是一个研究对象，更是方法，甚至是包含着某种视野和思路的方法论。而德布雷和麦克卢汉恰恰以不同的角度思考并实践着这一思路，对二者进行比较，自然收获良多。《互联网革命与新闻传播学科重构之反思——一种技术自主性的观点》一文看似是关于新闻传播学科的理论探讨，实则是将新闻传播学科放在知识史层面，从技术自主性层面加以梳理和分析，本身也属媒介与文明的范畴。《新闻摄影如何变成常规：近代中国新闻界对摄影术的认知与运用》一文则集中于新闻摄影这一新技术如何被近代中国新闻界接受与运用，从而改变中国新闻业的实践，大概含有媒介史和社会史交叉的影子。《旧官员与新媒体：袁世凯与〈北洋官报〉关系之新探》则以一个很小的角度处理新式报刊与清末政治权力的关系问题，希望借助媒介史视野，挖掘出一些与以往关于袁世凯研究不同的面向。

另外，本书还收入三篇不成体系的文章。书评《图像技术、视觉呈现与现代中国——评吴著〈左图右史与画中有话——中国近现代画报研究（1874-1949）〉》，所要表达的是对于中国传统画报研究变革的期待，即突出从视觉媒介层面展开，重新整理视觉媒介之历史，而不是对图像或图片进行所谓的文本或文化分析，而媒介史与视觉文化研究存在明显的区隔。《“媒介与文明译丛”序》是本人为“媒介与文明”译丛作的序，粗略地提到媒介与文明的关键议题和学术旨趣。《媒介考古学与中国传播研究的变革》一文则是基于本人翻译的《媒介考古学：方法、路径与意涵》一书，对其之于中国传播史的变革意义所做的粗略探讨。

上面提到的这些文章，不尽成熟，但是大致反映了转向媒介过程中的一些思路和想法，算作研习的心得体会。如今重新打量这段学术历程，于我而言，对于“转向媒介”的含义有了进一步的认识和更深的体会。在此权且从以下四个方面略做交代。

首先，在研究对象上，从大众传媒转向媒介化研究。传统的新闻史报刊史主要集中在大众传媒领域，媒介史则不仅要跳出大众传媒的框架，破除对某种单一媒介做集中分析的套路，同时要从传播的层面向涉及的物和技术提问，这些物或技术何以成为媒介。对此，希格特说：

> 每一纸的历史都已经是媒体的历史了吗？望远镜的每一个历史都是媒体的历史吗？或者邮政系统的历史？很明白，不是的。只有纸张为官僚主义或科学数据处理的分析提供了一个指涉体系，其历史才能

> 成为媒介史。当霍恩斯托芬皇帝腓特烈二世的大臣们用纸张取代羊皮纸时，这一举动决定性地改变了“权力”的含义。如果把望远镜的历史作为一种分析观看的指涉体系，那么它也就成了一种媒体的历史。如果邮政体系作为传播史的指涉体系，那么邮政体系的历史就成为媒介史。也就是说，媒体的出现并不是独立于特定的历史实践之外的，即进入那个话语网络之中去。①

因此，必须关注这些物的物质性和技术的技术性，以及由此引发的操作实践、知识规则以及交错其中的权力和制度关系。于是以往很多很难被纳入本学科范畴的对象，现在都可以名正言顺地纳入其中，成为媒介史讨论的对象，极大地扩展了研究的空间和思路。

其次，在研究视野上，从文本探究转向媒介物质性问题。可以说，文本研究或者说文本诠释一直占据着中国报刊史的主流，这大概与中国历史注重“义理之学”的传统有关，由此媒介往往被文本内容所遮蔽，变得透明而不可见。对于媒介的物质性和具体形态如何影响和改变传播以至改变世界，我们知之甚少。这要求我们从意义、思想这些“形而上”的层面转向“形而下”② 的领域，也就是说从那些物质、技术和形式上的物件、材料等入手，展开讨论。在此基础上，如乔纳森·克拉里所言，每一种技术“都可以理解为不只是一个对象，或者是某种技术史的片段，同时，更可从它是如何嵌入那些更加巨大的事件与权力的汇聚中来加以理解”。③ 如此才能弥合所谓的“形而上”与“形而下”之分，甚至对“形而上”有着更好的、更新的理解，挖掘出更丰富的意义。

再次，涉及对于媒介地位的认识。正如诸多学者所言，以往的报刊史往往将报刊作为一个工具、一个载体，或者一个容器，而忽视报刊自身具

---

① Siegert, Bernhard, “Cultural Techniques: Or the End of the Intellectual Postwar Era in German Media Theory,” *Theory, Culture & Society*, 2013, 30 (6): 48-65.

② 此处所言“上”“下”之分借用了德布雷在《媒介学引论》中的说法。详见〔法〕雷吉斯·德布雷：《媒介学引论》，刘文玲、陈卫星译，中国传媒大学出版社，2014，第77~85页，

③ 〔美〕乔纳森·克拉里：《观察者的技术》，蔡佩君译，华东师范大学出版社，2017，第13~14页。

有的偏向，以及由此可能带来的道路、方向、规则及行动方式之区别。媒介史的书写则要从媒介工具论的思维中跳出来，从媒介自身的意义上揭示人和世界的存在。这大概就是基特勒所言的媒介本体论。基特勒的媒介本体论是从一种存在论意义上来谈媒介以及媒介的优先性和实践性。希格特则以文化技术概念将本体论化解成具体的操作链过程，将本体论的理解变成过程性的理解。其以“门”为例：门也是一种基本的文化技巧，因为开门和关门的操作过程中会产生明显的内外差别。因此，门既是物质性的东西，又是象征性的东西，既是一种一级技术，也是一种二级技术。这正是它独特力量的源泉。门是一种机器，借此人类受能指法则的支配。但西方理性总是将知识分成两种不同的类型：一方面是文化，另一方面是技术。这在希格特看来是西方理性的本体化和普遍化。因此这一静态理解是有问题的，必须用一系列的操作链和技术链来代替两者的分开。所以在其看来，研究文化技术，就是要把分析的眼光从本体论的区别转移到最初产生本体论区别的操作上来。[①] 这大概就是我们所谈及的媒介的物质实践性。

最后一点关涉史观问题。在《媒介考古学与中国传播研究的变革》这一短文中我提到，我们的报刊史以往都是对单一媒介做线性梳理和目的论指向。如关于报学史，一定要去追溯其起源，结果以现代报纸的标准去框定以往的历史，寻找其中与现代报纸相符的元素，挖掘其源头，做线性追踪，给报刊以合法性，以知往鉴远。但“转向媒介”并非建构一个由远至近、由不完善到完善的线性的媒介技术发展历史，这些观念如“恐怖魔法师”和“万能法师”（齐林斯基语）般左右着我们，使我们不能动弹，我们要在历史的转折和断裂之处寻找媒介的踪迹以及其发力的方式和形态，也正是如此，引入媒介考古学，可以敞开中国传播历史的诸多领域和诸多层面。

每个时代都有每个时代的学问。我们处于一个社会转型和技术革命的时代，现实变化对我们史学研究提出了诸多要求。于我而言，转向媒介，就是从传播史层面呼应当下，重新爬梳历史，重新感悟历史，这应该是吾辈学人之使命。以上仅仅是本人的一些感悟，仅此而已。

---

① Siegert, Bernhard, "Cultural Techniques: Or the End of the Intellectual Postwar Era in German Media Theory," *Theory, Culture & Society*, 2013, 30 (6): 48-65.

视野与方法

政治文化视角与近代新闻史研究*

经过20余年的迅速发展，中国新闻史学研究在近年似乎已步入了一个相对平静的时期。相比国内其他史学研究的活跃景象，[①] 新闻史学研究的反应则略显迟缓。其实，早在20世纪90年代中期，学界对此问题就有了察觉，并有研究者将新闻史学放在西方史学发展背景之下加以定位，分析新闻史学研究的"偏颇"，提出"唯有方法的变革才是研究深化和转型的前提"的论断。[②] 当进入这种平静期后，新闻史学界的反应就更为敏锐，进而有学者提出要借用新的思想"激活"新闻史这个"研究市场"，[③] 这既传达出学界对于当今学术市场资源配置可能给新闻史研究造成的不利后果有着深层忧虑，也表达出研究者突破新闻史研究现有局面的愿望。在此背景下，作为一种学术回应，本文试图探索性地提出从政治文化视角来分析近代新闻史的思路，以期能为处于平静期的新闻史学研究提供一个可以商谈的话题，并借此求教于方家。

---

* 本文发表于《新闻与传播研究》2005年第1期。

① 从20世纪80年代，中国史学研究开始逐步向社会史学、心态史学、口述史学、结构史学以及计量史学等方面发展。参阅蔡少卿《再现过去社会史的理论视野》，浙江人民出版社，1988；彭卫《历史的心镜——心态史学》，河南人民出版社，1992；等等。

② 李彬：《对新闻史研究方法的思考与建议》，《新闻大学》1996年冬季号，第37页。

③ 尹韵公：《用进步精神和发展眼光来看待新闻传播史》，《新闻与传播研究》第1卷第1期，第7页。

一　当前近代新闻史研究的主要视角

改革开放以来，对于近代新闻史的研究，中国新闻史学界的研究视角主要集中在两个方面。一是从政治经济学的角度，对于传播者的传播观念和行为、报刊呈现的内容以及作用进行把握，形成以阶级分析法为主导的致思路径。它集中体现于通史、断代史、个案研究和地方新闻志研究之中。通史和断代史研究主要遵循马克思主义的史学路径，以阶级分析为基本视角获得对近代新闻史的总体把握，视野开阔，阶级定位较为鲜明，在史料收集与处理、研究的完备性和系统性，以及结论达成与评价上，都具有较高的水准。对近代新闻史上的报刊、报人的个案研究和地方新闻志研究，也成为阶级分析法指导下的重要内容。这类研究以阶级定位为基本前提，将具体的报刊和报人的传播活动置于时代背景下，以把握其新闻传播形态和新闻传播的历史作用，在史料发掘与梳理、个体价值突破以及对整体印证的作用上具有不可忽视的价值。另一个向度是将近代新闻传播的相关分支作为主要对象。如报刊编辑史、报刊文体发展史、近代新闻评论史、近代新闻思想史、近代新闻法制史和副刊史等。这类研究主要针对新闻史的具体分支进行系统梳理，形成对新闻自身发展规律性的历史分析。它们总体上也处于阶级分析的宏观视野之下。

除新闻史学界的相关研究外，国内其他学科的史学研究者也将近代新闻事业纳入其研究视野。此类研究并不刻意突出报刊报人研究的本体意义，而主要是从新闻传播媒介的现代化意义这一视角上展开论题。如对《时务报》的研究，主要从中国早期现代化的视野分析它对人的现代化和社会变迁的积极作用。[①] 对于传教士报刊，如《中国丛报》研究[②]和《万国公报》研究，[③] 则主要从传教士报刊的文本和人物活动切入，研究传教

① 闾小波：《中国早期现代化中的传播媒介》，生活·读书·新知三联书店，1995。

② 尹文涓：《〈中国丛报〉研究》，博士学位论文，北京大学，2003。

③ 王林：《西学与变法：〈万国公报〉研究》，齐鲁书社，2004。

士报刊在中西文化交流中和近代思想史上的意义。对于《申报》早期主笔的研究，主要集中于《申报》早期文人文学观念与新闻观念的冲突与转化，探讨《申报》早期文人在文学现代化演进过程中的作用。[①] 也有研究从分析大众传媒与近代文学的关系入手，以期获得对中国文学现代化发生的新的理解。[②]

要而言之，近代新闻史研究主要存在三个视角，一是阶级分析视角。它突出强调报刊的阶级范畴，遵循阶级主线，在史料处理和结论达成上与阶级观念力求一致。二是本体研究。它建立在阶级分析的前提之上，主要集中于新闻自身发展规律的梳理与历史分析，以图实现阶级分析与新闻传播自身规律研究的统一。三是现代化视角。它主要将近代作为中国现代化进程的一个阶段，突出大众传播的现代化本质，研究集中于近代报刊的现代化功能。

三种视角各有侧重，但并非完全分离。现代化视角并不排除阶级分析。尽管在现代化的话语背景下，"告别革命"的呼声汹涌一时，[③] 但如果考察中国的现代化历程，一个客观事实是，现代化总是在一定的阶级背景下或"革命"话语下展开。而现代化视角下，一定的阶级话语可以纳入现代化话语的背景之中。反之亦然。本体研究建立在阶级分析框架基础之上，并显示出自身的相对独立性。从阶级分析视角看，本体研究是阶级分析的重要内容和具体实施。而就本质而言，阶级分析也是一种本体研究，因为在阶级分析视角之下，阶级属性本身就是新闻传播的本质属性之一。现代化视角也尊重关于新闻传播自身规律的本体研究。因为，新闻传播的现代化功能的历史实践，必须遵循新闻传播的自身规律，本体研究是为了发现这种规律、推进这种规律的更好实施而展开的。这注定了现代化视角的研究无法脱离本体方面的分析，必须以本体分析为基础。

这三种研究视角各具个性，并有联系的一面，但其缺点也不容忽

---

① 方迎九：《文学性与新闻性的消长：早期〈申报〉文人研究》，博士学位论文，北京大学，2002。

② 蒋晓丽：《中国近代大众传媒与中国近代文学》，博士学位论文，四川大学，2002。

③ 李泽厚、刘再复：《告别革命》，香港天地图书有限公司，1995。

视。就阶级分析视角而言，它将报刊的阶级性质与报人的阶级定位视为研究的基本前提，虽然把握了近代新闻史的本质意义，却易于忽略近代报刊阶级性产生和演变中的复杂性和丰富性，特别是其中的一些过渡形态、中间状态易被人遗漏，丰富多彩的新闻史由此可能被简化处理。并且，目前研究者将阶级分析法运用于近代新闻史的研究，兴趣集中于对新闻史的政治（政治制度）经济分析，往往忽视了传播者（个体和群体）的主观意识与新闻传播活动的关系，如对于政治观念和社会心理的功能缺乏积极的认识和评价；有的研究即使对这些主观因素之于新闻史的作用有所考虑，又易于忽略传播者的人格特征、政治心理特征等因素与近代新闻史的关系，其原因在于研究者为了给新闻史“预定”某种阶级属性而忽略了传播者政治心理和社会意识的具体性与多样性。这不仅容易导致历史描述的简单化，也易导致历史评价的模式化。如在分析资产阶级革命派报刊宣传活动的局限性时，往往只能简单地归结为它的“软弱性”与革命的“不彻底性”。

现代化视角为新闻史学界提供了一条新的致思之路，虽然这类研究的最终用意并非新闻史本身，其意义却不可小视。并且，这种研究视角已逐步获得学界回应，如关于《大公报》的政治现代化作用研究，[①] 关于《独立评论》在政治建制意义上的外延性研究。[②] 不过，对于新闻史学而言，这类研究的缺陷也体现得较为明显。现代化视角在考量新闻媒介的现代化功能时，一方面往往静态地对传播文本进行思想含义的（如文学观念、政治思想等）分析，另一方面，在把握传播效果时又从一种宏观的、整体的现代化趋势上着手，忽略了对传播媒介与处于现代化进程中特定受众的互动关系研究。从逻辑上说，缺乏了传受互动机制的分析，就无以说明新闻传播对于现代化的历史功用。寻找传播主体与受众之间互动机制的发生与变化，乃是现代化视角必须解决的问题。

寻求互动机制也是本体研究的关键步骤，而对此本体研究往往易于忽

---

① 贾晓慧：《〈大公报〉新论：20世纪30年代〈大公报〉与中国现代化》，天津人民出版社，2002。

② 邓丽兰：《域外观念与本土政制变迁：20世纪二三十年代中国知识界的政制设计与参政》，中国人民大学出版社，2003。

视。从新闻自身发展规律的历史呈现分析来看，一种新闻传播业务的出现与持续与否，最基本的衡量标准在于处于历史深处的受众的认同。缺乏受众的认同和积极回应，本体研究就缺乏了存在之根。换言之，本体研究对自身规律的探讨，必须以传受互动为基本前提，否则无以对这种分支的逻辑自觉性与历史演进予以合理的解释。在考察新闻传播某一个分支历史发展的时候，不仅要求研究者分析这种规律呈现的外在形态和特征，更要解决这种规律在一定历史条件下得以发生变化的机制，而不能仅仅停留在传播者、传播内容和传播形式的分析上，也要求注重受众的研究以及受众与文本和传者之间的互动。而这些在当前的本体研究中是非常缺乏的。这一问题在通史研究、断代史研究以及地方新闻志的研究上，也没有得到应有的重视。

二　政治文化视角及其对近代新闻史的分析功能

自 20 世纪 60 年代阿尔蒙德等人通过分析五国民众的政治态度，出版了《公民文化》以来，政治文化研究便在以行为主义取向为背景的西方政治学界获得了重要位置。① 但随后不久，由于西方政治学界内部的激烈冲突和争论、后行为主义的质疑，政治文化研究逐步衰退。不过，80 年代以来，政治文化研究者重新积聚力量，对政治文化研究的批评做出积极回应。如，阿尔蒙德与维巴主编《政治文化反思》文集，英格尔哈特则发表了《政治文化的复兴》，在他们的努力下，政治文化研究近年来开始“复兴”。②

政治文化研究的传统，可以从柏拉图的《理想国》、卢梭的《社会契约论》、孟德斯鸠的《论法的精神》、托克维尔的《论美国的民主》和韦伯的《新教伦理与资本主义精神》等研究中寻到渊源。这些著作都不同

① 〔美〕加布里埃尔·A. 阿尔蒙德、西德尼·维巴：《公民文化》，张明澍译，浙江人民出版社，1989。

② 张小劲、景跃进：《比较政治学导论》，中国人民大学出版社，2001，第 164~165 页。

程度地强调“文化”“习性”“俗见”“伦理”“舆论”“国民性”等要素对于政治体制的作用。20世纪上半叶，文化人类学者本尼迪克特和莱特等人从民族文化的角度解说特定的政治制度，为政治文化发展提供了有益的借鉴。此外，西方学界对法国大革命中民众的集体无意识研究[①]、法西斯主义者的精神分析和民众的社会心理研究，也为政治文化研究提供了学术资源。

对于中国政治文化的研究，首先出现在海外学者笔下，典型代表莫过于美国政治学者派伊。从20世纪60年代以来，派伊先后发表了中国政治文化研究的系列著作。[②] 此外，其他研究中国政治文化的著作，如魏定熙的《北京大学与中国政治文化》、墨子刻的《摆脱困境：新儒家与中国政治文化的演进》以及所罗门的《毛的革命与中国政治文化》等，纷纷进入国人视野，并影响着国内学人的致思方向。80年代末，国内学界开始关注国外政治文化的研究，[③] 90年代以来，中国政治文化论题在国内逐步展开，并在世纪之交发展成为一种学术热潮。其研究取向主要集中在两个方面：一是对于传统政治文化的研究，主要体现在“中国政治文化丛书”之中；[④] 二是当代政治文化问题，主要关注政治体制改革中的政治文化变迁问题。[⑤]

由于政治文化含义的模糊性和多义性，研究者在理解政治文化内涵的过程中出现了不少分歧。但一般来说，学界对于政治文化概念已有了大致认同，即承认政治文化属于政治的主观维度范围。[⑥]

将政治文化概念运用于近代新闻史研究中，对其含义的把握应依据

---

① 参阅〔法〕古斯塔夫·勒庞《革命心理学》，佟德志、刘训练译，吉林人民出版社，2004。

② 如《中国政治的精神》（1968）、《毛泽东：一个领袖人物》（1976）、《中国政治的动力学》（1981）以及《官员和干部：中国政治文化》（1988）等。

③ 高毅：《法兰西风格：大革命的政治文化》，浙江人民出版社，1991。

④ 该丛书现已出版15本相关专著，由刘泽华主编，浙江人民出版社于2000年间相继出版。

⑤ 主要有马庆钰《告别西西弗斯——中国政治文化的分析与展望》，中国社会科学出版社，2002；吕元礼《政治文化：传统与现代的会通》，人民出版社，2004。

⑥ 马庆钰：《告别西西弗斯——中国政治文化的分析与展望》，中国社会科学出版社，2002，第18~19页。

与近代新闻史相关的政治主观因素。具体而言，政治文化在结构上主要由三个层面组成：政治思想、意识形态和政治心理。政治思想是政治文化中具有逻辑性、理论性的组成部分，也可称之为政治理论。它一般由某一阶级、阶层或集团中的少数精英所创建。意识形态是统治阶级的政治思想，是政治思想的政治社会化结果。政治心理是人们在政治思想和意识形态传播过程中形成的一种对政治体系的直观感受，如政治心态、政治情绪和政治兴趣等。就政治文化与三个层面的关系而言，政治思想是政治文化存在的理论根基，往往为少数精英所掌握，但民众并不一定能系统把握，其变革较为容易，因而往往成为政治文化变革的突破口。政治意识形态在一定社会中占据统治地位。某个统治阶级消失后，其意识形态还具有一定的存续性。政治心理是政治文化的显层体现，为民众所直接感受，它往往以一种不自觉的状态表现出来，具有非理性的特征。政治思想、意识形态和政治心理三个层面之间联系紧密，但政治文化不是这三者的简单组合，而是政治思想、意识形态与政治心理的一种提升，即政治思想借助政治社会化机制而意识形态化，以一种不自觉的政治心理状态在民众中呈现出来。①

政治文化特有的结构（三个层面）和内容（理性与非理性的两种性质），为我们认识近代新闻史提供了与以往不同的分析视角。下面，不妨以 1895~1911 年间（这一时期是清末政论报刊最为活跃的时期）清末政论报刊为研究个案，对政治文化视角所具有的历史分析功能进行初步探讨。

在清末时期，随着西方近代政治学说的引进，以传统儒家政治文化为背景的士绅阶层和新政以后出现的新知识群体在接收、转化西方政治学说的过程中形成了各具特色的政治思想。一方面，不同的政治思想背景导致士绅阶层和新知识群体在对国家、民众以及政治资源等方面的认识上出现分化。当他们将政论报刊作为实现其政治理想的手段时，分化的政治思想必然与政论报刊的传播过程发生联系。与此同时，由传统儒家意识形态所赋予的政治心理特征也在报刊知识群体中不同程度地存在，制约着政论报

① 张康之：《政治文化：结构与功能》，《中国人民大学学报》1999 年第 1 期。

刊的传播形态。另一方面，受众的政治文化特征也将成为传播者注意的因素。特别是受众在儒家意识形态下形成的、长期存在的政治文化的心理因素，它有可能以一种潜在的状态与清末政论报刊的传播过程发生联系，成为制约政论报刊传播的重要因素。

在此背景下，以政治文化视角分析该时期的清末政论报刊，具有以下功能。

其一，政治文化视角有助于解释具有相对独立性的政治文化对于新闻传播活动的影响，从而在一个新的层面上为清末政论报刊的产生、发展以及变化提供一种解说方式。从政治思想层面看，长期以来，研究者对清末政论报刊的认识集中在政治制度和经济因素等方面的决定性影响，研究者一般都注意到政论报刊所承载的政治思想和西方政治学说内容，而对这种内化于传播主体的政治思想与其传播活动的关系缺乏深入分析，或者说，忽略了传播者政治思想对新闻传播活动反作用的分析。[①] 政治文化视角则为这种反作用力的分析提供了可能性。政治思想对于新闻传播活动的影响往往以一种理性的方式展开，它将这种政治思想与清末政论报刊的言论主题、受众群体、新闻报道内容选择以及文体等方面的变化联系起来考察，为清末政论报刊发展提供新的解释途径。

其二，政治文化视角考察了清末政论报刊发展中的偶然因素，特别是政治心理因素对于传播活动的影响，使新闻史研究更具丰富性和复杂性。除了政治思想层面上的影响外，一个长期为人忽视的因素是关于传播者的政治心理因素。清末时期，儒家意识形态对传播主体的影响不仅在思想层面，还在政治心理层面得到体现，并出现积极的变化。如臣民心理、批判意识、激进与温和等特征无不制约着传播者的传播活动，进而在言论的观点呈现、论据的选择、情感的表达、文体与文风等方面得到体现。从政治文化视角研究不同个体的政治心理及其发展变化，则有可能为清末政论报

① 对其关系，宁树藩先生曾呼吁，要把政治观点、办报思想与新闻实践统一起来研究，并将梁启超在前期《时务报》的宣传实践、《论报馆有益于国事》中的办报思想以及梁启超当时的政治主张结合起来说明。参见宁树藩《中国新闻事业史研究方法的若干问题》，载《中国新闻年鉴（1982）》，中国社会科学出版社，1982。

刊的多样图景提供新的解说思路。

其三，政治文化视角有助于宏观分析与微观分析之间的沟通。宏观分析主要是指阶级分析，微观分析主要是指个案分析，二者构成国内新闻史研究的主要流向。但是，宏观分析的总体化趋势使其易于忽视个案研究的价值，特别是那些在阶级分析视角中并非处于重要位置的个案价值。而个案分析因为在研究对象上的局限而很难达到阶级分析层次上的规律性认识。政治文化视角则为连接个案研究与阶级分析提供了有效手段。政治文化的变量在于个人的政治思想、政治心理等层面，而当这些微观层次的变量在一定场合下结合成某类群体的特征或某一时期社会意识总的特征时，则易形成类似于“场”的政治文化空间，如报社同人、同乡会和学会等。个体不仅生活在这种政治文化场之中，受其影响，也推动这种政治文化场的变化，乃至与其他报刊产生联系，形成政治文化场之间的积极互动，进而推动报刊传播的阶级意识的出场与形成。可见，政治文化视角提供了一种类似中观分析的视角，成为个案分析与阶级分析的纽带。

其四，政治文化视角突出了受众在新闻史研究中的地位。它不单是考察传播者的政治文化结构对于新闻传播活动的影响，而且考察受众的政治文化结构与清末政论报刊的相关性。当前，尽管不少研究者呼吁必须强化新闻史中的受众研究，但是学界似乎还缺乏将受众纳入新闻史研究范畴的学术自觉。[①] 这除了受众本身所具有的复杂性以及有关受众的史料收集与处理上的难度之外，一个重要原因是还没有找到能够将受众纳入新闻史研究范畴的合适角度。政治文化视角为受众进入新闻史提供了契机。一方面，从历史层面而言，脱离了受众的政治文化结构的清末政论报刊将难以获得受众的认同，而这对当时任何一个试图唤起民众的报刊政论家来说也是不可理喻的。另一方面，就政治文化而言，它不仅是一个自变量，而且是一个因变量。通过新闻传播塑造新的政治文化，是清末政论报刊的重要

① 据笔者分析，当前新闻史研究中，对于受众的研究主要从两个方面进行，一是文本上的读者反馈与来稿，二是在某一大型运动时期的受众反应。但二者都不是将受众作为一个价值本体进行研究，而是作为把握传播内容和传播主体的一个论据性材料。

目标。而要塑造新的政治文化，必须对受众原有的政治文化特征进行重点分析。对此，研究者既可以在传统儒家政治文化的纵深背景下加以把握，还可以从受众回馈、读者投书以及传播者为适合受众的政治心理而运用的“原型沉淀”、文风选择等策略上进行把握。

其五，上述功能归结于一点，即政治文化视角最重要的分析功能，在于为受众与传者之间互动机制的确立与演化提供一条逻辑通道。

无论是现代化视角还是本体研究视角，如果不能从传受互动的角度进行分析，就难以把握清末政论报刊的现代化功能以及新闻自身规律的历史演变过程。这一点对于阶级分析也是如此。脱离了受众与传者的互动，报刊的阶级定位和报刊阶级功能的实现将大打折扣。政治文化视角不仅关注政治文化对于政论报刊传播过程的制约，而且，政论报刊传播活动本身就是某些精英政治文化的社会化过程。因此，它不仅注重考察传播主体的政治文化特征，而且注重受众对于传播者所传播的政治文化的接受，而传播主体对于受众政治文化结构的把握又将在长期的传播互动中逐步达成一种自觉。这既是本体研究的落脚点，也是现代化视角与阶级分析视角不可缺失的环节。为了实现这种互动，传播主体通过论题的选择、新闻内容的选择、文风的确定、编排设计、图片的运用乃至广告的刊登等，与受众建立心理上的联系，激起受众的积极反应，进而将其纳入传播者预想的轨道之中，推进旧有政治文化的革新。

三　政治文化视角的分析思路：以清末政论报刊为对象

政治文化视角为研究者把握近代新闻史提供了新的研究内容和范围。下面，我们不妨以清末政论报刊为例，对政治文化视角的分析思路略加探讨。

一是阐述近代西方政治观念的传入及清末报刊知识群体的产生与分化的问题。主要梳理儒家政治文化背景下，清末士绅群体和新知识群体以救亡图存为动机而输入、接收和创造性地转化近代西方政治观念的过程和不同层面。儒家政治文化为这种转化和接收提供了一种制约背景，并对传播者的政治文化特征形成深层牵制，进而可以把握清末知识界和报刊知识群体思想分化的原因。因此，分析儒家政治文化与古代中国传播机制的基本特征，把握近代西方政治观念的触媒效应与报刊知识群体的产生与分化，应成为该视角必须解决的问题。

二是政治文化与清末政论报刊的受众选择与演变的问题。传播主体对民众作用的认识，对于实现其政治理想所凭借的力量的把握，直接决定着新闻传播的受众选择与定位。而政治思想主流的变化为认识不同报刊下受众位置的演变以及总体趋势提供了切入点。例如，分析在民本主义思想的指导下，古代中国新闻传播的受众选择和传播目的，早期改良人士王韬和郑观应等人的“重民”思想与新闻传播目的的关系，维新变法时期的康梁“开绅权”观念与受众定位及选择，留日学生的民族主义观念变化与留日学生报刊的受众选择，以及革命派的民权观念与“中等社会”的受众定位。总之，从传播者政治思想的分化把握晚清政论报刊受众目标选择变化的基本趋势，将为研究者提供认识政论报刊的新思路。

三是从政治思想的角度把握政论报刊言论主题的变化和新闻报道内容（包括主题、报道对象）。传播者的政治思想对传播活动的制约，往往是以一种较为明确的意识或者说以一种理性的方式展开的。作为一种价值标准，传播者的政治思想与清末政论报刊的言论主题与新闻有着相关性。如果对这个时期政论报刊的言论主题进行分析，将可能为这种相关性寻找到线索。如从改良的发展线索来看，从早期的“开议院”，到维新时期的“变法”，再到勤王时期的“保皇”及后来的“立宪”，改良派思想的波动是否在改良性质报刊的言论主题中有着同样的发展脉络呢？从革命派思想的形成、发展和变化的角度来分析其报刊言论的主题演变，也可能为政论报刊研究提供有益的内容。这种情况也有可能出现在传播者的政治思想与相关新闻报道的内容选择上。

四是政治文化对于政论报刊修辞方面的影响。例如，传播主体的政治思想对于报刊政论文体发展的影响，其政治心理与政论文体的情感表达和特征演变，受众的政治文化心理的“原型沉淀”与传播主体的论述策略，传播主体对于儒家政治文化中象征性资源的运用，等等。

五是政治文化与政论报刊其他内容的影响。包括政治文化与报刊广告的选择，政治文化与副刊内容的关系，报刊政论家的笔名与政治文化的联系，政治文化与报刊体裁演变的关系，等等，都有可能纳入互动机制的研究视野。

六是政治文化与政论报刊互动机制的放大问题。包括政论报刊之间的论争，讲报活动、演讲活动、设置阅报亭（栏）以及媒体自身发起的运动等。

七是政治文化与清末报刊知识群体的聚散与演变问题。包括政论报刊知识群体的联系纽带与政治文化的关系，群体内部冲突与群体聚散的政治文化意义，群体政治心理与报刊组织的寿命，等等。

八是对于这种互动机制的性质、发展与变化的分析与评价问题。不仅包括政治文化与政论报刊传统的问题，如政治文化对于政论报刊文化特征的影响以及内部冲突问题，清末政论报刊对中国近代政党报刊的影响问题，还包括互动机制对中国政治文化发展的作用问题，也就是互动机制的效果评价问题，由此可返身对传播机制本身加以评价。

概而言之，该思路主要从两个方面对这种互动机制加以分析。一是传播者自身政治文化特征对传播活动施加影响，包括传播者的政治思想对于传播过程的制约和政治心理层次上的体现。前者可以通过梳理传播者的政治观念以及演变来把握其影响，后者须深入政治文化个案与传播情境中，进入个体（群体）的文化心理层面，从传播文本上获得印证。不过政治思想与政治心理并不是相互分离的，而是结合在一起对报刊发生影响。这种区分只是出于研究阐述的方便起见。二是从受众的政治文化特征层面来把握传播过程。这要求研究者将受众政治文化特征置于传统儒家政治文化背景下，分析文本与受众政治文化结构的契合之处。

四　政治文化视角与近代新闻史的研究方法与史料处理

政治文化视角还赋予近代新闻史研究与以往不同的研究方法。一方面是因为作为研究对象之一的政治文化概念主要涉及历史人物的政治思想与政治心理内容，另一方面它要求分析传者与受众互动的心理联系。就前者而言，当代行为主义研究者主要通过专业化的调查研究技术来把握研究对象的政治文化特征，这一点对于新闻史研究而言无法做到。同时，互动的寻求也不可能像网络传播研究者对互动主体所进行的即时分析与访谈那样。要解决以上问题，研究者必须选择合适的研究方法。

其一是历史心理分析。20 世纪 70 年代，历史心理分析成为西方历史学界的“一种时髦”，它将历史人物的心理当作“社会环境的一个侧面”，要求“将其与其他所有的侧面一样予以解释”。[①] 其实，历史研究对人物心理方面的关注为时已久，发生变化的是历史心理分析的对象已逐步从个体分析转到群体层面和社会层面。就前者而言，路德、卢梭、拿破仑、希特勒和甘地等历史人物已经成为西方历史心理分析的对象。就后者而言，以勒庞关于法国大革命的群体心理的分析为代表，[②] 西方历史学界对群体心理与社会心理的历史分析成为 20 世纪以来西方历史学发展的重要分支。阿伦特对于集权主义的分析（1951）、阿多诺对独裁主义群体心理的分析（1950）等研究成果的出现，奠定了历史学的社会心理分析基础。

不过，历史心理分析在新闻史研究中还少有出现。历史心理分析方法运用于近代新闻史研究之中，所要解决的是传播者的政治思想与政治心理形成与变化的问题，这是探讨互动机制的前提。其必要性在于这种政治思想与政治心理将影响传播内容和传播形式的呈现，进而形成与受众联系的一个基本方式。它不仅需要分析某种情境下传播者的政治文化特征，而且要对其政治人格和个性的成长进行纵向的长时段把握。如，对于梁启超政治心理的把握，既要考察其在办报时政治心理对于传播的投射作用，也要追寻这种心理产生的历时性的原因。政治文化视角也要求注意群体的政治文化特征和结构。如研究早期留日学生同乡会创办的报刊与受众的互动时，不仅要考察个体的政治心理与观念，而且要分析同乡会内部那种激进与保守互相交错的政治文化结构对于报刊传播的影响。进一步而言，对于

---

① 〔英〕杰弗里·巴勒克拉夫：《当代史学主要趋势》，杨豫译，上海译文出版社，1987，第 101 页。

② 参见《革命心理学》，该研究主要借助群体心理学研究法国大革命中的集体无意识。

政治文化的考察还可以进一步扩展至不同报刊群体之间，如留日学生同乡会之间的互动。又如，对于《苏报》激进排满时期的研究，不仅要考察传播主体（如章太炎、章士钊）的政治心理与政治观念，而且要考察当时国内以报刊为中心的各个政治文化场互动的更为广泛的背景。因此，历史心理分析不仅涉及个体政治心理与政治观念的发展变化，而且要注意报刊知识群体内部和群体间的政治文化关系。

对于受众政治文化特征的分析也是研究的重要任务。各种受众群体的生活和观念变迁的相关材料是了解受众政治心理的重要途径。同时，受众的投书与来信来稿都可以作为受众心理分析的基本依据。而近代社会史和心态史的相关研究成果也可以作为该研究的基本背景。

虽然政治文化视角注重对传播者与受众的政治文化的长时段分析，但并不排除突发性历史事件对于历史心理分析的研究作用。历史事件是政治思想和政治心理层面的一种爆发和集中展现，它为分析参与者的政治文化特征以及印证长时段的心理分析提供了千载难逢的机会。但是，在对待历史事件的方式上，心理分析方法与传统新闻史学方法有明显区别。传统新闻史学在处理历史事件时，注重事件的过程与结果等客观层面的内容，心理分析方法则主要集中把握事件发生过程中传播者和受众的心理因素，如思想波动、心态、情绪以及态度等，通过研究事件中报人和受众的反应，来获取其政治文化特征。如对于在“苏报案”中章太炎的表现，主要不是就事件的结果来论述，而是分析章太炎的政治心理特征以及当时的政治文化背景对于这种表现的心理支持作用。在历史心理分析方法下，事件史由此变成历史事件的心理解释史。

其二是话语分析。话语分析是当今文本研究中惯常运用的研究方法，在大众传播领域，话语分析方法也获得了一定的实践。① 但是将话语分析运用于新闻史研究之中，国内的尝试还不多。从政治文化视角来看，话语分析的目的在于借助文本的话语分析把握文本表达的政治思想和政治心理状态，进而寻找传播者的政治文化特征与文本之间、文本与受众之间的心

---

① 丁和根：《大众传媒话语分析的理论、对象与方法》，《新闻与传播研究》第 11 卷第 1 期，第 37～42 页。

理联系。

具体到研究之中，话语分析的内容主要有以下两个方面。一是，政论报刊言论的话语分析。报刊言论是政论报刊最典型的特征，一定的言论主题往往与政治文化保持着密切的关系。而要从历史角度说明这一关系，必须深入政论报刊言论的内部，了解其言论主题的内容、言论主题的组织、言论主题的演变与衰退，进而寻找其与传播者的政治文化特征之间的联系。二是，政论报刊中的新闻报道内容。包括新闻报道的主要内容、新闻报道的对象及其演变等。除此之外，政论报刊所刊登的广告、副刊内容均可以纳入话语分析的范畴。

话语分析除了运用于具有实体特征的研究对象之外，具有传情特征的文体、意象、情态词语以及图片等象征符号也具有适用性。如对于革命派报刊在宣传中经常运用的“黄帝”这一象征符号的分析，对图片以及编排方式的分析，等等。

其三是实证分析。这里的实证分析与早期行为主义实证分析法有很大不同。因为早期行为主义者的实证分析面对的是现实当中的人或者事，而历史研究的实证分析主要集中于对传播内容的计量和传播主体的材料统计上。

实证分析法的运用与上述话语分析法有关。就历史研究而言，研究者难以对所有的传播符号进行处理和精确把握，只能以抽样的方式获得特定时期报刊的相关数据，进而加以归纳。例如，在研究报刊言论主题时，通过对一段时期内传播文本中新名词出现的次数进行统计和比较，以把握传播的主题及其变化。又如，在对传播知识群体的政治文化把握中，分析其接受儒家教育的程度与人数则有助于把握群体政治文化的特征。

总之，政治文化属于主观意识层面的概念，也是一个具有多层含义的复杂概念，这要求该研究的研究方法既不同于一般的文本分析法，也不同于专门的事件史；既不单是个案研究，又不仅仅是群体的专门分析。其内涵决定了研究方法的选择与运用必须集中于在传播者（群体与个体层面）的政治思想和心理与传播文本之间建立某种联系，在传播文本与受众之间、传播者与受众之间建立联系。

因此，在收集和处理史料的时候，必须重点注意以下几方面的材料。一是传播者表达其政治思想的文章与书信。政治思想是可以发生变化的，不同的政治思想可能与传播内容传播的目标定位有直接关系。因此，作为一种思想史的考察，要求研究深入传播主体的政治思想层面，把握其基本流变以及这种流变带来的影响。二是一定的传播情境影响传播者的政治心理，进而影响传播的内容和风格。这要求研究者深入传播者的人生历程，结合特殊时期的心理表现，把握传播者的政治心理与传播之间的关系。如，对于个人政治心理和政治观念的把握，除了分析个体政治观念的文字之外，要特别注意传播者个体的政治经历、教育背景、个性特征。这些主要可以从传播者的自传、书信来往以及抒怀的诗词中来把握。三是传播文本。这是解读传播主体政治思想与政治心理的关键内容，也是传播者与受众建立政治文化联系的中介。如传播内容和主题选择，传播文本中所体现出来的情感状态，传播编排方式的选择，传播文本的文风，传播中的象征符号，等等。这些都是传播者进行民众诉求的基本材料，应当重点将其纳入研究分析的视野之中。四是受众群体的背景资料。包括能够反映特定受众群体的政治观念和政治心理的描述性材料，如已有的研究成果，具有代表性的受众日记、受众的反馈以及从新闻与政论中对于受众的把握，等等。

余论：政治文化视角研究中必须注意的问题

如上所述，政治文化视角所具有的独特的历史分析功能，如强调政治主观因素对新闻传播历史的作用，对受众的突出，中观视野以及对传受互动的分析能力等，能够在一定程度上弥补阶级分析视角、本体视角以及现代化视角所具有的某些缺陷，并为近代新闻史研究提供新的思路和内容。但是，在运用这种视角进行分析时，必须注意其中可能存在的一些问题。

其一，政治文化视角仅仅是作为一种新的分析思路，而并不意味着政治文化对于近代新闻史的决定论。政治文化作为主观维度，承认其反作用力，是与历史唯物主义和辩证唯物主义相符合的，是对基本原理的运用。它的作用在于从政治的主观维度寻找一条认识近代新闻史的新路径，是对以往研究的一种弥补，一种丰富，而不是违背。但是，如果故意夸大政治文化的历史作用，甚至主张政治文化对近代新闻史的“决定论”，则是对基本原理的违背。这也是历史唯心主义与历史唯物主义的重要界限。因此，在把握传播主体与受众的政治文化特征的时候，不仅要分析政治文化内部的结构和内涵，而且要将这种内涵和结构与社会经济层面结合起来认识。只有这样，才能真正把握政治文化。例如，对于传统儒家政治文化的理解，必须从封建制度下的社会政治经济的基本关系入手加以把握。对于传统儒家政治文化在近代的解体，则必须从原有经济关系的变动上加以论说。

其二，要注意把握政治文化的相对独立性这一命题。政治文化与社会政治经济之间的决定与被决定的关系并不是一种机械的对应状态。在一定时期，政治文化可能超前于社会政治经济的物质关系，而在另一时期，则可能相对滞后。这其中有偶然也有必然。此外，政治文化的三个层面内容也可能存在一定的交错状态。特别是作为集体无意识的政治心理因素，其改变可能远远滞后于政治思想的变化。其中的复杂性也正是政治文化视角的独特分析功能之所在。

其三，因为政治文化含义的模糊性，特别是将个体的政治心理作为分析对象时，由于“事后”视角，有可能在研究中产生“误读”。如，分析梁启超在《时务报》时期的政治心理时，能够运用的资料主要是梁启超后来的年谱、传记材料。作者编写年谱时的情境可能影响到对当时政治心理状态的表达，甚至由于各种原因而有意“遮掩”。对于受众的分析也有可能产生如此状况。如在把握受众政治心理时，如果将报刊反馈材料和报纸上刊登的读者来信作为主要凭证，也可能忽略了传播者对受众来信的“把关”而造成误读，这就有可能为研究者设置陷阱。这也是历史心理分析的局限。因此，在分析传播者与受众的政治文化特征与变化时，处理好群体政治文化特征与个体政治文化特征的关系，也是研究者必须注意的问题。

当然，政治文化视角的适用范围，也不仅仅在近代新闻史领域，在古代、现代和当代新闻传播史领域也有着同样的甚至更为重要的研究意义。如分析儒家政治文化对于古代新闻传播活动的影响，政治文化与建党时期、抗日根据地时期和解放战争时期中共报刊的关系，新中国成立十七年的新闻事业与政治文化的关系，等等。此外，政治文化视角的学术意义也不仅仅局限于新闻史学领域，而有可能向新闻理论、新闻业务与传播学的本土化方向延伸。例如，在实施传播学的本土化进程中，如何看待政治文化对于传播学原理在中国的运用，包括中国政治文化与沉默的螺旋理论、培养理论在中国的适用性等问题。就政治文化与新闻理论的关系而言，如何看待政治文化与新闻学理论的生长的关系，也是一个值得探究的问题，如政治文化对于新闻理论的规范内容、新闻理论研究的兴趣以及新闻理论的话语表达等。

“正在构成”的新闻史：社会建构论与中国新闻史研究*

由国内新闻传播学界主要刊物（先有《新闻大学》，后有《国际新闻界》）所组织的有关中国新闻史的研究讨论目前已进入尾声。其中，发言者有圈中人，他们身居困局，感同身受，所提建议颇多一针见血之言。也有来自海外的理论工作者，他们旁观于外，所论不乏振聋发聩。但就实质而言，是新闻史研究的乏力（如人才、研究对象单一）以及外界的种种批评指向（如过于偏向考据、内容过于平面、缺乏问题意识、“编年史”倾向等），更为深层的，也许是传统新闻史研究对于新闻史的想象的枯燥和贫乏，使研究与原本生动丰富的新闻史渐行渐远。历史果真是如已有研究那般呈现的吗？我们又能否通过自己的重新梳理，发现一个“更为真实”的中国新闻史呢？笔者试从社会建构论角度对此问题进行初步探讨。

一　媒介社会史与社会建构论的“介入”

社会学家对历史的“运用”，所带来的历史社会学的兴盛，可能已超出大力提倡与历史学结合的许多社会学学者的想象。在马克·布洛赫（Marc Bloch）的《封建社会》、佩里·安德森（Perry Anderson）的《绝

---

* 此文发表于《国际新闻界》2010年第7期。

对主义国家的谱系》、艾森斯塔德（Eisenstadt）的《帝国的政治体系》以及汤普森（E. P. Thompson）的《英国工人阶级的形成》等巨著中，作者们所运用的社会学理论，如结构功能主义、结构主义和社会进化论等分析框架，在历史学界引发了长久的热议。情形所至，从社会学的视角对新闻史（媒介史）进行解读和分析，已悄然成为一种跨国文化现象。詹姆斯·柯兰（James Curran）在晚近的一篇关于英国媒介社会史的文章中，特别对媒介史研究中的“媒介中心主义”倾向进行批评，提倡英国社会史和媒介史的交融，以此消解英国媒介史中的“单一的”“线性的”叙述。[①] 英国媒介史学者埃舍·布瑞格斯（Asa Briggs）和历史学者彼得·伯克（Peter Burke）在其合著《媒介社会史：从古登堡到英特网》中也针对西方主流新闻史中预设的自由主义框架，批评其简单断言新闻媒介的发展使社会趋向于不断进步或是使社会趋向于越来越腐化堕落，[②] 而非将媒介史本身置于社会中加以考察。此论点呼应了早期麦克尔·舒德森（Michael Schudson）的媒介社会史的主张。后者在30年前的有关美国报业史的研究中，将报业史与社会史密切结合，树立了报业社会史研究的里程碑。[③] 目前，国内新闻史学界也纷纷将新闻史拉向“社会”，“媒介社会史”“电视社会史”或“新闻社会史”等词汇屡现纸端，开始呼应这一全球文化潮流。

当然，其中的争议也不少。历史学家是如何理解或想象“社会”的，或者说历史学家引入的社会学分析框架能否为历史提供一个全面、周正的解释，成为争议焦点。有论者针对《帝国的政治体系》强调“价值”“系统”“分化”的结构功能主义取向，批评其对于“行动”和“事件”的

---

① Curran, J., "Media and the Making of British Society, c. 1700 - 2000", *Media History*, 2002, Vol. 8, No. 2, pp. 135-154.

② Burke, P. & Briggs, A., *A Social History of the Media: From Gutenberg to the Internet*, Cambridge, UK; Malden, MA: Polity, 2009, p. 3.

③ Schudson, M., *Discovering the News: A Social History of American Newspapers*, New York, Basic Books, 1978.

描述的缺乏，无法解决“历史的复杂性”。[①] 佩里·安德森（Perry Anderson）则遭受历史社会学内部的批评。如，E. P. 汤普森批评其结构主义模式，此方法用一个预先存在的社会类别框架来解读社会历史，以致将法国革命的模式强加在18世纪的英国历史上。[②]

如此评论放在新闻史研究上也并非完全不适用。近期的一篇文章直指国内传播学界以“二元对立论”和简约化的“因果决定论”为特征的功能主义趋向，代替了原本生动、丰富的社会世界。[③] 这一批评无疑涉及新闻史研究的某些面向。如在理解新闻史时，人为地将“媒介”与“社会”割裂开来进行论述，隐含“二元论”的思想预设；或者，用简单的社会结构对媒介的“因果决定论”替代具体的新闻史实的细密梳理，以致“媒介”与“社会”之间变成被抽去内容的“两张皮”。在此倾向下，历史真实究竟何在？

社会建构论或许能在一定程度上弥合结构主义和功能主义倾向为新闻史研究带来的困局。社会建构论（social constructivism）的不同之处在于，它从人（及其群体）的主观能动性入手，重新阐释社会和人类行动。其主要奠基人伯格（Peter Berger）和卢曼（Thomas Luckmann）在1966年出版的《现实的社会建构》一书中，明确表达了这一思想：人类建构着社会现实，在这种建构当中，主观过程可以变得客观化。……个体与制度之间的这种关系是“辩证”（互动）的，可以表述为如下三点合一的公式：社会是一种人类的产品，社会是一种客观现实，人是社会性产品。[④]

伯格和卢曼的社会建构论思想的直接源头是舒茨（Alfred Schutz）现象学社会学，较远则来自韦伯、齐美尔、米德、布鲁默和戈夫曼的相

---

① 〔美〕盖瑞·G. 汉密尔顿：《历史中的结构：艾森斯塔德的历史社会学》，载〔美〕西达·斯考波切编《历史社会学的视野与方法》，封积文等译，上海人民出版社，2007，第126~127页。

② 转引自〔美〕埃伦·凯·蒂姆博格：《E. P. 汤普森：理解历史的进程》，载〔美〕西达·斯考波切编《历史社会学的视野与方法》，封积文等译，上海人民出版社，2007，第238页。

③ 黄旦：《由功能主义向建构主义转化》，《新闻大学》2008年夏季号。

④ Peter L. Berger, Thomas Luckmann, *The Social Construction of Reality: A Treatise in the Sociology of Knowledge*, Harmondsworth, Middlesex, Penguin Books, 1976.

关论述。[①] 依据舒茨的现象学观点，社会行动者根据常识解释、界定情境，领会他人的意图和行为动机，实现主体间的有效理解并协调行动，以达到把握生活世界的目的。伯格和卢曼延续了舒茨的现象学进路，强调对常识进行社会学分析可以加深理解社会现实的建构过程。在他们看来，社会现实可分为客观现实和主观现实，所谓“社会”也就是主观现实（意义）的客观化（外化）以及透过外化过程而建构出的互为主体性的常识世界。晚近的吉登斯（Anthony Giddens）则将这种传统发展成“结构化理论”。该理论将社会学的焦点集中于结构化问题，即通过行动构成结构，而行动又被结构性地构成的过程。[②]

社会建构论对于行动者和社会的辩证互动的理解，特别是对于行动者的意义的关注，无疑是对结构主义和功能主义在此问题上的一种“纠偏”。功能主义将新闻媒介理解为满足其所处社会的各项功能性的子系统，以维护社会的持续性，历史中的具体行动者成为被安排的、顺从的客体。[③] 结构主义则关注的是政治经济结构对于新闻史所产生的决定性影响，行动者是被社会的结构所操纵和摆布的。社会建构论在此问题上不无启发意义：新闻史是一个由行动者和社会结构相互建构的持续过程。

二 社会建构论与新闻史的“构成性”

历史是过去的现实。依照社会建构论对于现实的建构主张，新闻史处于不断构成的过程中。其背后的理论支撑，有如米德关于“自我构成性”的论述，吉登斯有关“社会构成性”的主张。“构成性”作为理解新闻史的基本方式，至少包含两层含义。

① 〔澳〕马尔科姆·沃特斯：《现代社会学理论》，杨善华等译，华夏出版社，2000，第18~39页。

② 〔英〕安东尼·吉登斯：《社会学方法的新规则》，田佑中、刘江涛译，社会科学文献出版社，2003，第278页。

③ 〔英〕帕特里贝尔特：《二十世纪的社会理论》，瞿铁鹏译，译文出版社，2002，第42~43页。

其一，从历时性看，"构成性"将新闻史理解为行动者和社会结构持续互动、相互建构（或者说"共建"）的历史过程，而非预定的结果或注定的"宿命"。或者说，结构主义或功能主义主要是从结构或系统的因素出发，旨在寻求新闻史中的某种秩序或规律。而"构成性"则主要从行动者和社会结构的主体间性出发，旨在展示新闻史生成与变动的具体过程。

其二，从共时性看，"构成性"关注的是"正在进行"的历史情节，即从历史"场景"出发，描述互动和"共建"的具体情节，活络并重现新闻史的真实世界，实现历史真实全面、准确的再现。

"构成性"为理解新闻史的本真提供了新的切入点。以新闻思想史的研究为例。依社会建构论之意，新闻思想是新闻史的"主观世界"，它本身并非孤立地、静静地矗立在历史之中，而是处于积极的变化中并与外部世界进行相互建构。这意味着新闻史研究者认知这一"主观世界"时必须从以往对新闻思想的"内部"逻辑梳理转向从"内部""外部"（客观世界）互动中获取对于"内部"的把握。如西方新闻史学有关客观主义的分析开始不同程度地显示此种倾向。理查德·卡普兰（Richard L. Kaplan）在阐述1865～1920年西方客观主义新闻思想的兴起时发现，客观主义并非天生的理念，而是"历史的产物"，是被政治和社会关系建构起来的。[①] 加拿大学者哈克特（Robert A. Hackett）等人则通过历史梳理进一步发展了这一观点。他们认为，客观主义是西方新闻界在与主流意识形态、商业主义以及媒介保守主义的历史互动中，形成和发展起来的一种"体制"，他们通过将新闻客观性置于西方政治经济和自身发展的脉络中，展示出新闻客观性的"多面性""复杂性"与"矛盾性"。[②]

从外部世界与行动者的互动中探寻主观世界的构成性，这一倾向在中国近现代新闻思想史的研究中也逐步显现出来。如对于梁启超新闻思想的研究，已经不是停留于简单的思想"内部"结构，也非将其所处社会背

---

① Kaplan, R. L., *Politics and the American Press: The Rise of Objectivity, 1865-1920*, New York, Cambridge University Press, 2002.

② 〔美〕罗伯特·哈克特、赵月枝：《维系民主？西方政治与新闻客观性》，沈荟、周雨译，清华大学出版社，2005，第14～15页。

景与其新闻思想进行简单比附，而是从其社会性活动入手，如梁启超的阅读世界、报刊活动、学术和政治实践、情感世界等方面，由此勾勒出关于其新闻思想生成过程的个性方面。[①]

新闻产制是行动者直接作用的领域，也是社会建构论获得表达较为集中的地方。如迈切尔·帕尔玛（Michael Palmer）等人回到19世纪的法国政党报刊时期，他们所关心的是，政党报刊的新闻编辑部是如何理解新闻价值的。他们的研究摆脱了政治决定论的模式，通过细致的史实梳理，试图还原那个政治变幻时代中新闻记者和评论者的所思所想，进而捕捉新闻编辑部（newsroom）中的“风气”（atmosphere）。[②] 唐纳德·迈斯森（Donald Matheson）针对19世纪末20世纪初英国报纸中新闻话语的变化，跳出既有研究者罗列社会条件和电报技术的运用等方面的解释方式，从历史当事人的回忆录、传记以及当时的报刊文本着手，分析这些新闻话语是在什么样的新闻产制过程中形成的，如雇佣记者、采访路线、市场规则等方面。[③]

新闻业务方面所牵涉的范围更广。目前，我们对于新闻业务史的研究往往注重从新闻本体层面入手，如新闻编辑史、新闻评论史和新闻文体史等。但社会建构论关心的是新闻业务方式的生发过程及其社会建构含义。如安德鲁·斯帕尔（Andrew Sparrow）在有关国会新闻史的研究中，分析议会记者的工作条件、社会网络、职业习惯、技术运用，以及与议员和议会之间的互动过程，从媒介和政治阶级的互动过程追寻议会新闻发展的脉络。[④] 维尔斯（Richard R. Wells）则从“历史人种学”的视野出发，关注纽约“便士报”的生成史。研究明确提出，之所以采用“历史人种学”视野，并非将“便士报”理解为一种静态的文化产品（a static product）

---

① 唐海江：《清末政论报刊与民众动员》，清华大学出版社，2007。

② Palmer, M., “Parisian Newsrooms in the Late Nineteenth Century: How to Enter from the Agency Back Office, or Inventing News Journalism in France”, *Journalism Studies*, 2003, Vol. 4, No. 4, pp. 479-487.

③ Matheson, D., “The Birth of News Discourse Changes in News Language in British Newspapers 1880-1930”, *Media, Culture & Society*, 2000, Vol. 22, No. 5, pp. 557-573.

④ Sparrow, A., *Obscure Scribblers: A History of Parliamentary Jacrnalism*, London, Politico, 2003.

或确定的意义（a set of meaning），而是通过分析纽约“便士报”的生产和消费的具体过程，来揭示特殊的阶级经历是如何形成的。①

行动者的构成性也是研究的侧重点。在社会建构论看来，处于互动中的行动者，本身也是处于不断变化之中，对其构成性的分析成为历史分析重要一环。在中国近现代报刊史上，这一趋向开始明晰，研究集中在报刊知识群体的构成性上。如有关《独立评论》群体的身份认同研究，论者通过细密的梳理，揭示出其在学术社会、权力社会和公共生活中艰难和复杂的身份建构过程和困境。② 在晚清政论报人群体的构成性分析中，研究者展示出政论报人群体组织离合中地缘、学缘和现代政治认同等多重力量相互交织的历史进程，为近代报刊史历史提供了一个立体、多元的面向。③

从构成性层面来理解新闻史，意味着新闻史研究重心的转移。其一是从结果研究转向过程研究。在社会建构论看来，新闻史中的每一研究对象都有一个生成变化的过程，社会建构论强调主体间性、建构性，其意涵在于关注历史的过程这一范畴，希望在历史的过程描述中获得历史的真实。这与以往从既有的结果出发展开历史的回溯或追认这一“后视”的思维程序有着逆反。

其二是从静态分析转为互动分析。新闻史的构成性的一个内涵是，新闻史是一个“活”的、“动”的状态，是行动者与社会结构、行动者和行动者等主体间多重互动的具体展开，而非单面的决定论调。伯格和卢曼用“辩证”一词表达了互动的主旨，即行动者与社会结构，是而且一直保持一种辩证的关系。这个辩证关系就是，人（当然不是作为孤立的个体而是作为集体）和他的社会世界，是相互作用的，外在化和客观化处于一

---

① Wells, R. R., “The Making of the New York Penny Press: An Ethnographic History of a Mass Cultural Form”, PhD Dissertation at The Graduate Faculty of Political and Social Science of the New School of University, 2003.

② 章清：《“学术社会”的建构与“权势网络”的建立——〈独立评论〉群体及其角色与身份》，《历史研究》2002 年第 4 期。

③ Palmer, M., “Parisian Newsrooms in the Late Nineteenth Century: How to Enter from the Agency Back Office, or Inventing News Journalism in France”, *Journalism Studies*, 2003, Vol. 4, No. 4, pp. 57-82.

种不断的辩证关系之中。[①] 目前，有关中国新闻史的研究逐步转向从互动关系中聚焦研究对象。如宁树藩先生早在20世纪80年代就提出对中国近现代报刊的地区互动进行研究。[②] 张昆教授则提出新闻史研究要“横向发展”，其所关照的是历史中不同媒介系统间、媒介系统与社会系统间以及不同地域的媒介系统间多重互动关系。[③] 这种互动还可以扩展到更为复杂、细密的面向，如报刊群体内部的互动、编者与读者的互动、记者与消息来源的互动等方面。社会建构论借助过程分析和互动分析的相互结合，推动历史真实更为完整地呈现，那些偶然的、多元的历史细节才可能得到清晰浮现。

三　社会建构论与新闻史中的“意义”

依照社会建构论的思路，行动者（媒介）与社会互为主体，相互构成。也正是在这种主体间性中获得对于行动者（媒介）的认知，其中最重要的纽带就是意义。意义分析由此应成为理解新闻史的一个关键环节。

伯格认为，行动者具有主观能动性，是一种意义的主体。他们将意义融入行动，注入社会现实，变成客观的对象物，如制度、符号、文本、规范及其他，反过来，这些对象物又重新进入行动者的意识当中，形成主观世界和客观世界的辩证互动。行动者因此处于一个无所不在的意义世界之中。[④] 现今的文化研究者都把社会建构论的奠基人如韦伯等作为其学脉之起点。格尔茨（Clifford Geertz）就此称：“人类是一种悬置在由他自己编织的意义之网上的动物。我把文化看作是这些网，因此对文化的分析不是寻找规律的实验科学，而是寻求意义的一种阐释性科学。我追求的是阐

---

① 〔澳〕马尔科姆·沃特斯：《现代社会学理论》，杨善华译，华夏出版社，2000，第78~79页。

② 宁树藩先生曾在多个场合提出这一倡议，笔者有幸在2003年在北京举行的《宁树藩文集》首发式上聆听此倡议。

③ 张昆：《横向发展：新闻史研究的新维度》，《新闻与传播研究》2004年第4期。

④ 〔美〕沃斯诺尔（Wuthnow，R.）：《文化分析》，李卫民、闻则思译，台北远流出版公司，1994，第36~37页。

释、阐释表面上神秘莫测的社会表达。”[①] 格尔茨欲在传统行为科学有关意义的解释的两种策略中寻求一种新的意义阐释方式，韦伯的社会建构论思想成为其倚赖。他所指的两种解释策略，一是因果解释，即将意义分析根植于“社会结构”之中，从结构之因推断意义之果；二是功能解释，它将意义视为维系社会生活系统的“一大作用力”。[②] 二者对于意义本身的阐释却淡化处理，也就无法完整阐释社会世界。

也正是以上两个解释传统，真正的意义分析（或文化分析）一直未能成为传统社会学关注的核心，至多成为“结构”的配角。[③] 甚或在社会建构论的形成过程中，有些理论家如符号互动论者也仅将意义作为一种抽象的“形式”，对于意义本身的内容只做简约处理。伯格特别批评了符号互动论这种过于强调“形式”的演绎方式，认为意义的内容乃是在“特定的社会结构脉络”之中形成的。[④] 这也预示了文化分析的可能性和必要性。

这一观点后来得到了与新闻史研究相关的领域如文化社会学、文化研究和传播研究的积极响应。如，邓金（Denzin）就文化社会学内部关于意义的不确定和意义的确定之间的纷争评论总结指出，（意义）不是一种效应、一种结果、一种静止的特性，或一种观点的编码，……它不能脱离一个特定的情境脉络而被移译到另一个情境脉络中。[⑤] 格尔茨则从文化研究的层面呼应了社会建构论传统：文化研究不是以支配人类行为的法则来寻求关于人类行为的解释，也不是把人类行为消解为其所基于的结构中，而是寻求对人类行为的理解，试图“诊断人的意义”。[⑥] 凯瑞（James W. Carey）在借助伯格和卢曼的建构论观点阐释其传播文化观时

---

① 〔美〕克利福德·格尔茨：《文化的解释》，韩莉译，译林出版社，1999，第5~6页。

② 〔美〕詹姆斯·凯瑞：《大众传播与文化研究》，载《作为文化的传播：“媒介与社会”论文集》，丁未译，华夏出版社，2005，第31~36页。

③ 文军主编《西方社会学理论：经典传统与当代转向》，上海人民出版社，2006，第309页。

④ 〔美〕克利福德·格尔茨：《文化的解释》，韩莉译，译林出版社，1999，第55页。

⑤ 转引自〔美〕戴安娜·克兰编《文化社会学：浮现中的理论视野》，南京大学出版社，2006，第14页。

⑥ 文军主编《西方社会学理论：经典传统与当代转向》，上海人民出版社，2006，第38页。

称，文化必须首先被看作一系列实践，一种人类行动模式，一种现实由此被创造、维持和转变的过程，但大多随后具体化为一种独立于人类行动的力量。并且，对于文化的分析只能放在历史和文化中（即放在特定的民族的历史经验中）才能得到最后的确认。[①] 正是如此，文化研究与新闻史研究得以有机结合，并为新闻史带来新的命题。

首先，它不再拘泥于历史表象的描绘，而是探寻历史的深层内涵和脉动。如对于新闻政策和制度的研究，就不再停留于制度的发生、发展及其功能的描绘，更重要的是探寻这一制度政策背后的社会文化意义。又如，对于媒介组织群体的研究，关注的则是其文化认同问题（上述研究实践对此均有表述）。

其次是对于报刊文本形式的意义分析。如巴恩休斯特（Kevin G. Barnhurst）和约翰·奈恩（John Nerone）在梳理美国新闻的形式（新闻的形式指呈现新闻外观的所有因素，包括设计、编排、报道方式、图片以及劳动分配、技术状况等方面）的历史时，不再是仅仅描述传统新闻史学所谓的新闻文体和版面等形式本身的变化，而是揭示这种变化所暗含的公民文化（civic culture），[②] 其立论的基石在于，“形式”展现了媒介组织对于社会和政治的想象性关系。这种视域为理解中国新闻史中的版面编排史、文体史、新闻编辑史提供了颇具启发的论题。

最为重要的是报刊文本的内容本身的分析，即报刊的再现史或表象史研究。研究者主要是通过分析报刊是如何再现某一具有意义内涵的人物、事件，来揭示报刊媒介组织（行动者）具有的意识形态。此类论题的出现表达了社会建构论对于新闻和新闻史的基本理念：新闻和新闻史是被建构出来的，是含有建构者的意图的，因此分析表象背后的意图才是了解历史的关键环节之一。也正是在此理论背景下，目前历史研究中围绕媒介的民族国家认同、科技想象、都市文化、女性主义、消费主义、公共领域、他者想象等论题进行了深入而全面的开掘。

---

① 文军主编《西方社会学理论：经典传统与当代转向》，上海人民出版社，2006，第46页。

② Barnhurst, K. G., & Nerone, J., *The Form of News: A History*, New York, Guilford, 2001, pp. 2-3.

与此相连的还有媒介记忆史研究。研究者所关心的问题是：媒介是如何建构过去和想象过去的。这种想象和建构关系到社会记忆，并对当下和未来发挥作用。媒介记忆史的研究就是试图分析媒介记忆、忘却和重建过去的历程。艾迪（Jily A. Edy）分析了美国的媒体是如何处理20世纪60年代发生在美国洛杉矶和芝加哥的两次骚乱，并在随后的岁月里建构并影响美国人的集体记忆的。[①] 这一范式引起了台湾学者对台湾媒体关于“二二八”惨案的媒介记忆问题的关注。[②] 媒介记忆史的研究回应了社会建构论的一个观点，社会记忆是被人为地（包括媒体）建构起来的，社会记忆也建构了媒体对于过去的“生产”。

意义分析不仅展示了历史真实的基本面向，而且带动了诸多新鲜的研究议题的出现。上述的许多研究案例（如媒介再现史、媒介记忆史等）都是由文化研究者完成的。文化研究往往从当下的需要入手，展开历史研究的假设和议题，从历史行动者的文本中获得对于当下的意义，在一定程度上可以增加新闻史研究的当代性。但是，在社会建构论看来，意义是作为不同主体间得以连接的中介而出现的，其分析的根本目的不仅打通了“历史”与“当下”，而且有助于历史中的“媒介”与“社会”的勾连：一方面，意义分析通过“媒介”对于“社会”的想象性关系的再现，打通了“媒介”作用“社会”的途径；另一方面，将“意义”置于特定的社会脉络下展开分析，能够确切地展示社会作用于意义产制的具体过程，开辟了“社会”走向“媒介”的道路。

四 超越“后现代”：社会建构论与中国新闻史的研究策略

社会建构论由于对历史的“构成性”和新闻史中的“意义”的强调，有助于历史真实的再现。然而，正因为如此，使研究易沾上反本质

① Edy, J. A., “Troubled Past: Journalism and the Development of Collective Memory”, PhD Dissertation at Northwestern University, 1998.

② 夏春祥：《在传播的迷雾中：“二二八”事件的媒体印象与社会记忆》，台北：韦伯文化国际出版有限公司，2007。

主义、相对主义、文本主义等色彩，并被“误读”为后现代史学。为了规避如此陷阱，不妨将其放在现代史学与后现代史学的背景下展开讨论。

严格而言，社会建构论并非为新闻史研究提供一套历史哲学（或者说，不能用现代或后现代对其进行分类），而是一种探寻历史真实的独特方式。它对于“构成性”的强调和对于“意义”的分析，都是为了获得历史真实，而非对历史本体的某种陈述。然而，它强调新闻史的“构成性”，认为行动者和社会结构处于不断变化和“共建”的过程，已涉及历史的“本质”问题。

较而言之，现代史学的核心理念是本质主义，即认为历史中存在本质、规律或结构，历史研究就是去把握这种规律、本质或结构。表现在新闻史的理解上，如从“革命”或“现代化”的主题诠释近现代报刊史，隐隐透露着这层意味。又如，有研究者主张用“进步”和“发展”的眼光来看待中国新闻史，也包含着对于历史本质的乐观“设定”。[①] 后现代史学则是反本质主义，认为历史是断裂的、碎片化的、非线性的，不存在任何本质和规律。社会建构论虽然提倡“构成性”，但本身并不反对新闻史中存在某种“本质”，也绝非反本质主义者，而是认为，不论是“革命”“现代化”，或是“进步”和“发展”，这些“本质”（如果有的话）都是生成的，是“共建”的结果，是生成的本质。

依据这一思路，研究者在展开新闻史的研究时，并不需要携带获取历史“本质”的企图，也非为了去解构既有研究发现的“本质”，而是在对历史的构成性的研究中，用全面、准确的史实描绘完成对于历史真实的呈现，并展示其“偶然”和“多元”的层面。因此，它对于“偶然”的关注，并非为“偶然”而“偶然”，而是针对当前研究中特别关注“必然”而做的一种“矫正”。因为“偶然”也有一个生成的过程，是历史真实不可或缺的组成部分。它突出“多元”，也非后现代史学的“多元主义”，而是从研究中获取历史中多元的内涵，而这些内涵因以往过于集中于历史

① 尹韵公：《用进步精神和发展眼光看待新闻传播史》，《新闻与传播研究》2004 年第 1 期。

的某一方面而被消解了。

对于意义的关注，涉及文本观问题。对此，后现代史学将文本泛化，认为每个事物都可以被当作一个文本来规定，所有事物都以一种绝对互为文本的方式相互联系，研究者只能基于其他文本才能对既定文本展开阐释工作。[①] 依其理，对于报刊文本的意义探究必须参照其他文本或文本语境，但是没有一个文本是终极性的，因此报刊文本的意义是无法确定的，最终导致历史研究的“语言学转向”或“文本转向”。但社会建构论所主张的意义分析是放置于特定的社会历史脉络之中，这种社会历史脉络不仅具有文本性，而且具有现实性，因此意义是客观存在的，借助这种脉络分析，意义可以逐步得到完整、准确、客观的呈现。

由文本观引发了二者在历史认识上的不同路线。在此问题上，后现代史学是相对主义的。其核心在于，历史过往即逝，而研究者往往是从当下的需要（立场和情境）出发对历史展开论述，无法获得完全客观的历史真实。[②] 此论对于社会建构论思路下的新闻史研究者不无警醒。其一，如何理解从既有立场（如理论和概念）来进行历史分析。如在当前，不少研究者纷纷利用哈贝马斯的“公共领域”概念或西方“现代性”框架来阐释近现代报刊史。[③] 然而，中国新闻史上是否具有哈贝马斯所述的“公共领域”或西方意义上的“现代性”，却又是值得怀疑的。[④] 如果仅仅立足于当下既定的政治立场，展开资料收集和历史梳理，有可能“削足适

---

① 〔澳〕麦卡拉：《历史的逻辑：把后现代主义引入视域》，张秀琴译，北京师范大学出版社，2008，第 38 页。

② 张广智、张广勇：《史学，文化中的文化——文化视野中的西方史学》，浙江人民出版社，1990，第 272 页。

③ 关于媒介公共领域的历史研究，近年成为历史研究的热点。如许纪霖和刘增合主要以报刊为中心阐释近现代中国公共领域的问题。瓦格纳等人关注的是上海《申报》如何成为世界性的公共领域（the Global Public）的问题。分别参阅许纪霖《近代中国的公共领域：形态、功能与自我理解——以上海为例》，《史林》2003 年第 2 期；刘增合《媒介形态与晚清公共领域研究的拓展》，《近代史研究》2000 年第 2 期；Wagner, R. G., *Joining the Global Public: Word, Image, and City in Early Chinese Newspapers, 187-1910*, Albany, NY, State University of New York Press, 2007.

④ 关于中国媒介公共领域的问题，李金铨教授以德国海德堡大学瓦格纳教授有关《申报》的研究为例展开了令人信服的批评。参阅李金铨《新闻史研究：“理论”与 B 问题》，《国际新闻界》2009 年第 4 期。

履”而偏离历史本真。其二，社会建构论强调社会脉络分析，但从相对主义看来，当下的情境势必影响研究者的感知，进而选择一些符合自己假说的证据进行分析。[①] 这正是相对主义史学论者贝克尔（Karl Becker）所宣称的：人人都是他自己的历史学家，[②] 即历史研究仅仅为自己服务。

为了突破这种相对主义的陷阱，社会建构论主张采取集体主义的途径，即用协商、对话等方式来建构新闻史的真实图景。

针对前一疑难，社会建构论者认为，历史不是要运用预先给定的理论，也不是要提出某种一般性的理论，而是利用理论和概念同证据进行对话，从而阐释特定的历史进程。对此，P. E. 汤普森以为，历史研究的根本目的不是“应用”“测试”和“肯定”某种理论，而是在与理论的对话中“重新获得”“揭示”和“理解”真实的历史。换言之，“媒介公共领域”“现代性”此类概念在中国新闻史中的运用，只能作为一个对话的对象，而非简单的一种理论移植，正是在这种对话中获得中国本土媒介的某种特殊性和真实意义。

同时，社会建构论强调从历史“场景”出发，或者“沉浸”（吉登斯语）于行动者的生活世界之中以获取历史真实。但是，我们也应承认，研究者不可能彻底摆脱自己的世界，也不可能完全“移情”于他们的研究主体。因此，强调研究者与历史原始资料、历史行动者以及其他研究者展开对话，就显得非常必要。正是在同理论或概念、史料、历史行动者和研究者等的多重的、持续的对话中，历史研究中的那些不确定性、模糊之处才能逐步敞开，进而不断接近历史真实。新闻史研究者需为此付出比以往更为艰辛的劳动。

---

① 关于研究者可以通过移情完成历史研究的说法，有不少问题被提出来。C. Behan McCullagh 指出，第一，是它如何才能了解文本作者的信仰、价值观和态度。这种思想状态难以被历史研究者完全把握。第二，这种方法具有很大的非批判性，即一旦研究者想象出文本作者的意图，只要这种想象性假说与研究者的主题十分契合，研究者往往会倾向于接受这一假说。但是可能有其他论据会支持其他更合理的假说。因此，负责任的研究者在缺乏所需证据的前提下应该承认不确定性。参阅〔澳〕麦卡拉《历史的逻辑：把后现代主义引入视域》，张秀琴译，北京师范大学出版社，2008，第 44 页。

② 〔美〕贝克尔：《人人都是他自己的历史学家》，载田汝康、金重远编《现代西方史学流派文选》，上海人民出版社，1982。

图像技术、视觉呈现与现代中国

——评吴著《左图右史与画中有话——中国近现代画报研究（1874-1949）》*

《左图右史与画中有话——中国近现代画报研究（1874-1949）》是吴果中教授主持的国家社科基金项目的最终成果，是一部集纳了其对中国近现代画报领域相关研究的学术专著。该著作不仅对中国近现代画报变迁进行了系统梳理，还从新文化史的角度探究中国近现代画报表征背后深刻的技术、社会、文化互动，构成了一个集纳传者、媒介、受众的三位一体在场的研究格局，使得关于中国近现代画报的传播主体、技术逻辑、论域主题以及叙事特质等专门研究得以串联，形成了独特的中国近现代图像与视觉表达的历史论述与思考。

一　研究取向与方法：图像与视觉研究的历史提问

马丁·海德格尔（Martin Heidegger）曾这样描述，“世界被把握为图像了……毋宁说，根本上世界成为图像，这样一回事情标志着现代之本质”①。图像作为视觉机制导向下的一种“宰制型”载体，其与技术的再

---

* 此文发表于《国际新闻界》2018 年第 7 期，合作者为曾哲扬。

① 〔德〕马丁·海德格尔：《林中路》，孙周兴译，上海译文出版社，1994，第 76~78 页。

造勾连出的媒介场域正被现代人类所寄居。围绕着图像时代下人与世界的主客体性位置的界限、图像的视觉隐喻等现代性相关议题成为图像与视觉研究的中心，学界类似于“人把世界钉死，固着在世界图像之上”[①] 的论述不绝入耳。但回归到特定的媒介学领域，关于图像作为一种媒介场域在新闻传播事业史这一脉络中应该被如何解析则鲜少被提及，图像的媒介发生意义及历史印记如何与时代背景下的政治、经济、文化、社会背景“互文”并形成建构性成果在国内学界更是缺乏深入研究。笔者认为，海德格尔思考的“为什么在阐释一个历史性的时代之际，我们要来追问世界图像呢”[②] 这一问题本质上是基于媒介与文明进程视域下的发问，故其还当从图像的历史功用、图像与视觉研究的历史实践等媒介史学角度进行突围。于此，关于中国视觉文化镜像、中国图像空间的发轫与附着的探索必然无法逃离一个时空系统，而这样的研究取向可以极大程度地避免像麦克卢汉（Marshall McLuhan）说的后视镜效果。[③]

该书正具有这样的学术“反哺”趣味，其感知到历史考察在中国视觉研究领域中的缺失，故尝试将图像与视觉这一组颇具现代话语价值的议题重新拉回历史的视野之中进行讨论。基于确定的社会文化史学研究取向，阐释近现代中国的视觉表述与文化构图则需要凭借确凿的媒介载体进行延伸，而画报作为一种特定的媒介奇观，其勾连出的关于“历史过程的魅力或说服力是如何隐藏在地理场所、机构组织、物品流通和社会心态当中的”[④] 迷思和疑问被作者所观照。作者便自然地在画报与图像之间架构桥梁，选择将画报作为具体的图像研究门类。于此，画报不仅是单纯的研究对象，亦是透视中国近现代图像内涵、抵达图像研究的工具。

---

① 〔德〕吕迪格尔·萨弗兰斯基：《来自德国的大师：海德格尔和他的时代》，靳希平译，商务印书馆，1999，第 396 页。

② 〔德〕马丁·海德格尔：《林中路》，孙周兴译，上海译文出版社，1994，第 76~78 页。

③ 参见麦克卢汉在 *The Medium is the Massage* 一书中关于“后视镜效果”的论述，即用现有眼光去回望历史。笔者认为，其作为一种理论视野是可取的，但作为一种历史研究方法，则是需要被深刻反思的。Marshall McLuhan, Quentin Fiore, *The Medium is the Massage: An Inventory of Effects*, New York: Bantam Books, 1967. p. 75.

④ 〔法〕雷吉斯·德布雷：《普通媒介学教程》，陈卫星、王杨译，清华大学出版社，2014，第 6 页。

史学研究与文化研究在画报这一独立的视觉载体中一旦形成交叉，“图像”的广义概念便有了场景与方法的框定，中国近现代画报史甚至是图像史整体研究也就有了可供探索的逻辑。当然，除了确定研究视域，作者在其著作中也做出了区别于传统历史研究路径的选择。相较于字报，图文并茂的画报研究是中国近现代新闻传播事业史领域中的一块学术“飞地”。文字本身的历史考证价值、媒介交往价值以及字报在中国近现代报刊中的主流实践使得学界习惯于对以文字为载体的字报进行集中研究，而画报这一研究领域则显得较为冷清。传统的画报研究路径又多以梳理史实、鉴别种类、评估价值等方面的“编年史”体例为主，缺乏对图像深度的文化意义阐释。研究一旦袭用传统史学思路对中国近现代画报“按图索骥”，格局依旧落于“就事论事”，而画报表征出的图像思维、视觉叙事、传播主体群体面相等深刻议题则依然难以被投射。面对这种“思路困境”，新文化史的探究逻辑无疑为作者的研究指明了思维与方法上的路径，使其成为媒介史学领域这一转向的较早实践者。作者认为，图像研究应当建立在“文化转向”与“视觉研究”的基础上，视觉图像表征背后的深层社会肌理应当被如何挖掘、图像作为一种信息模具所指代的技术与文化的互动结构应当被如何解读、图像媒介所集纳的社会关系以及文化心态应当被如何考察等相关难题更符合此领域的研究旨意。

二　中国近现代画报的历史形态、传播主体与论域主题

正如作者在该书开篇所言，“画”与“报”两者的合并使得图像作为时代思想、社会文化和历史变迁的重要表征意义成为画报史研究的中心主题①。“画”与“报”共同构成“画报”二字，“画”强调传播的形式，即区分于字报中以文字作为中介的层层转译，设定了传播形态中的视觉文化范畴，是图像技术的寄托载体，“报”则将其还原到媒介范畴，其难以

① 吴果中：《左图右史与画中有话——中国近现代画报研究（1874-1949）》，北京大学出版社，2017，第2页。

脱离作为一种报刊类型的传受逻辑以及历史、空间、文化等大背景的限定。从内容框架上来说，此书既有画报共性的整体性研究，又有单个画报的典型性探讨。得益于当时图像这种物质文化的技术便利“作为社会的流动性的新指标”①，加之当时知识分子对于近代民族国家意识的觉悟以及开启民智的伟大构想，创办画报、阅读画报均成为一种近代的社会风尚。根据梳理，中国近现代画报发轫于外国传教士在上海的办报活动。作者将其分为四个典型的历史阶段，分别为：1874～1884 年的十年萌芽初期、1884～1907 年的近代化转型时期、1907～1937 年的成熟与发展时期、1937～1949 年的挫折与低潮时期。这四个历史阶段的更迭主要以技术的运用、新闻报道的实践以及特定历史事件的推动等作为界限。

作者在参阅了大量的近现代画报后发现，正是基于深层次的社会、技术、文化的内在调度，传统的画报编创与传播共同体、画报技术、画报读者三位一体的研究格局完全可以被搭建。中国近现代画报变迁除了基本适应中国近现代新闻事业的历史逻辑外，也频频遭遇特定的历史阶段所致的时代主题、经营诉求、技术规约等实际难题，在某些历史时期的具体实践中，画报比字报甚至更加能契合和回应社会意旨。而这也构成了作者对画报研究的“元思考”，并由此派生出其画报研究的独立学术框架。无论是办报宗旨还是论域主题，“启蒙”“开智”是中国近代画报最直接的符号代码。② 作者逐一考证发现，《启蒙画报》以“教人爱国”“开启蒙稚”为宗旨，③《点石斋画报》重视传播“新知”，④《醒俗画报》则承载了启蒙思潮的意见表达。有趣的是，通过作者的考据，以图画的形式传达新闻信息或者启蒙智识的办报思路契合了当时 80%以上的农民不识字的现实情况，近代画报本身“开愚”“启蒙”的编创定位与视觉符号代码的现代

① 〔法〕雷吉斯·德布雷：《普通媒介学教程》，陈卫星、王杨译，清华大学出版社，2014，第 17 页。

② 吴果中：《左图右史与画中有话——中国近现代画报研究（1874－1949）》，北京大学出版社，2017，第 53 页。

③ 吴果中：《左图右史与画中有话——中国近现代画报研究（1874－1949）》，北京大学出版社，2017，第 56 页。

④ 吴果中：《左图右史与画中有话——中国近现代画报研究（1874－1949）》，北京大学出版社，2017，第 56 页。

性相统一，其作为一种特定环境下由精英阶层尝试实践的“文化药方”本应直接对接民间群体的知识层次以及需求，但从受众的接受层面考究，画报形式在最初却以中等以上知识者作为实际接受主体，于此，假想读者与实际受众产生出入，画报创办主体不得不不断调整自己的读者定位。救亡图存、维新变法的政治思潮使得知识分子尝试将报刊作为阵地试图“启迪蒙稚”，而通俗化和可读性强的画报是否承揽了这个重要“教义”功用则绝非基于“理所当然”的构想，这也正是历史研究的严谨之处。

“传播主体的社会身份、文化心理、职业特征和知识结构，在媒介精神和文化建构上影响着报刊宗旨、经营手段和营销策略，并进而规约报刊对受众及社会文化的意义生产及其社会影响”①，故探究传者是新闻传播事业史研究的重要环节。报人作为社会单元个体，“往往与‘文化的意义之网’有着千丝万缕的关系”②，作者在其著作中也着重聚焦画报传播群体。作为画报的传播主体，近现代知识分子、文人报人群体的精神气质自然折射于近代画报之中，彰显出其对特殊环境下的政治参与、社会变革鼓动、文化艺术风尚倡导等方面的决心。作者指出，“学缘”与“地缘”应当被认为是形成中国近现代报刊传播共同体的重要因素。画报报人新式“合群”“结社”组建的社会网络是中国传统社会倚重的血缘、宗族观念的摒弃，这也体现了时代语境下有识之士的文化姿态与诉求。除了这些“共相”，作者在“中国近现代画报的论域与主题”这一独立章节中着重追溯中国近现代画报的议题设置，即在公共层面探讨画报的媒介话语建构与形塑。以《启蒙画报》为例，作者从排编特色、内容侧重以及传播对象等角度入手，发现西学东渐的启蒙视野是其主要论域，而《图画日报》的图画文本叙事犀利，呈现出厚重的批判取向，《真相画报》则以政治文化塑造与民众动员作为基本指针，规范了画报内在诸多要素的总和设置及

① 吴果中：《左图右史与画中有话——中国近现代画报研究（1874-1949）》，北京大学出版社，2017，第195页。

② 蒋建国：《晚清报人之间的交往活动与精神世界》，《新闻与传播研究》2017年第5期，第83页。

其相互制衡[①]，而更契合市民社会的街头生活与娱乐则是近现代画报最为活跃的主题，无论是《点石斋画报》还是《良友画报》，市民文化的营建体现了画报媒介文化视野的下移，进而建构出市民喜闻乐见的舆论想象。

三　中国近现代画报的技术规约、视觉表述与理念转型

技术作为一种物质操控，其蕴含的精神取向难以和物质载体的可能性与可行性分开。比起字报，作者认为，画报是一门更注重印刷质量的艺术媒介，通过中国画报的演变，可以窥探印刷技术的日益改进及工具性关系对媒介内容的具体规定。“印刷、摄影技术明显影响了中国近现代画报的历史分期，即镂版、石印、铜梓版、影写版四个画报时代。《小孩月报》《点石斋画报》《真相》和《良友》各自对应着不同的技术，为中国近现代画报的历史考察提供了可行的线索。”[②]

作者指出，无论是《点石斋画报》的“以图像为中心”还是《良友》的影像新闻叙事，抑或《真相画报》的连环画系列漫画意识，图像技术本身的视觉交互功用以及客观复制性在一定程度上与叙事的简易、客观、具象等现代叙事理念在内涵上达成一致。画报的技术特征与逻辑是作者理解画报变迁的象征系统的主要线索。“西方思维导致的文化断裂颠覆人们的传统认知，机械复制术导致的书写转向变革了图像的叙事逻辑和媒介的传播观念”[③]，原本被设定在精英文化圈中的媒介论域在画报传播主体的操作下被“延伸”至普罗大众，技术革新下的图像叙事与故事叙事使得精英与市井、摩登与传统、西方与东方的文化断裂与对立获得某种程度的弥合与同构，于此，视觉报道、图像叙事等现代叙事手法不仅勾连了

① 吴果中：《左图右史与画中有话——中国近现代画报研究（1874-1949）》，北京大学出版社，2017，第50页。

② 吴果中：《左图右史与画中有话——中国近现代画报研究（1874-1949）》，北京大学出版社，2017，第123页。

③ 吴果中：《左图右史与画中有话——中国近现代画报研究（1874-1949）》，北京大学出版社，2017，第84页。

大众的阅读兴趣，也被当作一种媒介技术力量在近现代新闻传播中作为一种“机制”被践行，甚至使得中国画报实现了从图像认知时代到图像娱乐时代的视觉变革。

学界认为，“始于文艺复兴和科学革命，现代性经常被认为是以视觉为中心的”①。那么，图像何以塑造中国近现代画报？中国近现代画报的图像系统如何结构社会与文化进而为视觉现代化做出贡献？作者回答，无论是《良友》画报的现代性建构还是《北洋画报》形塑出的城市艺术造型、城市文化生产以及对女性报刊形象的改写与厚描，抑或《晋察冀画报》对中国红色战地的摄影纪实，中国近现代画报图像表征背后的政治话语、文化风尚以及最基本的媒介表达都在刺激着受众的视觉经验，进而与或明或暗的社会变革相互呼应，形成强烈的群众启蒙或者动员力量。从媒介权力的角度而言，画报的视觉表述打破了传统文字报刊依赖于知识权力的捆绑，图像的媒介建构不仅使得资讯、智力成果等知识内容流通得更快，而且推动了普通大众被编织进文化系统内部，形成独特的中国近现代图景的视觉进化过程。画报在中国近代历史中尝试聚拢出一个崭新的文化空间，其多样的视觉表达自成范式，大众在简易的读图实践中被开启思维，培养出个体与图像、媒介的相处习惯，进而产生长足的文化效果与社会影响。

结　语

总而言之，该书作者系统地梳理了中国近现代画报的历史沿革，并从其历史形态演变的逻辑中发散出具体的关于画报的媒介论域与主题特征、传播主体的精神文化诉求及画报对中国传统与现代双重变奏的视觉表述与文化构图等方面的思考，创新性地完成了史学考察与媒介学探索的接轨。于此，中国近现代画报的沿革与面貌有了整体性的框架。更为可贵的是，作者借用新史学方法的媒介厚描以及其文化取向的研究路径将画报这一媒

① Martin Jay, “Scopic Regimes of Modernity,” *Vision and Visuality*, Ed. Hal Foster, Seattle: Bay Press, 1988, pp. 2-23.

介景观镶嵌于更为广阔的天地之间，关于媒介、技术与文化的互动论证更新了狭窄的、单向的传统媒介研究思维，而有关中国近现代图像技术、视觉呈现与现代启蒙的研究场域更是有了历史基点。在此基础上，画报作为研究内容，以“画”的视觉呈现与“报”的新闻时效性牵动出的关于画报与社会变迁的互动、画报的现代继承、画报与图像的技术隐喻等问题，为后来者留下进一步讨论的空间。

“媒介与文明译丛”序*

百余年前，被誉为“舆论界之骄子”的梁启超，面对由新报和新知涌入而引发的中国思想和社会变局，发出了“中国千年未遇之剧变”的感叹。相较之下，百余年后的今天，数字技术带来的社会变革给国人生活方式和思维方式带来的冲击，与梁启超时代相比又岂能同日而语？追问当下，目前公众、政府和科学工作者热议的人工智能和5G技术，以及可以想见的日新月异的技术迭代，又会将我们及我们的后代抛向何种境遇？于是，一系列新名词、新概念蜂拥而来：后真相、后人类、后人文……我们似乎比以往都更加直面人类文明史上最古老而又反复回响的命题：我们是谁？

面对这一疑虑，“媒介与文明译丛”正式与大家见面了。关于媒介研究的译著，在中文世界目前已是不少，一方面与上述媒介技术的快速发展有关，另一方面也与近年来学术界“媒介转向”的潮流相呼应。但遗憾的是，有关历史和文明维度的媒介研究的译著却屈指可数，且不少译著以既定学科视野对作品加以分类，这不仅严重限制了媒介研究本应有的阐释力，也极大削弱了对当下世界变化的纵深理解和想象力，难免给人“只在此山中，云深不知处”的感觉。本译丛旨在打破当下有关媒介研究的知识际遇，提供历史与当下、中国与西方的跨时空对话，以一种独特的方式回应现实。借此，读者可以从媒介的视野重新打量人类文明和历史，并

* 此文为作者为其主持的“媒介与文明译丛”所作的序言。

对人类文明的演变形成新知识、新判断和新洞见。

在此，有必要对译丛主题稍做解释。何谓“媒介”？这是国内媒介学者经常会遇到的一个问题。这反映出中国缺乏媒介研究的学术传统，“媒介”给人以游移无根之感，同时因近年来西方研究中的“媒介”概念纷至沓来，“变体”多多，让人有点无所适从。实际上，媒介概念在西方世界也非历史悠久。直到 19 世纪后期随着新技术的推动，“媒介”才从艺术概念体系中脱颖而出，成为新的常规的词汇。此后，随着媒介研究的扩展，其概念也在不断演化和发展。在此过程中，人们用媒介概念重新打量过往的历史（包括媒介概念缺席的历史），孕育和催生出诸多优秀成果，甚至形塑了各具特色、风格迥异的话语体系或者“学派”，为国人提供了诸多可资借鉴的思想资源。

鉴于此，本译丛对于“媒介”的使用和理解并非拘泥于某种既定的、单一的意义，毋宁将其作为一种视野，一种总体的研究取向，一种方法论的实施，以此解析人类文明的过往、当下和未来。也就是说，媒介在此不仅是作为既有学科门类所关注的具体对象，而且是试图跨过学科壁垒，探讨媒介和技术如何形塑和改变知识与信息、时间与空间、主体与身体、战争与死亡、感知与审美等人类文明史上的核心主题和操作实践。

基于以上考虑，本译丛初步定位为：

一　题材偏向历史和文明的纵深维度；

二　以媒介为视野，不拘泥于媒介的单一定义；

三　研究具有范例性和前沿性价值。

编译就是一种对话，既是中西对话，可以从媒介视野生发有关中国的问题域，也可以是历史与当下的对话。正如本译丛所呈现的，倘若诸如主体性、时间性、空间性、审美体验、知识变革等议题，借助历史的追问和梳理，可以为数字化、智能化时代的人类命运和中国文明的走向提供某种智识和启迪，那么，译丛的目的也就达到了。

补充一句，译丛并不主张以规模、阵势取胜，而是希望精挑细译一些有价值、有代表性的研究成果，成熟一部，推出一部。由于编者视野有限，希望各方专家推荐优秀作品，以充实这一译丛。

最后，译丛的推出要感谢华中科技大学新闻与信息传播学院各位领导和老师的支持，也要感谢复旦大学出版社领导和各位工作人员对这一“偏冷”题材的厚爱。同时，还要感谢丛书的译者。在当今的学术市场上，译书是件费力不讨好的事，但是大家因为对于新知的兴趣走到了一起。嘤嘤其鸣，以求友声，也期待更多的同道投入这一领域。

是为序。

以“媒介”为方法论*

——比较视野中麦克卢汉与德布雷的媒介研究

在关于人类文明的研究中，媒介已被置于越来越突出的位置。立足于媒介展开人类文明和历史的叙事，如何可能，又如何实施，媒介究竟何以具有关于文明的阐释力，如此等等牵涉有关媒介的理论阐释和诸多预设。而正是因为这种阐释和预设的复杂多元性，对于以上问题似难有单一的答案可以获取。本文主要以马歇尔·麦克卢汉（Marshall McLuhan）和雷吉斯·德布雷（Régis Debray）的媒介研究为视野，试图对此做一简要梳理和比较。

众所周知，加拿大学者马歇尔·麦克卢汉是媒介环境学派的重要奠基人，该学派的研究，如媒介与文化、媒介的时空分析、历史与技术、历史与传播、印刷史等，无不切入媒介与文明这一主题。① 而由法国学者雷吉斯·德布雷创立的媒介学，立足于文化传承，以社会文化历史为参照，考察象征的物质性如其所强调的，必须超越同步的、即时的、瞬间的“传播”的概念，从历史的、历时的、持续的“传承”视角出发来理解媒介。② 这样，媒介环境学和媒介学在媒介与文明的命题上便有了共同的观

* 本文发表于《现代传播》2019 年第 1 期，合作者为曾君洁。

① 关于麦克卢汉的媒介理论研究，参阅何道宽《媒介即文化：麦克卢汉理论批评》，《现代传播》2000 年第 6 期。

② 黄华：《技术、组织与“传递”：麦克卢汉与德布雷的媒介思想和时空观念》，《新闻与传播研究》2017 年第 12 期。

照，此乃本文讨论得以成立的基础。同时，本文无意从思想史上对麦克卢汉和德布雷的媒介理论做系统的阐发，而只是注意其中有关媒介与文明的论述，略做勾连、归结和延伸，揭示其方法论上之异同及其价值。

一　媒介概念

作为媒介研究的逻辑起点——“何谓媒介”“媒介是什么”，无疑是所有媒介理论家首先且必须回答的元问题。

令人疑惑的是，麦克卢汉并未为媒介提供明确的定义。他以其创造性的观点“媒介是人的延伸”为落脚点，铺陈出其关于媒介的种种意象：“不局限于与大众传播相关的媒介比如广播，媒介是人体的任何延伸（电子媒介是中枢神经系统的延伸，其余一切媒介是人体个别器官的延伸），也可能是社会组织和互动的形式（语言、道路、货币）。”① 在《理解媒介》一书中，他分析了26种媒介，每一种媒介各成一章又彼此关联，这些媒介关涉人类社会的各个领域和各个层面。按照麦氏的理解，相对于人体而言的技术都可视作媒介。任何技术都是人体的延伸，也即一切技术都是媒介。

德布雷定义的媒介“近似地指在特定技术和社会条件下象征传递和流通的手段的集合。”② 媒介不是一般意义上的大众媒体，而是担保思想在每个时代的社会存在的物质和技术条件，是散播和传递信息的渠道，是连接人与人、人与事物的关键节点和中介。媒介就如杂物室般包罗万象，其中不仅有物质载体（纸、屏幕）、技术物件（电视、电脑）、传播手段（印刷、电子），还有身体器官（眼睛、耳朵）、社会符码（语法、句法）、组织机构（学校、教会）等。这里的媒介既包括物质性的载体工具，也包括文化性的象征符号，还包括社会性的集团机构。具体而言，在德布雷看来，一间包厢、一个广场、一座实验室、一台轮转印刷机、一套

① 〔加〕马歇尔·麦克卢汉：《理解媒介》，何道宽译，译林出版社，2011，第480页。

② 〔法〕雷吉斯·德布雷：《普通媒介学教程》，陈卫星、王杨译，清华大学出版社，2014，第4页。

仪式、一次研讨会都不是“媒体”，但是它们在特定的机会条件下，“作为散播的场地和关键因素，作为感觉的介质和社交性的模具而进入媒介学的领域”。[①] 值得注意的是，德布雷并非将媒介化约为一件物品或所有物品的机械堆积，而是将媒介视作文化传递轨迹中的一个环节和一个功能。

由此出发，我们可以发觉二者在媒介自身的含义及其运用上有着明显的分野。

首先，二者对媒介的理解存在单数、复数形式上的分野。

的确，技术同时被包裹在麦、德两人的媒介逻辑之中，但事实上二者的技术方阵并非处在同一界面和层次。麦克卢汉的研究取向实如梅罗维茨概括的一种研究范式——单数的“媒介理论”，即注重研究某个或某种媒介的特性和偏向。麦克卢汉认为，媒介延伸人体的同时也意味着从人体分离出来成为独立结构，然而，当诸如此类的独立结构侵入以后，它们又改变了社会的句法。每一种延伸或加速都立刻引起总体环境出现新鲜的形貌和轮廓。[②] 比如轮子是从腿脚分离出来的独立结构，它加速了生产和交换，催生了道路的修建，促使人类社会突破村落社区向外拓展形成一种中心—边缘结构的城市—乡村复合体，并最终发展成为中央集权的封建帝国。因此，麦克卢汉重点关注的是某个或某种单数的媒介以及由它自行构筑的社会环境。

重新审视“思想如何成为物质力量”，打开了符号向行为过渡这一神秘操作的黑匣子。德布雷将这一过程称为“媒介行为”，也即“媒介学”一词中“媒介”的本质内涵：就是媒介方法的动态整体和介于符号生产与事件生产之间的中间体。[③] 从某种意义上说，符号功能就是媒介功能。媒介学的根本论点在于实践媒介，是作为布局的“媒介行为”，它是位于传输链条上不同位置、承担不同媒介功能的复数的媒介协同完成的符号革命。这便要求媒介学的研究不是立足于单个的或一种的技术，而是

① 〔法〕雷吉斯·德布雷：《普通媒介学教程》，陈卫星、王杨译，清华大学出版社，2014，第4页。

② 〔加〕马歇尔·麦克卢汉：《理解媒介》，何道宽译，译林出版社，2011，第213页。

③ 〔法〕雷吉斯·德布雷：《媒介学宣言》，黄春柳译，南京大学出版社，2016，第17页。

立足于某种技术综合体。在此意义上，德布雷赋予了技术性的“媒介”四种含义：“1）符号化行为的普通方法（言语、书写、模拟图像、数字计算）；2）传播的社会编码（发出口信时所使用的源语言，比如拉丁语、英语或捷克语）；3）记录和存储的物质载体（黏土、莎草纸、羊皮纸、纸、磁带、屏幕）；4）与某种传播网络相对应的记录设备（手抄本、印刷物、相片、电视、电脑）”①，它们交织形成相对应的设备—载体—方法系统。

媒介意义的单复数差异与二者引向的研究目标直接相关。麦克卢汉从单数媒介出发，使人们意识到作为我们感知和经验世界的变革动因，媒介给个人心理和社会带来的深刻变化与影响，进而帮助我们提高对媒介塑造的文化环境的应对能力。因而，他的研究直击每一技术自身携带的属性基因和效应机制，强调任一媒介本身具有构筑文明形态的潜能。（这是其在《古登堡星汉灿烂》一书中所做的事）与麦克卢汉所说的自成环境的媒介不同，德布雷则想要把媒介行为设置成一个命题，把它当作话语与实践的一个集合。德布雷认为，话语要成为事件，符号要进入行动，观念要撼动世界，这样的跃进取决于让精神向承载它的物质实体靠拢，有赖于为思想配备传输设备，也就是说符号的意义只能通过并经历它所产生的媒介行为才能实现。实际上，这恰恰是为了还原与某一精神领域不可分割的媒介功能。这就意味着信息传播过程中的技术运转必然是和符号操作的社会文化语境联系在一起的，这样那样的技术设备都被纳入某一传承事实之中，依据具体的传输情境和符号活动被不断重组安置。功能决定地位，而不是相反，技术操作链始终是不断调整变化的。

其次是时空偏向上的分野。

“传播”是即时的，是信息的发送与接收在时间上重合，而“传承”是历史的，是人类文化与时间抗衡。实际上，在德布雷与麦克卢汉的媒介之间也可发现一种时空偏向上的分野。时空坐标一直被用来将媒介固定在不同的语境中，那么“‘媒介空间’就意味着面积与时间长度的关系”。②

---

① 〔法〕雷吉斯·德布雷：《媒介学宣言》，黄春柳译，南京大学出版社，2016，第 13 页。

② 〔法〕雷吉斯·德布雷：《媒介学宣言》，黄春柳译，南京大学出版社，2016，第 27 页。

在麦克卢汉那里，任何技术都是使人体力量和速度有所增加的延伸，如此的加速度尤其是信息与货物的加速运动，使身体借助媒介对外物拥有了更远距离的管控，这从根本上来说就是速度对于空间的压缩和征服。更重要的是，这一结果本身就是一种实现力和塑造力，它远不止推动了人类交流空间的远距化和交流效率的提高，更将引发社会组织和权力结构的改造，而社会组织形式本身就是文明之内的一种制度结构。显然，与其说麦克卢汉用时/空坐标为媒介加上框架，更准确地说，他是将时间的坐标转换为速度条件，并以该条件下媒介的空间属性为依据探索媒介的社会影响力，这在麦克卢汉论述传播与社会组织之间的关系时尤为明显。同时，麦克卢汉认为技术对感官的延伸产生了一种独特空间，包括视觉的、听觉的、触觉的、嗅觉的和动觉的空间，这一空间模式通过重构人类感知世界的方式进而塑造个人心理和社会结构，最终达成对文明的创造。也即是说，从技术的生物性延伸划分媒介的感官空间偏向，仅仅是第一步，麦氏的最终指归是每一感知偏向背后的不同文化后果。如此，便可将麦克卢汉的媒介视作空间的传播，而德布雷的媒介则可称为时间的传承。正是由于与特别关注媒介与观念的记录、存储和漫延之间的关系的德布雷相比，“麦克卢汉关心媒介超过关心文明和文明的命运”，[①] 由此，两人对媒介的解释在时空向度上产生了明显的分化。这最终引致不同的研究目的：麦克卢汉探究媒介技术的加速运动给空间组织带来的结构变化——或使空间割裂，或使空间凝缩——以突出媒介技术的作用效应，德布雷则探析技术如何保障文化抵抗时间的侵袭，以突出社会文化的技术因子。

最后，在关于媒介（技术）与人的关系上，二者也颇有分殊。媒介与人的关系，是麦克卢汉媒介研究的核心议题，也是其技术哲学思想中人文主义精神的体现。恰如麦克卢汉所言，“媒介即人的延伸”，那么人创造技术，又同样被技术所改造。因此，尽管麦克卢汉的研究多聚焦于媒介技术所生成的社会文化效果，但其出发点是人。

麦克卢汉独特新颖的媒介理论，一方面继承了刘易斯·芒福德的技术观，指出媒介是人体的延伸。任何传播媒介都源于人体的“自我截除”，

---

① 陈卫星：《麦克卢汉的传播思想》，《新闻与传播研究》1997 年第 4 期。

即人体为抗击超强刺激的压力而截除或关闭受影响的感官或机能，继而需要技术发明以延伸被关闭区域，强化或放大其承担功能，这就构成媒介发展的直接原因。而“这些人力的放大形式和人被神化的各种表现”① 被统称为“技术”。换言之，媒介即人体外的技术器官。麦克卢汉对媒介起源的说明，以人为起始点，最终落脚于人体器官及其机能的外化存在——技术，这也是他所有理论思想的基点所在。另一方面，他承继了哈罗德·伊尼斯的媒介偏向论，提出媒介具有感知偏向，能够赋予单一或多项感官以新的强度或侧重，从而引起人体感知比率的变化。通过媒介对“人的延伸”这一功能和价值来定义媒介的基因和特性，麦氏实际上强调了技术作为媒介“等价物”的特殊意义，同时充分体现了媒介本身的技术逻辑及其促成的个人心理和人类文明广泛而深刻的改变。

有别于麦克卢汉将个人设置为媒介研究的关怀对象，媒介学将关注重点放在“传承”和“精神的实现”上。德布雷认为，“传播”是安宁的人际交往，而“传承”却是一个充满暴力的集体过程。德布雷的历史视野中，传承的本质就是战争学，它反对杂音，反对干扰，反对议论，反对对立，反对其他任何发送者。暴力始终存在于话语史中，传输就是一场排斥与吸纳并行的消音之战，它往往会将热烈的嘶吼变成平静的寓教。德布雷注意到，发动一场观念战就要开展联合性的组织工作，即为言论配备政治工具：“需要论战、诋毁对立的或者竞争的理论，要让它配上轮子顺畅滚动，最好把它推上轨道、挂在一个火车头后，我是说挂在一个战斗性的权威组织后面：教会、党派、学院或社团。”② 传承与媒介行为是一体的，它不再是个人与个人之间的线性传播序列，而是被赋予具体的、独特的政治范畴和组织框架的集体个人的符号运动，是一种组织行为。总而言之，传输等于组织，任何思想运动都不是个人理论的成果，它必然是集体实践的结果。可以说，组织机构是驱动传承和媒介行为的核心设备，思想作为一种用于斗争的装置，有组织才有效应。那么，技术和组织同是文化传承

① 〔加〕马歇尔·麦克卢汉：《麦克卢汉如是说：理解我》，何道宽译，中国人民大学出版社，2006，第 39 页。

② 〔法〕雷吉斯·德布雷、赵汀阳：《两面之词：关于革命问题的通信》，张万申译，中信出版社，2014，第 124 页。

的遗传力量，这就要求媒介不只是技术的独立系统，更是物质与机构的有机结合体。

对“传承”的深切关怀也推进了德布雷对现代“信息社会”的“传承危机”的反思。这一危机主要源于由“信息社会”（传播社会）的过度技术依赖所引发的一种错误认知：信息的物理转移将作为担保文化传承的单一或核心驱动力。现代技术飞速发展的显著特征无不体现在其空间征服的无限性与时间把握的同步性上。然而，这一发展结果带来的负面效应是时间深度及其延续性的抵消，共时信息与历时文化、空间扩张与时间漫延、技术连接与象征联结之间产生了明显失衡，而传承正是扎根于不朽而持久的时间向度上。不可否认，没有物质化的过程就没有观念的移动、扩散和持久，技术对人体“有限性”的延伸与补偿，的确为文化传递提供了外化的“弥补术”。但技术不仅是客观化的，而且是组织化的，技术和实践运用互为条件。一方面，媒介物引导组织建设，媒介本身便是让个人进入集体生活的组织手段和工具。有如报刊是党派成员的集合场，小册子是知识分子之间的联络区和碰头点。另一方面，并不是先有象征性的物理载体，然后再有组织。任何传递技术的发明运用、发展维护、支持调动首先需要特定的集团机构予以保障，技术系统所属制度化的社会体系，机构正可谓“载体之载体”，也即“隐形的媒介”。正如任何语言都是本土的、民族的、国家的。没有什么比纪念性的建筑物，更鲜明地体现出在个人与个人、个人与群体、代与代之间所起的连接作用，它们之所以被赋予仪式性的、公共性的崇拜和敬意，恰恰是因为它们是一种承载着象征和意义的文化事实，是被一定群体刻意塑造而为之。技术就是“再聚合”的手段和工具，传承活动的永续进行需要技术中介和有机中介互为配套、共同合力才能完成。

如此，德布雷便将有形的物质技术系统引向赋予该系统政治含义的无形组织网络。媒介具有双重身份：技术负责物理空间上的连接，组织担保心理时间上的联结。在这个意义上，德布雷将组织机构纳入媒介的指涉范畴，对媒介的侧重项选择显然比麦克卢汉着重于个人感知来得更宽泛，也更有针对性。

二　平衡与颠覆

意识/物质这一原始而古老的二分法长期盘桓在人类历史的上空，而这种持久对立带来的还有我们在传播研究中内容与形式的割裂、信息与载体的分隔等。长久以来，思想在中心，技术在边缘；意识形态在顶部，物质基础在底部；信息即可见，媒介即透明的分割定理已然成为我们的惯性思维。打破精神与物质、思想与媒介、意识形态与技术结构之间顽固的二元对立，调和文化与其物质性的内在联系无疑是媒介环境学和媒介学的共同“宣言”。

如果说麦克卢汉和德布雷都试图在内容/形式的倾斜中寻找平衡，那么麦氏更像是从天平的这一端走向了另一端，从内容的一端走向了形式的一端，引发了技术/文化间的“二次倾斜”。麦克卢汉认为，信息传播中的媒介技术考察比观念内容分析更有益于理解文明的走向和特性。为突破当时仅以讯息内容为考察对象的传播研究范式，他将媒介研究推向这一范式的反面：探索一个没有内容的技术世界。也因此，他常把人放在面对技术时完全被动的位置，这也就能解释为何他常被扣上“技术决定论”的帽子。相对而言，媒介学既使“意识形态”去意识形态化，又使技术工具精神化；既立足于集体符号的传承事实，又着眼于观念向行动过渡的操作界面；既考察技术变革的陡峭斜面，又审视媒介进化的整体序列，以文明史为参照考察意识形态内部的物质原则，继而找回技术与文化间的平衡互动。德布雷始终走在媒介建造的中间领域，不偏向于技术或文化的任一端点。他试图肩负起重大的传承责任，同时打碎“观念即力量”“观念即不死之神”的自然魔律，将媒介定制为架构于技术与文化之间的“桥梁”，从而揭示象征效力的获得过程。

麦克卢汉用“媒介即讯息”这一警语将形式与内容间的“力量对比”进行了完美包装。这里的“讯息”不同于传统意义上的“内容”或“信息”，“任何媒介或技术的‘讯息’，是由它引入的人间事物的尺度变化、速度变化和模式变化”。[①] 简言之，“讯息”即变化，这样的变化与媒介的

① 〔加〕马歇尔·麦克卢汉：《理解媒介》，何道宽译，译林出版社，2011，第 18 页。

内容无关，其实质是媒介或技术本身的变革力量。换句话说，媒介的“讯息”不在于媒介传播什么内容，而在于媒介的固有特性及其效力，在于媒介改变环境的力量，在于技术对个人的心理和行为乃至整个社会结构的塑造。这便是所谓的“媒介即环境”，媒介加工旧环境，创造新环境。媒介因此被认为既独立于自身所承载的内容讯息，也独立于赋予符号意义的组织方式，它同时清除了本质和政治。与此同时，麦克卢汉还主张，任一媒介的“内容”都是另一种媒介，言语是文字的内容，文字是印刷的内容，印刷又是电报的内容。而我们通常所谓的“内容”远不及媒介形式本身有意义。正因如此，在西方有“印刷术革命”，在中国却只有印刷术，而没有“革命”。这不是因为中国的印刷术是转经筒的替代物，也不是因为它是人文主义的播种机，而是因为作为印刷“内容”的表意文字无法像表音文字一样，实现视觉、听觉和语意的彻底分裂，而由这种分裂诞生的均质性和线性逻辑正是文艺复兴时代新兴科学和艺术的形成基础。更进一步说，表音文字的“内容”是语音，而表意文字始终与个人或社会情境相生相伴，如此一来便也无法促成视觉同其他感官的完全分离。一言蔽之，没有表音文字就没有印刷革命。显然，在麦克卢汉的媒介观里，形式的“举足轻重”完全压倒了内容的“无足轻重”。

技术是“使文化所以然”的动因，这是深藏于麦克卢汉媒介理论中的深刻命题。文化是技术的效应，也是媒介自身发展的“副产品”，正是媒介建立起来的一系列组织原则造就了各具特色的“文化时代”。正如印刷术构建的视觉组织体系——分裂化、专业化、线性化、均质化、统一化、重复化标准——创造了谷登堡时代星汉般的文化事件，有如本土语言、现代科学、应用性知识、自述式新文体等的诞生。“在他看来，文明史就是传播史，就是媒介演进史”。①

德布雷对技术特有的文化效应的洞察与麦克卢汉有着一定的相似性。在其看来，每一种技术都有自己的价值、逻辑和结构。口语传播的时空局限性，培育了部落人的种族情感和全局意识；表音文字的线性化和“去语境化”，塑造了个人的抽象思维；印刷书籍大规模的重复生产，建构了

① 何道宽：《媒介即文化——麦克卢汉媒介理论批评》，《现代传播》2000 年第 6 期。

作者和著作权的概念。正是技术内在原则改变了人类社会。然而，对于“媒介即讯息”这一论断，德布雷却认为：“这句话是没有道理的。它不仅反映了思想上的混乱（混淆了媒介、渠道、规则、载体的概念，将这些概念拾之即用，简单化），而且是不合理的，没有媒介的信息是不存在的”，“只有在神奇的宗教领域，媒介和信息才会相息相生”。[①] 特定的象征载体之所以拥有通往信仰神话的特权途径，正是因为媒介本身就是这个信仰的一部分。换言之，载体与思想同体同质，技术载体是精神迁移的物质结果，也同样属于文化矢量。技术与文化的关系链接既不是自动生成的，也不是单向的、不可逆转的，意识形态不只是结果，还是物质基础的原因。

在德布雷那里，文化与“意识形态”是一对同义词，但是“意识形态”并非指涉“一种虚假的意识”，而是形成社会共同体所不可或缺的组织手段，是生产某一历史事件必不可少的“文化事实”，集体行为从来就是被想象和神话动员。此外，德布雷在说明主体/主体与主体/对象两个关系史，即文明史与技术史的交叉性的同时，同样强调了两个历史的合理区分，明确了物质与精神、形式与内容、技术与文化两者间的分界线。此时，德布雷就将“意识形态”与“科学”区分开来，主体间领域，即“意识形态”领域（文学、美学、宗教或政治）由信仰统治，最多只能提供确信，因而需要被加工、被规定、被传递、被反复教育。主客体间领域，即科学和技术领域由知识统治且存在真理，而真理本身便可树立权威也就不言自明了。换句话说，真理的绝对性只涉及观念主体和物质客体之间的关系，不涉及主体和主体之间或话语和行为之间的实践关系。因而，知识和信仰的区分到了媒介学那里，便转换为由它们自身的独立或超验强度所决定的与媒介技术的不同依存程度。具体而言，即知识的结果可以与它的加工和传承相分离，而信仰是与它的加工和传承一起获得结果。这就论证了“意识形态”并非只存在于我们头脑中的主观意识，而是“技术

---

① 〔法〕雷吉斯·德布雷：《媒介学引论》，刘文玲译，中国传媒大学出版社，2014，第5页。

科学中的思想游戏”。[①] 进一步，德布雷把文化实质引向使之存在的实际操作，重申了思想的技术性和政治性，也就是说在任何的“非理性”的集体行动之中，都有一种或几种技术系统，反之亦然。这就回归了媒介学的本意：阐释文化体系为何被人视作不容置疑的参考框架，符号系统又为何会产生改造世界的力量。

媒介学的研究始终立足于文化的传承界面。传承是一门有关组织的科学，而组织又等于划分阶级，那么符号意义的制定就既不是一种没有依据的阐释活动，也不是一种均匀散布于任一独立个体中的随性翻译。“事实上，起传输作用的权力团体产生之后才回过头去建立学说，通过一系列重复的强制行为和对传输的垄断而巩固自身的地位。”[②] 启蒙思想并非首先形成于知识分子的头脑中而后生产出俱乐部、沙龙、学会、社团和文协，而是一开始就由这些思想团体授权输出：集体先行，学说随后就到，符号讯息的孕育与共享这一话语的团体的形成是一体的。如此，我们可以对德布雷所说“意识形态”这一概念做出一种认定：文化传统首先是被允许散播或传输的组织产物，是话语体制与权力引导的结果。在确定了思想建制过程根植于深层的组织建构过程的基础上，德布雷又具体探讨了团体如何确立学说的正当性与合法性，团体主要肩负两项任务：一是结束讯息，为有组织的团体提供必须遵守的参考文本（如《圣经》《古兰经》《全集》等）；二是阐释策略并行，关闭释义的无限任意，从而保持意义的稳定。媒介学家观察到，任何阐释策略都是一种政治操作，均取决于组织性管控和阶级化分配，共同体构筑最优化的信息栅栏以过滤、筛选、传播和推动信息，从而最有效地保障这一团体的统一性。一言蔽之，学说的真理是集体组织的效应。

相对于德布雷将形式的安排看作讯息的组成部分而不是全部，麦克卢汉将技术效应视为讯息本身。由此可见，麦克卢汉未加区分地把媒介实体变成了一种等同于文化的抽象力量，认为媒介具有创世才能，是作为自因和独立存在的“超自然力”，而身处这一特定力量场中的个人则是一具没

---

① 〔法〕雷吉斯·德布雷：《媒介学宣言》，黄春柳译，南京大学出版社，2016，第 28 页。
② 〔法〕雷吉斯·德布雷：《媒介学宣言》，黄春柳译，南京大学出版社，2016，第 43 页。

有文化根基和组织根基的空洞躯壳，是一个感知而非阐释的存在。实际上，“媒介即文化”就是“媒介即讯息”的暗语转换，文化由媒介生成，进而自动推进。抛开媒介自身所承载的各种讯息，麦克卢汉试图用没有内容也没有主体的绝对介质来挑落没有技术也没有客体的绝对精神，思想/物质的天平就此反向倾斜。而德布雷对“意识形态”的生成条件和认知方式的廓清，澄清了麦克卢汉对于技术与用途的混淆，打破了麦克卢汉为技术赋予的垄断意义的权力。事实上，文化的指涉对象在二者那里根本有异，德布雷认为区别于主体与客体之间的技术性关系，文化由主体与主体之间的关系构成，它主要指涉人类社会的集体心理或意识形态。而麦克卢汉将文化的隐喻藏匿于“媒介即讯息”这凝练的文字背后，以文化指涉媒介技术本身的性质和逻辑，以及由它带来的社会效应和心理效应。

如果说麦克卢汉创造了“技术＝文化”这一等式，却将“内容>形式”的不等式完全倒置为“内容<形式”的反向不等式，那么德布雷则激活了“符号—行为”与“技术—文化”这两对动态关系间的连字符，试图超越内容与形式、思想观念与载体工具之间的失衡，架设起文化与技术、主体与客体之间的互动桥梁。这一平衡理念最显著地呈现于德布雷的媒介域观念之中。媒介域虽以技术的时代划分标记社会文明的不同阶段，但它不仅是技术域，更是各种要素的关系整体，“它既客观又主观，它既是设备又是部署，既是行为又是作品，既是思想化的机器又是机械化的思想”。[①] 在这里，德布雷并非企图像麦克卢汉一样颠倒精神世界的重心，他旨在强调工具并非无关紧要，并描绘出文化史的技术附录，通过媒介构筑的中心地带找回思想/物质之间的平衡。媒介域之于集体符号与载体—设备系统，就好比生态系统之于生物群落，在这一媒介—环境系统中文化与技术互为基础，既互相独立又互相依赖，但任意一方都没有对另一方享有绝对权势。某一技术与某一文化之间互为因果，它们的因果关系并非自动，亦非单边，我们只能确认未懂得某一技术的文化不会发展出某种类型的行为，但无法确知这一技术是否会在任一特定环境中都能产生这样或那样的行为。比如对于线性书写而言，我们能确定的只是不传授这一技术的

① 〔法〕雷吉斯·德布雷：《媒介学宣言》，黄春柳译，南京大学出版社，2016，第 27 页。

文化，也就不会懂得对事件进行分类、列表、存栏等。[①] 相反，麦克卢汉的媒介—环境系统却是一个自足的技术系统，它忽视了每一技术系统都对应着一个符号部落、一个观念类型、一个文化情境、一个社会关系、一个组织行为，而将技术视为社会变革的动因。技术和文化的互动调适被技术对任一文化单向的、均质的、恒定的作用机制取而代之，只有一种新媒介的引入才能冲破既定的技术规定。正如德布雷所说，麦克卢汉高估了媒介的影响，是因为他低估了环境的繁重脉络。

三　媒介史观

跳出抽象的媒介范畴界定，麦克卢汉与德布雷均将目光投向了媒介发展与演变的整体历史，沿着宏观的历史研究路径，探索包含技术史的文化史和文明史进程。其中的核心是二者共同关注的媒介进化理论。

麦克卢汉通过考察从口头传播时代过渡到电子媒介时代，从身体模型过渡到智力模型，从机械设备过渡到认知机器的人类一切工具技术，指出“技术转换具有有机体进化的性质，这是因为一切技术都是人体的延伸”。[②] 他的“媒介进化论”最显著地体现在他的“天鹅绝唱”——“媒介四定律”之中，[③] 这点后来被保罗·莱文森提炼为“提升、过时、再现和逆转”四种进化效应，其展现的正是媒介形态及其功能特性的进化图谱。不难看出，“媒介四定律”呈现的是每一种技术固有的效应定律，即由媒介自身的特性规定着它的存在方式、提升方式、损失方式、毁灭方式和再生方式。

同时，进化并非各媒介彼此割裂的独立发展，而是媒介间的相互作用、相互融合。在这里，是“过去”与“现在”暗合；是边缘重回中心，也是喧嚣归于沉寂；是单一走向多样，多样又走回单一，但其结果终归是螺旋式的前进上升和叠相渐变。即便一种感知的延伸必然伴随着另一感知

① 〔法〕雷吉斯·德布雷：《媒介学宣言》，黄春柳译，南京大学出版社，2016，第 15 页。
② 〔加〕马歇尔·麦克卢汉：《理解媒介》，何道宽译，译林出版社，2011，第 211 页。
③ 〔美〕保罗·莱文森：《数字麦克卢汉——信息化新纪元指南》，何道宽译，社会科学文献出版社，2001，第 270 页。

的损失，但麦克卢汉认为媒介的进化不是彼此间的替换和取代，而是不断叠加、越发深入和复杂的渐进提升。于是，透过“后视镜效果”，我们将看到新媒介身后的旧媒介，以旧环境为参照来审视新环境的出现。

相异于麦氏的媒介史观，媒介学将媒介植入传承的历史进程之中，从演变的角度，以历时性的眼光重审一个整体的渐进之中的媒介序列而不是非连续性的技术片段，重点探析技术发展的一般规律与法则。德氏强调媒介进化的整体效应及必然趋势，即“棘爪效应”（不可逆性）和“驿站效应”（有互动有融合，有“破”有“立”）。

德布雷指出，媒介的进化是生成逻辑，也是固有趋势；媒介的革新不是“突变”，而是必然结果。然而，每一次的媒介革命总是不易为人察觉，也不会自我宣告，却总在这场革命之后让人幡然醒悟。一方面，“每个新一代的技术都是尾巴主义者，新生代并非拒绝进化，而是本能地向祖先靠拢。”[①] 新技术的成长总是从模仿开始，印刷书模仿手抄本，电报模仿印刷，电话又模仿电报。在此，一种媒介“包含”另一种媒介，两种媒介的相似性未使我们注意到新媒介潜在的变革力。因而，新的媒介技术并非以创造新文化而是以增强先前的文化作为开端，而后再传递新的知识。正如印刷术优先印刷了统治阶级的神圣文本《圣经》，巩固了中世纪的残存，而后才推动宗教改革的观念战斗。另一方面，媒介是“酵素”，遵循自身的发展限制，其社会效应的产生需要时间酝酿。再往前一步，每一次技术演进的周期始终呈加速度发展，这也使我们的媒介认知总是相对滞后。此时，并列或重叠的设备工具相互激活、相互竞争，一种技术走向前台必然导致另一种技术退居幕后，新媒介通常会取代旧媒介的地位，只有在“旧”媒介遭受损失和破坏，人类受到冲击和创伤时，我们才有“痛苦的反思”，才能透过新媒介更好地认识到旧媒介的功能与角色。这种“发现效应”首先反映的是一种对慢慢消融瓦解的熟悉环境的怀旧情绪，由此引发出“慢跑效应”：“每种趋势都会引起抵消它的反趋势”[②]，

---

① 〔法〕雷吉斯·德布雷：《普通媒介学教程》，陈卫星、王杨译，清华大学出版社，2014，第 231 页。

② 〔法〕雷吉斯·德布雷：《普通媒介学教程》，陈卫星、王杨译，清华大学出版社，2014，第 238 页。

却也无法抵挡媒介本身不可逆转的进化脚步。这正是德布雷所揭示的人与物“合二为一”的关系史，在那里既会有无限进化的可能，有“牵一发而动全身”的整体渐进，也会有现在与过去之间无可逆反的非绝对性“决裂”。对口语文化的怀恋是一回事，回归原始部落则可能是另一回事。因此，德布雷强调：“应该让技术进化保留其中立性，即技术内在的暧昧性向所有社会可能性的开放。”① 换句话说，媒介本身没有好坏之分，作为主体的人不应对技术进化做任何价值判断。在不同的历史情境和社会场域中，这种进化对某些人是有利，对其他人则可能无益甚至有害。文字带来的不只是教士的特权，还是文盲的解放。

基于媒介进化的理解，麦克卢汉和德布雷都指出技术与文化的对应关系，进而以技术时代的划分作为社会文明分期的标准。麦克卢汉把社会变迁放在媒介形态的变革中考察，将人类文明史划分成三个时期：口语传播时代（部落化）—文字印刷传播时代（非部落化）—电子传播时代（重新部落化）。其中，拼音文字和印刷技术的侵入撕裂了部落组织的整体知觉场，单一的视觉延伸将整合的“部落人”分割成“残缺不全的人”；电子媒介则转化了印刷文化视觉的、分割的和线性的思维取向，重新走向感知平衡的部落模式。同样的，为进一步说明象征符号与物质技术之间的互动联结，德布雷按照时间顺序整合技术和文化的各方因子，着眼于媒介进化层面提出了“媒介域”的概念：“媒介域指的是一个信息和人的传递和运输环境，包括与其相对应的知识加工方法和扩散方法”②，其结构功能取决于占统治地位的记忆存储系统，又反过来组织某种控制性的话语类型、某种团体的组织方式以及某种特殊的时间性，这三个方面构筑了专属于某一媒介时期的集体性格或心理面貌。由此，德布雷便将社会文明史划分为三个依序出现又相互交融的媒介域：逻各斯域（文字）、书写域（印刷）和图像域（视听）。

从微观层面看，媒介域的划分以开创时空中的远程信息传播的书写发

---

① 〔法〕雷吉斯·德布雷：《普通媒介学教程》，陈卫星、王杨译，清华大学出版社，2014，第240页。

② 〔法〕雷吉斯·德布雷：《普通媒介学教程》，陈卫星、王杨译，清华大学出版社，2014，第261页。

明为起点，相异于麦克卢汉划定的口语传播时代，它并不包含纯粹建立在原始记忆上的口头传播或无文字的记忆技术时代。从宏观层面看，麦克卢汉和德布雷都注意到技术进化为考察社会文明的兴衰史提供了一条线索。但与麦氏将技术视为没有主体也没有内容的自足的环境系统不同，媒介域内含了一个生态学隐喻，它被视为既包含符号部落又囊括技术网络的生态系统，实质上反映了观念种群与物质技术环境之间对应匹配的互动关系。一方面，“一个种类，一个小环境”，意识形态并非对一切技术环境具有相同的适应力，而是对特定的传递系统有所依赖，文化传统与承载它们的记忆工具是一对命运共同体。“一个特定媒介域消亡导致了它培育和庇护的社会意识形态的衰退”，[①] 就像理性主义和启蒙思想只有在印刷环境中才能获得最高存活率。当然，也存在着或自主或意外的观念再循环，文化同样具有对新环境的调节性适应能力。另一方面，媒介域的转换不仅是技术工具的改变，还涉及集体信仰及权力装置的地位和功能的转变，由此开启一种新型的社会关系。可见，与麦克卢汉将技术视为历史演化的决定性因素不同，德布雷将媒介域架置于传递技术、集体符号和组织行为三个层面来表达技术进化的政治影响和文化效应。

由此进一步引申到一个更为根本性的问题，在历史进程中，人的角色地位如何，或者更确切地说，媒介与人的关系如何。对此，麦、德二人的观点大为不同。麦克卢汉认识到了人与技术的共生关系，却又将人推至媒介进化“剧场”的后台，充当技术的“伺服系统”。简言之，技术与人的关系实质是等级式的“主仆”关系。麦克卢汉主张，所有技术或发明都是人体迫于刺激和压力的“自我截除”，这一压力恰是由另一技术的超强效应所致。“人在正常使用技术的情况下，总是永远不断受到技术的修改。反过来，人又不断寻找新的方式去修改自己的技术。人仿佛成了机器世界的生殖器官，正如蜜蜂是植物界的生殖器官，使其生儿育女，不断衍化出新的形式一样。”[②] 技术是自身进化的原因和结果，是回应另一技术

---

① 〔法〕雷吉斯·德布雷：《普通媒介学教程》，陈卫星、王杨译，清华大学出版社，2014，第 272 页。

② 〔加〕马歇尔·麦克卢汉：《理解媒介》，何道宽译，译林出版社，2011，第 62 页。

造成的新的压力和刺激的新的延伸，而人只是不断服从技术调配的“奴隶”，对技术迷恋，为技术服务，将技术供养。即便我们能使技术“繁殖”“进化”，我们也只不过是受技术支配的替代性的生殖器官而已。

与此相反，德布雷认为，人与技术是主体与客体的平等互动关系，人与物的关系由人调节。与造就媒介的载体—设备系统相对应的是大的媒介—环境系统，这个“环境”不是超然于人的某一对立的、周围的或外部的背景空间，而是由主体与客体共同构形，进而，文化与技术一起进入环境内部。“媒介通过环境来推动某样事物，环境选择是否对媒介发出需求”,① 也即是说，技术提供的方案由环境来实现。从文化层面看，任一技术革命都需要适宜的文化环境，特定的文化系统可能会无意或有意地阻碍甚至抵制技术“新生代”的侵入和发展，就像数量庞大的表意文字和汉字书法限制了活字印刷术在中国的推广和演进。媒介本身并非一个充分条件，社会文化环境的抵制程度决定了媒介效应的多变性。这就预示着媒介技术革命并非具有在所有空间的完全同步性，它是分布不均的、不规则的、不平衡的。从组织层面看，技术是制度化的、组织化的，受社会机构的制约和调控，所有技术变革都受到了来自政治和经济的各方力量的影响。“技术提供可能性，环境起过滤作用，人进行部署。”② 一定程度上，群体的兴趣或需要引导着技术的发明，例如，机械钟表是中世纪天主教固定祷告纪律和控制隐修会制度的政治文化产物。也就是说，象征意义和社会结构铭刻在技术的身体上，媒介进化不是独立于人的“纯天然”系统，而是被深深打上了作为能动主体的人的烙印。但这并非对客观规律的否认，技术革命既是偶然的、受限的，也是不可避免的，技术一旦出现在某一象征体系中，它总会或早或迟、或快或慢地沿着其自身的发展逻辑及运行轨迹不断深化和完善。于是，反观麦克卢汉，技术工具的发动不需要组织调控也不需要动机，机器运转因独立于这些装置引出的行为方法而能量守恒，技术革命对任何一种文化环境都具有标准化的统一效应，这种同质

① 〔法〕雷吉斯·德布雷：《媒介学宣言》，黄春柳译，南京大学出版社，2016，第 14 页。

② 〔法〕雷吉斯·德布雷：《媒介学引论》，刘文玲译，中国传媒大学出版社，2014，第 91 页。

性中和了符号活动与组织方式，创造了一个没有历史限定和社会关系的传播空间。

四　结论

法国传播学者米耶热曾提出，德布雷是“欧洲的麦克卢汉”。如此论断一定程度上反映出麦克卢汉和德布雷的思想理论具有的某种重合性。同时也应看到，由于所处的时代不同、理论脉络有异，二者对具体研究论题的探讨持有不同的甚至是互有冲突的观点。通过比较二者的媒介理论，恰恰能够开阔我们对媒介与文明之间关系的理解。

可以发现，麦克卢汉和德布雷在理解媒介与文明之关联上具有不同的路向。总的来说，麦、德二人都承认媒介在文明演化中发挥的定义化作用，但在由内容走向形式的这条道路上，麦克卢汉颠覆了精神对物质的绝对地位，而以（媒介）技术写就文明史和文化史；在德布雷那里，符号的效应由信仰与工具共同书写。麦克卢汉主张媒介（技术）是文明构形的首要决定因素，把文明理解为占支配地位的媒介技术的属性和功能，并由此提出了媒介塑造文明的根本机制：通过人的延伸而生成的感知秩序释放出巨大的心理效应和社会效应，对人类文明产生决定性的影响。这一秩序既是理解文明的一把钥匙，也是麦克卢汉媒介理论的立论基础。换言之，麦克卢汉通过考察感知偏向和心理过程之间凭借媒介达成某种特定的对应关系，将技术延伸的感知模式推进到人类文明的命题上。实际上，麦克卢汉并没有给“媒介”与“文明”这两个关键术语提供现成的清晰定义，而是主要通过把“媒介即人的延伸”“媒介即讯息”两个重要命题放入媒介进化的历史脉络中铺陈叙述，进而提出以主导媒介所形成的感知环境作为文明产生的原因，由此构建出媒介与文明的关联。

德布雷认为，理解媒介的文明效应不是神化技术带来的震撼，不是将技术视为解决一切社会问题的救世力量，而是要使技术去神圣化。德布雷不再将文明时代看作可以为内容分析所阐释和还原的文本空间，也不再将其看作思想或观念组成的意识整体，而是让文明与承载它的媒介技术相互观照。在这里，媒介对文明的影响通过推进思想的实践和传承来达成，思想在传递装置内生产，储存于传递装置之中，并借助传递装置迁移。技术是担保思想实践和文化传承的不可或缺的载体和物流链。同时，技术的结构固定与使用自由又互相对应、互相结合。媒介与文明既两相互动，又互为因果。

就此意义上，麦克卢汉和德布雷为媒介通达文明提供了不同的方式。尽管二者出发点、理论脉络不同，相关的节点和具体论述有所差别，但是在二者的论述中，“媒介”已不再仅仅是物质技术意义上的物品，而是成为历史和文明的组织机制；“媒介”不仅是具体研究的对象或者被动的客体，而且是结构社会和文明的自主性力量；“媒介”不仅是一种具体的方法，而且是一套包含着价值立场、世界观且逻辑自洽的方法论。尽管呈现的文明景观有异，他们都立足媒介，从小原因透视大问题，从小细节探索大影响，他们都站在新时代，回顾历史，照亮未来。“媒介学不一定保证提供新的知识，但是肯定是认识的新形式，从而为我们理解理论与现实的关系提供一种新的参照。”① 也是在此意义上，麦、德两人的媒介理论不只为我们提供了新认知，更重要的是，为我们理解媒介对于文明的深层含义和影响机制提供了方法论的启示。

---

① 〔法〕雷吉斯·德布雷：《媒介学宣言》，黄春柳译，南京大学出版社，2016，第115页。

媒介考古学与中国传播研究的变革[*]

曾经让尤利西斯自缚的海妖之歌如何复原以进入人类声觉经验？伽利略的天文望远镜何以成为一种媒介事件？尘封的档案如何重塑和限制人类感知和记忆？人文传统是否就是如此天经地义？自20世纪以来在欧美等地兴起的媒介考古学用自己的研究实践对人类既有的传播知识体系乃至人类文明重新发问。如何看待媒介考古学之于中国传播研究（特别是传播史）的价值，或者说，就中国传播研究而言，我们如何理解媒介考古学的意义？本文试图对此问题初作探寻，以期为反思中国传播学研究提供一点助益。

媒介考古学的学术资源可谓来源多样，包括福柯的知识考古学、本雅明的拱廊街计划、麦克卢汉的媒介理论，还有诸如新历史主义和新电影史等方面的研究。多种因素和多学科的汇合，使得“媒介考古学”得以浮现。早期代表，如齐林斯基集中于视听媒介深层时间的挖掘，基特勒对于铭刻体系及其分裂的解析，埃尔基·胡塔莫的屏幕考古，标志着该研究的多元取向。当前，媒介考古的对象已溢出以往研究的领域，如尤西·帕里卡将计算机病毒和噪音纳入考古的范围、沃尔夫冈·恩斯特在基特勒的基

* 本文为作者参加复旦大学信息与传播研究中心与《中国社会科学》共同主办的“新思维、新视野、新方法：构建中国特色传播学学术话语体系”学术对话会的发言大纲，整理后发表于《中国社会科学报》2019年7月23日第5版，此处有调整。

础上展开对声音和档案媒介的考古，揭示媒介的微观时间；乔纳森·克拉里对于视觉技术的考古和齐林斯基的变体学则是在以往视听考古的基础上的进一步推进；伯恩哈德·希格特将考察的对象拉回远古的空间管理、烹饪以及航海等技术层面，其媒介范畴被纳入其所称的文化技术领域。媒介考古学在这种时空延展中显示出强劲的阐释能力。

因为对媒介的理解多样、研究路径多元，媒介考古学并非一个严格意义上的学科。不过，在此过程中，其在方法论上的总体性特征已经显露，从中可以发现其对于中国传播研究的变革意义。

1. 媒介考古学聚焦媒介历史的非连续性，突破了主流媒介史的线性关系和目的论把握

对于强调编年史、实证主义排列、进化和发展为特征的中国传播史而言，媒介考古学不仅突破了以大众媒介为对象的研究范畴，挖掘被主流叙事所忽视的、边缘化的内容，而且通过挖掘主流媒介史中的断裂、转型和多层空间以突破主流叙事的局限。如有关中国报刊起源问题，国人一直争论不断。这种溯源先将报纸做一本质性界定，然后依葫芦画瓢追寻其起源、发展，将报纸史作为一个不断演进的历史，进而达到数字媒介的境地。相对于这种体系化、目的论、理性化的叙事理念，媒介考古学反对追根溯源，它关注的是媒介叙事中的断裂和转型研究，通过揭示其中的矛盾和冲突，探寻媒介史中的多样性和丰富性。如对于大家争论的有关新式报刊与古代邸报关系的问题，它着重于二者在媒介形态、操作形式及其由此引发的人与媒介、人与世界之间关系的转型，而非通过“变迁”或“变化”将其放在一个更高意义上建立连接。

2. 媒介考古学以媒介的物质性为出发点，集中于媒介（物质）实践关系的阐释，突破了中国传播史研究的文本阐释传统

不论是埃尔基·胡塔莫提出从社会语境看待媒介技术的意义，还是基特勒对于硬件的强调，都反对将媒介作为一种文本研究。而后者是中国传播史研究长期以来延续的特征。如以政治史、革命史为主导的媒介史研究，将媒介本身当成一种既存对象弃之不顾，而着重于文本内容的政治观念和思想价值的探究，以致媒介史沦为政治史的附庸。近年来的新文化史研究，如性别史、情感史等也集中于文本上的情感和性别意识阐释，视媒

介为透明之物，也难免落入这一窠臼。同时，媒介考古学也不同于传统的博物学和物质文化研究，将媒介作为静态的物品来处理，而是以媒介的物质性为出发点，揭示其物质（媒介）实践网络，也即如何将物变成媒介（becoming-media），由此建构其媒介实践的网络。媒介考古学旨在将其中所涉的媒介物品、操作程序、知识、理念及其社会文化效应等相关因素加以连接，媒介由此成为一个独特的“事件”而出现在传播历史领域。

3. 媒介考古学反对将媒介做工具性理解，强调媒介的本体意义，以此揭示媒介在建构人及人与世界关系中的地位

基特勒提出“媒介决定人的处境”，不仅与传统的媒介工具论有霄壤之别，也超出了麦克卢汉“媒介是人的延伸”的观点。前者将媒介史作为人和机构操控媒介的历史，因此政党、组织、少数精英以及相关制度成为论述中心，媒介史就是精英组织使用媒介的历史，媒介成为工具。麦克卢汉的观点虽然突出了媒介的决定性地位，却难以脱离人类中心的局限，与媒介考古学者特别是基特勒的观点迥然有别。回到中国传播史的语境，媒介考古学注重揭示媒介之于人感受世界、理解世界，进而塑造人的主体性和历史的问题。在此意义上，媒介具有优先性，人是媒介的产物。正如希格特所言，人的存在无法独立于人化的文化技术，时间的存在无法独立于计算和测量时间的文化技术，空间无法独立于空间测量和管理技术而存在。由此，借助媒介考古学，可以重构中国传播史中人与媒介以及人与世界的关系。

媒介考古学之于中国传播史提出了新的视野、方法和理论追求，但也非简单地移植西方媒介考古的范式，也就是说，在中国开展媒介考古研究，不仅是“媒介考古学在中国”的问题，而且是回到中国语境，提出中国面临的问题，进行“中国的媒介考古”。如此，不仅可以挖掘中国历史中独特的媒介资源和媒介文化，重建中国传播实践的丰富图景，也将有助于中国特色传播学的建构。

探究意义

同门、省界与现代政治认同：政治文化视野下清末政论报人的组织离合*

传统中国，社会以宗族、家族和家庭之类的共同体为主体，组织结构较为单一。由于士人强调“群而不党”的古训，结社颇为鲜见。汉、唐、宋、明虽都存在“朋党”，但由于当局的严惩，皆难成主流。① 清王朝更是对“朋党”“结社”施以高压手段。至清末，救亡图存激起士人“合群”的强烈愿望。对于清末政论报人而言，办报即“合群”之手段。同时，由于清末政论报人脱离了传统士人社会流动的范围，在国家危亡、民族受辱的背景下号与呼，结合成群，“以文自现”，自身也面临着一个“合群”的问题，即本文所称的组织问题。

对于清末政论报刊的组织问题，学界已就此展开研究。如对维新派报刊与学会、学堂之间三位一体关系的研究、同乡会与留日学生报刊关系的研究、保皇会和同盟会等政党报刊的研究，其重点在于分析政论报刊与这些机构的历史关系。② 本文侧重探讨清末政论报人得以集结、整合和离异的精神因素，由此探寻政治文化在清末政论报人聚散离合中的作用。

---

* 本文初稿以“同门、省界与现代政治认同：清末政论报人组织离合的政治文化分析”为题发表在《新闻与传播研究》2006 年第 4 期，此处内容有改动。

① 关于朋党政治的研究，可参阅朱子彦等著《朋党政治研究》，华东师范大学出版社，1992；谢国桢《明清之际党社运动考》，中华书局，1982。

② 相关研究可见方汉奇所著《中国近代报刊史》（山西人民出版社，1981），张玉法所著《清季的革命团体》（台北“中央研究院”近代史研究所，1975）及《清季的立宪团体》（时报文化出版社，1982）等书。

一 同门意识与门人报刊

清末时期，是变动的时期，也是知识分子挣脱旧有束缚，加速流动的时期。费正清在比较新型知识分子与传统士大夫时就指出，绝大部分传统士大夫是“扎根于他们乡土的社会精英”，而新式知识分子阶层大都是“自由流动的知识分子”。[①] 但是，社会角色的新旧转换不能超越历史遽转而成。通常情况下，新的内容往往要借助旧的外壳，或者与部分旧的内容携手才得以产生。对此，清末政论报人概莫能外。

古代中国，师生之间讲究有序，注重“师道”，此乃传统政治文化在教育领域的一种贯彻。同时，由于一定的师门还代表着一种学术主张，与一定的政治主张发生联系，这往往成为政治力量组合集结的方式。晚清时期，以学缘为基础的同门意识成为政论报人集结的最初方式之一。

学缘关系在清末政论报刊组织中体现得最为突出的当属由康门师徒主持的保皇会报刊。

1902 年 6 月，康有为在给弟子罗璪云的信中，就罗氏关于少量保皇报刊宣传革命扑满事宜的疑问进行解释，坦言：“门人各报，时有他论鼓动人心，染实年少，阅历未深，忿激过甚者耳”。[②] 一年之后，弟子梁启超和欧榘甲时有革命言论出之，康有为在给友人的另一封信中就此发论，进一步传达着其门人报刊的观念：“报中若有发革命扑满之论者，虽其人或出仆门，然实悖仆宗旨。”[③]

1902~1903 年，是革命和保皇两股思潮在日本华人中冲突的初发期，受革命思潮的冲击，康门弟子[④]发表了诸多革命言论。在这关键时期，康

---

① 费正清等编《剑桥中国晚清史：1800-1911》下卷，中国社会科学出版，1985，第 380 页。

② 康有为：《致罗璪云书》，上海市文物保管委员会编《康有为与保皇会》，上海人民出版社，1982，第 159 页。

③ 康有为：《致李福基等书》，上海市文物保管委员会编《康有为与保皇会》，上海人民出版社，1982，第 163 页。

④ 康门弟子主要分四类：受业弟子、拜门弟子、私淑弟子和再传弟子。（参阅蒋贵麟《康南海先生弟子考略》，转引自汤志钧《戊戌变法史》，上海社会科学出版社，2003，第 111 页）。

有为为维护保皇派宗旨提出的“门人报刊”这一概念，显然不是为了应付友人或弟子的托词，而是对当下保皇派报刊组织特征的一种概括，也是有意突出“门人意识”对于保皇派报刊组织的某种规范作用，并为自身塑造一种权威性。

政变失败后，缺乏政权支持的保皇分子实现目标的途径，除了唐才常等发动的“汉口之役”此类运动外，主要转为报刊宣传工作，将“开民智”列为改良“要义”。1899 年始，康有为一直积极筹资创办海外保皇报刊，处心积虑地指派和安排康门弟子创办报刊，主持报务。在日本，不但《清议报》和《新民丛报》由康门弟子直接掌控，康有为还直接干预报刊内部事宜。1899 年 4 月，康有为在加拿大组建保皇会，随后又在旧金山、纽约、芝加哥、檀香山等地组织保皇分会，积极开办保皇报刊。在旧金山，徐勤、梁启田（梁启超堂弟）和龙泽厚等康门子弟受康指派，创办《文兴报》。同时创办的还有《金港日报》，主持人“亦为康门弟子”。[①] 此外，康有为指令其弟子赴旧金山主持《大同日报》笔政。被责言的欧榘甲此时被康氏从日本转移至旧金山，主持该报笔政。在檀香山，康有为指派梁启超主持创办了《新中国报》；在温哥华，梁启田、梁文卿也领命创办《日新报》；在澳大利亚，唐才质受康指派创办《东华报》，而唐才质是康有为的拜门弟子唐才常之弟。1903 年，康有为到达印度尼西亚，支持爪哇保皇分会创办《泗水日报》，并兴建了中华学校，而报刊和学校均由其弟子林奎等人主持。在国内，改良派报纸《时报》也为其弟子狄楚青所掌握。19 世纪末和 20 世纪最初的几年间，保皇派报刊俨然成为康门报刊。

康有为在报刊组织方面体现出来的门人意识早在维新变法前就已显山露水。在创办《万国公报》（后改为《中外纪闻》）时，康氏就将该报编辑任务交由梁启超、麦孟华等人负责。上海《强学报》创办时，徐勤和何树龄领命负责。澳门《知新报》则由康有为和何穗田直接创办，康氏还派梁启超和徐勤负责报刊宗旨制定等重大事宜。广西的《广仁报》，

---

① 方汉奇编《中国新闻事业通史》第 1 卷，中国人民大学出版社，1996，第 664 页。

主要成员也是康门弟子。[①]

不仅如此，师门之“义”成为康有为对门人施压、规制门人“离经叛道”的组织依据。变法失败后，梁启超、欧榘甲“迷惑”于革命，康有为“切责”梁启超之函达数十次，警告其不准“叛我”“背义”，并以“迫吾死地”相威胁。从他 1902 年 6 月写给欧榘甲的信中，可以看出康有为对门人离心的激愤之情：

> 近得孟远决言革命，头痛大作，又疟发□，复不得书，头痛不可言。汝等迫吾死而地，欲立绝汝等又不忍，不绝汝又不可，汝等迫死吾而已。记己亥汝责远之决绝，且安有身受衣带之人而背义言革者乎！今不三年，汝又从洞若矣。吾始于同门中，以汝等为忠毅可倚，今汝若此，吾何望矣。今不能转人，乃至为人所转，吾志自立，义自定，岂关他人之何如耶？况皆汝等自转之力之言何足计，内地尚有四万万，即天下转，吾不自转自若也。……汝改易，则为叛我。汝等背义之人，汝等必欲言此，明知手足断绝，亦无如何，为有与汝等决绝，分告天下而已。[②]

在改良报刊活动中，除了在报刊组织中任人为徒和门人之义为规制外，与师门荣辱与共、积极维护师门利益也是门人意识在报刊组织中的实现方式。这一点在康门弟子身上也体现得较为鲜明。

梁启超对康有为的情谊也许是康门弟子中最为深厚的，同门观念对于梁启超办报活动的规约力也甚为巨大。梁启超的同门意识首先体现在辞离《时务报》这一举动上。梁启超辞职当然有与汪康年政见不合之因，而师

---

① 据汤志钧考证，康有为的早期弟子即在广州万木草堂弟子和广西讲学的康门弟子，与维新运动有关的有 31 人，其中 14 人参与了维新派报刊活动。他们分别是：梁启超、麦孟华、徐勤、何树龄、欧榘甲、韩文举、王觉任、刘桢麟、陈继俨、况仕任、赵廷扬、曹硕、龙应中和龙朝辅（见汤志钧《戊戌变法史》，上海社会科学出版社，2003，第 111～112 页）。在万木草堂可考姓名的 51 人中，从事办报活动的有梁启超、麦孟华、徐勤、伍宪子、梁伯鸣、陈继俨、梁文卿、欧榘甲、梁朝杰、梁君可等人。（见苏云峰《康有为主持下的万木草堂》，《中国近代现代史论集》第十二编，台湾商务印书馆，1987，第 324 页）

② 康有为：《致欧榘甲等书》（1902 年 6 月 3 日），上海市文物保管委员会编《康有为与保皇会》，上海人民出版社，1982，第 157 页。

门见地也是梁启超做出这一举动的深层原因。在给汪康年之弟汪诒年的信中，梁启超说："启超之学，实无一字不出于南海。前者变法之议未能征引（去年之不引者，以报之未销耳），已极不安。日为掠美之事，弟其何以为人？弟之为南海门人，天下所共知矣。若以为见一康字，则随手丢去也，则见一梁字，其恶之亦当如是矣。"[①] 这段话表露了梁启超与康有为的师门情谊。首先是对《变法通议》未能征引康有为之理论已大有愧对师门之感。梁启超主持《时务报》笔政期间，张之洞对康有为的"公羊说"极为反感，禁止其学说在《时务报》上刊登，这致使梁产生"掠美"之叹。同时，汪康年对待康门的态度令梁启超愤由中生。一是黄遵宪关于康门子弟龙泽厚"入主报务"的建议被汪氏拒绝，梁感到"极过不下去"。[②] 二是《时务报》第43册刊登梁启超文《金银涨落》，汪康年擅自改正数处，令梁"窃不自安"。[③] 此外，汪康年听从梁鼎芬意见，拒绝继登同门徐勤文《中国除害议》，致使该文被腰斩。就连康广仁要在《时务报》上刊登大同译书局广告，也因有《孔子改制考》之内容而被拒。这些与师门有着千丝万缕关系的事情积累在一起，成为梁启超与汪康年离异的重要原因。在给汪康年的辞职信中，梁启超维护师门的激愤之情溢于纸表。他指责汪"在上海歌筵舞座中，日日以排挤侮弄谣诼挖苦南海先生为事。南海固不知有何仇于公等，而遭如此之形容刻画"。[④]

梁启超辞离《时务报》乃是基于对康有为变法理论的大体推崇，[⑤] 显示出政治价值认同与门户观念之间的某种一致性。当梁启超与康的政治观念和学术观念发生分歧时，敬畏与道义感仍使其执着于康门报刊组织，则更显门人观念对于具有传统政治文化心理的报人所含的内聚力。

---

① 《复颂兄书》，《汪穰卿先生师友手札》，载丁文江、赵丰田编《梁启超年谱长编》，上海人民出版社，1983，第100页。

② 《与康有为书》，载丁文江、赵丰田编《梁启超年谱长编》，上海人民出版社，1983，第95页。

③ 梁启超：《致汪康年书》，载上海图书馆编《汪康年师友书札》（二），上海古籍出版社，1987，第1860页。

④ 《汪穰卿先生师友手札》，载丁文江、赵丰田编《梁启超年谱长编》，上海人民出版社，1983，第103~104页。

⑤ 梁启超认为《新学伪经考》"大体皆精当，其可议处乃在小节目"，表现出对康有为学术思想的基本认同。见《清代学术概论 儒家哲学》，天津古籍出版社，2003，第70页。

百日维新期间，康有为除了将《孔子改制考》缮录进程之外，还上了《请尊孔圣为国教立教部教会以孔子纪年而非淫祠折》，其意是借助变法而发起尊孔保教运动。梁初支持，待亡命日本后，阅读大量日文书刊，“如幽室见日，枯腹得酒”，[①]“脑质为之改易，思想言论，与前者若出两人”，[②]对康有为的保教尊孔观点难以接受。对此，他说：“启超自三十以后，已绝口不谈伪经，亦不甚谈改制。而其师康有为大倡设孔教定国教祀天配孔诸议，国中附和不乏。启超不谓然，屡起而驳之。”[③] 对康有为《大同书》的主旨，梁启超也不以为然，坦言：“大同之说……，在泰西实已久为陈言，”并劝康有为“以后断不复有此等语在报中矣”。[④] 但是，即便如此，在20世纪初，学术观念的分歧，并没有导致康梁在报刊活动中分道扬镳，门人观念对于梁启超办报活动仍有一定的牵制力。在1902~1903年间，梁启超“日倡革命排满共和之论”，康有为“深不谓然，屡责备之，继以婉劝，两年间函札数万言”。受其影响，梁启超“持论稍变”。[⑤] 针对康有为责备梁启超攻击其大同思想与保教思想，自命为“狂悖”的梁启超却难以脱离传统政治文化带来的那种对师命的服从心理。中国传统士人以服从师命为当然的习惯性思维，使梁启超有理由担心戴上一顶违背师命、道德小人的帽子而难以在报刊界、政治界立足。在给康有为的信中，梁氏坦言：

> 弟子即狂悖，何至以攻先生自快？攻先生有何益于我？即不为先生计，而自为计，外人见此反复无状之小人，视之为何等耶？[⑥]

在康梁若即若离的关系中，使梁启超左右为难的既不是学术分歧的存

---

① 梁启超：《论学日本文之益》，《饮冰室合集·文集》之四，上海中华书局，1936，第80页。

② 梁启超：《夏威夷游记》，《饮冰室合集·专集》之二十二，上海中华书局，1936，第186页。

③ 梁启超：《清代学术概论 儒家哲学》，天津古籍出版社，2003，第77页。

④ 《与康有为书》（1902年5月），载李华兴、嘉勋编《梁启超选集》，上海人民出版社，1984，第321页。

⑤ 梁启超：《清代学术概论 儒家哲学》，天津古籍出版社，2003，第77页。

⑥ 《与康有为书》（1902年5月），载李华兴、嘉勋编《梁启超选集》，上海人民出版社，1984，第321页。

在，也不仅仅是二人政见的背离，而是传统政治文化带来的师生伦理规范（或人道），以及当时知识分子对这类规范的普遍认可所带来的心理压力。同门，即使剥除了学术和政治认同的因素，仅仅是一种外在形式的存在，依然成为受传统政治文化浸染的清末政论报人难以逾越的一道障碍。

门人意识在报刊组织中的另一种体现是对门人关系的重视和维护，甚至将门人关系好坏当作衡量报刊事业成败的关键因素。对此，徐勤理解得甚为深透。徐是康有为万木草堂的授业弟子，受康有为指派，历任《强学报》《知新报》《清议报》《文兴日报》编辑和主笔，对康有为几乎是言听计从。在徐勤的报刊生涯中，门人观念表现得最为牢固。在多年的报刊活动中，徐勤对门人在报刊组织中的重要性体会得最为深刻："凡办事外人多不可靠，必须同门乃可。……今欲办大事，真非同门不能也。盖草堂师弟之谊，数千年所未有。今日之所以能转移一国者，全在此一点精神也。若舍此而破之，无一事之能办矣。"[①] 因此，他极力维护同门的整体性和一致性。梁启超倡言革命后，徐氏就极力劝导康有为对梁启超、欧榘甲等有违师命之士"切勿功之、疑之"，[②] 维护同门情谊，以让同门尽早"回头"。当认识到康门中同门观念日趋淡漠，徐勤急迫之心彰显，并力寻挽救之方。1903 年 10 月，徐勤从纽约赶赴日本。当时梁启超等绝言革命的康门弟子回归康门，"同门复亲"，令徐勤"大加鼓舞"，但同时又觉察到日本华人观念异殊，"多怀异志"，"即同门亦然"。为挽回同门观念，徐勤"决意在九龙买一地，重立万木草堂，以教育亲信子弟。……此堂既成……可以复睹昔日讲学之盛事。有此根据地，则旧同门可复合，而新来之人可成才，不患吾党之败矣。不然，同门日疏，过可一二年，则更不堪设想矣。"[③]

门人意识在政论报刊组织中的作用还体现在对他门他户的排斥，即门人偏见上。在名号上，"康门徒侣多以庵字相称，即为源出康门之标记"，[④]

---

① 《徐勤致康有为书》（1903 年 10 月 26 日），载上海市文物保管委员会编《康有为与保皇会》，上海人民出版社，1982，第 231 页。

② 《徐勤致康有为书》（1903 年 4 月 7 日），载上海市文物保管委员会编《康有为与保皇会》，上海人民出版社，1982，第 223 页。

③ 《徐勤致康有为书》（1903 年 10 月 26 日），载上海市文物保管委员会编《康有为与保皇会》，上海人民出版社，1982，第 230~231 页。

④ 冯自由：《横滨清议报》，载《革命逸史》初集，中华书局，1981，第 63 页。

以示与外人之别。名号本身成为一种门人意识的认同形式。在内容上，排挤外人也是康门子弟的在报刊组织中体现同门意识的方式。这一点，可从《时务报》时期康门对待章太炎等人的态度看出端倪。

章太炎是古文经学家俞樾的门徒，学术宗旨上与康有为的今文经学相异。在《时务报》期间，他主张“以革政挽革命”，在宗旨上基本赞同康梁的变法主张，但对康有为的“托古改制”并不同意，[①] 对改良派称康氏为“教皇”“南海圣人”极为不满，认为此乃“病狂语，不值一叱”。因此，“麟自与梁、麦诸子相遇，论及学派，辄如冰炭。……卓如门人梁作霖者，至斥以陋儒，诋以狗曲，面斥之云狗狗”。[②] 门户之争最终导致康门徒“攘臂大哄”，报社变成“战国世界”，[③] 章太炎愤而离开《时务报》。由学术问题而诉诸武力，进而导致报人离异，足显门户之见在当时政论报人之中作用的激烈程度。

门人意识为理解清末政论报刊的组织离合提供了一个有效的分析思路。首先，门人意识表达着一种由传统政治文化所规定的秩序观念。作为传统政治文化因素在晚清中国得以惯性作用的载体，同门意识在清末报刊组织中的纽带作用的发挥，本身借助了传统政治文化中的某些因素，包括对师的服从心理、对外人的排斥以及同门的自我认同等，以便创造出师生之间和学子之间的无意识认同。这也成为清末政论报人集合的最初形式和必要条件之一。

同时，门人意识还不仅仅是对师门的一种形式上的维护，更重要的是它在从学术观念认同向政治价值认同转变中所起的桥梁作用或过渡作用。康有为的今文经说是其变法理论的依据，这一学术致思为其门人所认同，进而在报刊组织中以改良和保皇作为人事集结的根本。当其学术观念为门人所疑异时，原有的政治价值认同随之发生偏移，造成报刊组织的离心状态。当事人所做的，便是在作为形式的门人关系与作为内容的政治认同之间进行一场博弈。即，是仅仅依据传统师门这一形式继续维持旧有组织结

---

① 汤志钧编《章太炎年谱长编》上册，中华书局，1979，第 81~82 页。

② 《致谭献书》，转引自《章太炎政论选集》上册，中华书局，1977，第 14~15 页。

③ 冯自由：《革命逸史》初集，中华书局，1981，第 99 页。

构，还是突破这一结构，寻找更具吸引力的组织纽带。其实质在于传统政治心理与现代政治价值认同之间的较量与转化。因此，门人意识演变为传统政治心理与现代价值认同二元结构的复杂结合。借助门人意识，传统政治心理与现代政治价值认同纠缠于一体，成为清末政论报刊组织离合的内在纽带。

二　地缘与“省界”意识

孙中山在描绘国人观念时曾指出，“中国人乡党观念强而国家观念弱”，因此，其重要主张就是强化国家意识和民族意识。[①] 这一论点常为地缘政治学者所征引。虽然以地缘因素为基础的乡党观念常常为人所批驳，但它对于孙中山所领导的革命一直起着重要而“隐蔽”的作用，并在清末革命报刊组织中获得投射，这一点毋庸讳言。并且，其作用对象并不限于清末革命报刊组织。

与同门观念相似，以地缘为基础的同乡观念或乡党观念是中国传统政治文化结构孕育的产物。众所周知，中国封建社会是一个以家庭、家族、宗族为基础而扩展开来的社会形态，家国同构是其重要特点。家庭和宗族观念对于传统士人的意义之重要不言自明。传统士人的各种社会活动，如读书社交、求官任仕等，均被以一定地域为物理空间、以家庭和宗族为生活内容、以亲情和乡谊为情感空间、以政治教化为政治实体的地缘意识所覆盖。[②] 因此，地缘意识不仅仅是纯粹的血缘、地理上的含义，更重要的是具有传统政治文化的意义。到了近代中国，随着西方政治观念的输入，传统地缘意识的内涵开始获得更新，也变得更为复杂。特别是近代西方民主政治观念对国人渗透所形成的区域性、结构性的差异，地缘意识更多地具有了现代政治价值层面的含义。

地缘意识或同乡观念成为清末政论报刊组织联系的一种方式，与历史

---

① 孙中山：《民族主义》第5讲，《三民主义》，岳麓书社，2000。

② 关于宗族的政治教化功能的论述，参阅冯尔康等著《中国宗族社会》，浙江人民出版社，1994，第345页。

背景和其独特的内涵相关。

在古代社会，士人要获得生存和自我发展，所凭不多，乡谊成为其中的重要选项。[①] 对于寻求变革或革命的报人而言，要在以转型为特征的政治文化生态中达成自我实现，也无法绕离这一传统情境。一种情况是，在传统政治结构的压力下，政论报人为了获取变革能量，以乡缘和地缘为突破口。维新变法时期，康有为、梁启超和汪康年等在创办《强学报》和《时务报》的过程中，所凭借的主要是广东籍和浙江籍的官员和士大夫的大力帮助。[②] 另一种情况是，在海外宣传中，要获取政治资源，求助于本籍华侨。在清末，美洲等地华侨以某一地区或某一方言为基础，建立了一批氏族组织和会馆。其中，三邑、四邑是最大的两个会馆，梁启超和康有为以其出生于四邑和三邑而获得海外华侨的大力支持。[③] 孙中山在早期的革命宣传中，依靠其乡缘关系而在海外结识了一批具有革命志向的同籍友人，后有不少成为《中国日报》《民报》以及海外革命报刊组织的主要成员。[④]

---

① 对古代会馆的研究业已表明，同乡会馆成为旧式士人流动过程中的聚集地和凭借力量。见何炳棣《中国会馆史论》，台湾学生书局，1966。

② 京师强学会的成立和《万国公报》的创办均是政治结合的复杂产物，帝党、后党以及维新派分子集合一起，但地缘因素也起了一定作用。在支持者中，文廷式、张之洞等与广东有着密切联系。上海强学会和《强学报》的创建中，广东籍官员梁鼎芬、黄遵宪等士大夫给予了支持。《时务报》的创办者和支持者中，以广东籍和浙江籍居多。

③ 参见阿门特劳特《革命党、保皇党和美国华人区：华人在美国的政治斗争与辛亥革命》，《国外中国近代史研究》第27期，第186页。

④ 在孙中山先生的早期革命生涯中，所结识的革命同人主要是广东籍人士。在广州博济医学校学习期间，结识郑士良（郑是客家人，三点会成员），“两个人很称莫逆”。（参见陈少白《兴中会革命史要》，中国史学会编《辛亥革命》（一），上海人民出版社，1957，第22页）1889年，孙结识陈少白，二人“天天谈革命的事，总是很高兴的”，并“曾相拜盟为兄弟，故通信皆以吾弟称之”。（冯自由：《革命逸史》初集，中华书局，1981，第3页）1890年，与陈、尤列、杨鹤龄等广东籍人士结识，四人“所谈者莫不为革命之言论，所怀者莫不为革命之思想，所研究者莫不为革命之问题”，“非谈革命，则无以为欢，数年如一日”，倡言反清言论，被称为“四大寇”。（邹鲁：《中国国民党史稿》，民国丛书第一编，上海书店，1989，第2页）另：1904年，孙中山至檀香山（檀之华侨多为广东籍，孙之兄也在檀），将其戚程蔚南主持之《檀山新报》改组为党报。而此时，梁启超以“名为保皇，实则革命”之言论迷惑华侨，孙氏乃亲撰《为辩明革命与保皇事敬告同乡书》一文，以“弟”之身份劝诫“同乡列公”“大倡革命，毋惑保皇”。（邹鲁：《中国国民党史稿》，民国丛书第一编，上海书店，1989，第406页）。乡缘成为孙中山革命早期获取革命资源的重要因素。

此外，清末教育变革以及地方自治思潮的涌起，为地缘因素在报刊组织过程中的作用发挥提供了客观条件。这主要体现在清末留日学生报刊的组织过程中。19 世纪末期，官方开始向日派出留学生。政变失败后，不少青年士人不满国内统治，赴东洋寻求救国良方，并创办了一批留日学生报刊。1903 年出台的《癸卯学制》提出以省为单位向日本派官费留学生。在此背景下，各省留日学生纷纷在日本组建留日学生同乡会，推动着地缘意识在留日学生中的发展。

在早期留日学生之中，最主要的联系还是乡土关系。其标志是各地同乡会的建立。同乡会为留日学生提供的远不是一种物质上的便利，[①] 更重要的是在此基础上的一种朴素的心理联系。同乡会的建立本身就是一个集群的过程，而其集群的一个主要纽带超出了物质上的因素。如提议建立江苏同乡会时就有论者称：国之存亡，要以能群不能群为断。而欲成大群，又必集合小群以相联结。故各省团体不固不独无以联情谊抑亦何以立自治之本，以战胜于生存竞争之域。这一观念得到江苏同乡会员的一致认可。《江苏》杂志就此评价称：“国之亡也亡于不能群。而惟爱力足以救之。虽然，人未有不爱其亲而能爱其乡党邻里者，即未有不爱其乡党邻里而能爱国者。今之人竞言爱国矣，吾言爱国必自爱乡始。”[②] 由爱乡而爱国，成为同乡结合的非常朴素的动机。由此，初期的各省留日同乡会，“乡土认同远远大于阶级意识等其它认同。”[③] 影响到报刊组织中，最明显的就是，在早期的留日学生报刊中，各类报刊的主要成员基本上为同省留学生。而 1903 年留日学生新办的刊物几乎全是同乡会会刊会报，报名的地域色彩极为浓厚。此后，地方自治呼声高涨，这些具有地域名称的报刊积极宣传各省的地方自治问题，也不同程度地促进着地域意识在留日学生报刊组织中的深入。表 1 是对 1900~1904 年部分留日学生报刊成员籍贯的简要分析。

---

① 留日学生同乡会往往为同乡学生提供一些物质方面的安排。如湖南同乡会规定：本会因乡人东渡，人地生疏，故特设专员代为招抚一切。凡有函致本会自当竭力尽其义务。（见《游学译编》第 12 期）

② 《江苏同乡会创始记事》，《江苏》第 1 号。

③ 许小青、严昌洪：《癸卯年万岁——1903 年的革命思潮与革命运动》，华中师范大学出版社，2001，第 86 页。

表1　1900~1904年主要留日学生报刊成员籍贯及团体归属

报刊	创办时间	成员	主要职责	团体	籍贯
《开智录》	1900年12月	郑贯一	主编	开智会、大同学校	广东香山
		冯自由	创办人	开智会、大同学校	广东
		冯斯栾	创办人	开智会、大同学校	广东
		蔡锷	撰稿	大同学校	湖南
		秦力山	撰稿	大同学校	湖南
《译书汇编》	1900年12月	杨廷栋	主持	励志会	江苏吴江
		雷奋	主持	励志会	江苏松江
		杨荫杭	主持	励志会	江苏无锡
		戢元丞	主持	励志会	湖南
《国民报》	1901年5月	秦力山	主编	支那亡国纪念会、东京青年会	湖南
		戢元丞	主持	励志会、东京青年会	湖南
		沈云翔	主持	励志会	浙江
		王宠惠	英文记者	广东独立协会	广东
		卫津煌	庶务	支那亡国纪念会	不详
		张继	参与出版	励志会、东京青年会	直隶
		程家柽	筹备出版	励志会、东京青年会	安徽
《游学译编》	1902年12月	杨守仁	主编	湖南留日学生同乡会	湖南长沙
		梁焕彝	编撰	湖南留日学生同乡会	湖南
		樊锥	编撰	湖南留日学生同乡会	湖南
		陈天华	编撰	湖南留日学生同乡会	湖南新化
		周家树	编撰	湖南留日学生同乡会	湖南
		周宏业	编撰	湖南留日学生同乡会	湖南
		杨度	编撰	湖南留日学生同乡会	湖南
		黄兴	编撰	湖南留日学生同乡会	湖南善化
《湖北学生界》（后改为《汉声》）	1903年1月	刘成禺	主编	湖北留日学生同乡会	湖北
		李书城	主编	湖北留日学生同乡会	湖北
		吴炳枞	发起人	湖北留日学生同乡会	湖北
		程明超	编辑	湖北留日学生同乡会	湖北
		时功玖	记者	湖北留日学生同乡会	湖北
		吴炳枞	记者	湖北留日学生同乡会	湖北

续表

报刊	创办时间	成员	主要职责	团体	籍贯
《浙江潮》	1903 年 7 月	孙翼中	主编	浙江留日学生同乡会	浙江杭县
		蒋智由	编撰	浙江留日学生同乡会	浙江诸暨
		许寿裳	编撰	浙江留日学生同乡会	浙江
		王嘉祎	编撰	浙江留日学生同乡会	浙江
		蒋方震	编撰	浙江留日学生同乡会 东京青年会	浙江诸暨
《江苏》	1903 年 4 月	秦毓鎏	主编	浙江留日学生同乡会 东京青年会	江苏无锡
		张肇桐	编撰	浙江留日学生同乡会 东京青年会	江苏无锡
		汪荣宝	编撰	浙江留日学生同乡会 东京青年会	江苏元和
		黄中央	协助	浙江留日学生同乡会 东京青年会	江苏常熟

1902 年前，即以省为单位派出留日学生举措实施之前，留日学生报刊主要以具有一定政治倾向的学术团体为联系纽带（如励志会成员，主要以“联络感情，策励志节”为宗旨），同乡性质并不突出。如《开智录》的成员，主要来自由保皇派所占据的大同学校，开智会也是一个富有改良性质的社团组织。不过，由于其成员主要是追随梁启超的时务学堂学生，因而湖南籍成员较多。《国民报》成员革命倾向较为强烈，却来自诸多省区。1902 年前后，随着留日学生人数的剧增，同乡会应运而生，其所办刊物如《游学译编》《湖北学生界》《江苏》《浙江潮》等的成员，[①] 主要以“联系感情”“增进乡谊”的同乡会为依托，[②]，其报刊内容

① 此间，留日学生在政治上“多不满意清廷之政治，傲然以未来主人翁自居；然思想无统系，行动无组织，保皇党之余波，立宪派之滥觞，亦掺杂于其间。”见胡汉民《胡汉民自传》，丘权政、杜春和等编《辛亥革命史料选辑》（上），湖南人民出版社，1981，第 164 页。

② 各同乡会的宗旨以乡谊为主。如《浙江同乡会简章》的宗旨是，“以笃厚乡谊为主”，以对同乡中“有疾病”“有困难事”者提供“竭力替助”。（《浙江潮》第 2 期）

则“于桑梓尤注意”。[①]

不过，以地缘意识形式存在的传统政治文化因素也在逐步获得更新，在清末政治民主化的发展趋势下，它逐渐与现代政治价值观念相联系，进而发展成为清末政论报刊组织离合的主导性因素。表1关于留日学生报刊组织成员的社会团体栏所示就是直接的说明。这一点在国内革命报刊组织中也有着相似的特征。如《苏报》《国民日日报》《大陆》和《警钟日报》等报刊的创办者和组成人员，以江浙籍知识分子为主体（见表2）。

表2　20世纪初期国内主要革命报刊成员之籍贯

报刊	成员	籍贯
《大陆》	杨廷栋	江苏吴江
	杨荫杭	江苏无锡
	雷奋	江苏松江
	陈冷	江苏松江
	秦力山	湖南
《警钟日报》	蔡元培	浙江山阴
	孙寰镜	江苏无锡
	陈去病	江苏吴江
	林宗素	福建侯官
	林獬	福建侯官
	刘光汉	江苏仪征
《苏报》	陈范	祖籍湖南衡山，后迁至江苏阳湖
	吴敬恒	江苏武进
	章士钊	湖南长沙
	汪文溥	陈范妹夫，江苏阳湖
	蒋维乔	江苏武进
	张继	河北沧县
《国民日日报》	章士钊	湖南长沙
	何梅士	不详

① 《本社同人启》，《游学译编》第2期。

续表

报刊	成员	籍贯
《国民日日报》	苏曼殊	广东中山
	张继	河北沧县
	卢和生	不详

兴中会的机关报《中国日报》[①] 以及海外革命报刊成员均以广东籍人士居多（见表3）。

表3　新加坡、檀香山、香港主要革命报刊及成员

报刊	年份	出版地	编辑与发行人
《中国日报》	1899	香港	陈少白 洪孝元 陆伯周 杨肖欧 郑贯公 冯自由 陈思仲 黄世仲 陈春生 王军演 廖平子 卢信 胡汉民 谢心准 朱执信
《世界公益报》	1903	香港	郑贯公 崔通约 谭民三 黄世仲 李大醒 黄鲁逸
《檀山新报》	1903	檀香山	程蔚南 何宽 许直臣 林鉴泉
《图南日报》	1904	新加坡	陈楚楠 张永福 尢列 陈思仲 林义顺
《广东日报》	1904	香港	郑贯公 黄世仲 陈树人 胡子晋 劳纬孟
《南洋总汇报》	1905	新加坡	陈楚楠 张永福 许子麟
《有所谓报》	1905	香港	郑贯公 黄世仲 陈树人 王斧 李孟哲 胡子晋
《中兴日报》	1907	新加坡	田桐 居正 胡汉民 汪精卫 王斧 周杜鹃 张绍轩
《自由新报》	1907	檀香山	曾长福 卢信 温雄飞 谢英伯 孙科 荣新

在这里，传统因素为现代政治认同在报刊组织中的实现提供了机缘。

在清末政论报刊组织中，地缘意识最为典型的表现就是“省界”意识。“省界”一词的首次出现，是在欧榘甲《新广东》之中。随后，提倡湖南自治思想的《新湖南》出版，“省界问题如花初萌”，至1903年，“省界之名词已定矣”。[②] 对于省界意识在留日学生中的影响，《浙江潮》

① 《中国日报》的主笔几乎是清一色的广东籍人士，如陈少白、杨肖欧、洪孝元、陈春生、冯自由、郑贯公、廖平子、卢信、陈思仲、陆伯周、黄世仲等。其他工作人员如丁雨辰、郭云衢、冯扶、洪孝冲、区灵生等均为广东籍。

② 文诡：《非省界》，《浙江潮》第3期。关于“省界”一词的出现，另一说法是由《游学译编》而起。（见《论省界不可分》，《警钟日报》1905年1月6日）

曾形象地描绘称："人人心中遂横一大梗蒂，闻一议接一人遇一事谈一语必首相叩曰是何处人"，以致留日学生之间的个人矛盾，都要上升到省界层面，曰："彼闽人辱吾粤人，彼浙人谩吾吴人，其色汹汹几有号同乡会诉冤之势"。那些地域观念特别浓厚的人士甚至置国家观念于脑后，"分泾渭于一饮食一书报之间，至岸然不能假借"。[①] 各省留日学生间的隔阂和界限由此可见一斑。

其实，省界意识在当时的国内政论报刊组织中早有体现。在《时务报》的冲突中，汪康年与黄遵宪之间的冲突，汪康年与梁启超之间的冲突，章太炎与麦孟华之间的冲突，成为当时浙粤之争、省界之分的有力表现。并且，外界还盛传《时务报》将"尽逐浙人，而用粤人"之说。尔后，章太炎在与康门发生冲突，准备离开《时务报》时，还有着"若再忍诟以求不餔啜，何以求见湘、粤之士"的意识。[②] 可见，省界意识已成为维新报刊活动中具有一定辐射力的群体心理。章太炎被驱逐后，浙人宋恕在《经世报》上载文，宣称："耻莫若学，学莫若会，立学会若莫立报馆……以表儒嫡在浙……以告我浙人及非浙人：继自今其勿复轻浙人!"[③] 以支持同乡章太炎，"于是杭粤遂分党派，渐成水火"。[④] 维新报刊中，浙、粤两派由是而生。

省界意识对国内革命派最具规模的组织——中国教育会的内部冲突和分化起到了推波助澜的作用，进而影响到其机关报《国民日日报》。1903 年 10 月，教育会成员湖北籍王慕陶、刘成禺因某报刊载国民丛书社[⑤]联语有伤书社名誉，与《国民日日报》主笔连孟清发生冲突，经章士钊调解无效，遂在报上互相诋毁，且规模不断扩大。后林獬兄妹加入"战团"，支持连氏。而戢元丞等联合湖北在沪同人，宣告支持王、刘。在教育会的调解会上，林獬、张继"跋扈专横，以意气相欺压"，致使王慕陶愤然脱会。[⑥] 教

① 文诡：《非省界》，《浙江潮》第 3 期，第 17~18 页。

② 汤志钧编《章太炎年谱长编》上册，中华书局，1979，第 43 页。

③ 宋恕：《经世报叙》，《宋恕集》，中华书局，1993，第 275 页。

④ 罗振玉：《负松老人遗稿》（节录），载杨家骆编《戊戌变法文献汇编》第 4 册，鼎文书局，1973，第 249 页。

⑤ 该社是旅沪鄂人联系的中心，也是与外国联系的枢纽。

⑥ 桑兵：《清末新知识界的社团与活动》，生活·读书·新知三联书店，1995，第 229 页。

育会内部的宗派行为对《国民日日报》的出版带来极为恶劣的影响。该报发刊不久，报中编辑和经理两部门就“因权限问题，大起争执，卒致各向外国公堂提出诉讼，经在沪同志冯镜如、叶谰、连孟清、王慕陶诸人奔走调处，仍难收效”，以致陈少白“亲至上海”，“设法和解”，并“设宴邀集沪上同志联系感情”，双方才各允息事而止。但《国民日日报》经此风潮，大伤元气，不得不停刊。①

在教育学会与爱国学社内部的冲突中，吴稚晖、蔡元培和章太炎之间的矛盾，也是其中的典型例子。针对这场纷争，《浙江潮》在第6期“时评”栏中发文《上海教育会与爱国学社之冲突》，支持爱国学社一方，并对蔡元培加以讥讽。作者不无担忧地称：“夫以今日之中国，以今日中国之志士，其于‘意气名誉’四字，当如何摆脱之，奈何日累于此四字，而竟至同室操戈也。故吾于此事，不欲说是非，不忍说门户，愿以‘有情’二字，以上献于诸志士之前。”② 此论之出，足见由省界意识而导致的门户见地在革命报人中的普遍性。

在政论报刊组织进程中，省界意识经常与同门意识发生联系，影响着成员的离合。这一点在狄楚青主持的《时报》中有所体现。1907年9月，徐勤陈书康有为，就《时报》事宜状告狄楚青，其中门人意识与地缘意识纠缠在一起，为理解省界意识在政论报刊组织中的作用提供了多重含义。该信称：

> 《时报》自开办之时至今，只楚青一人主权一切，用人权、理财权外人不能干涉之。孝高、挺之、孝实、儒博皆局外人耳，不过一校对之人耳。……编辑一事楚卿则另令托江苏陈景韩、雷奋二人，以至编辑之权，亦授人以柄。……度楚卿所用苏人，皆名无实，薪水甚贵，有竟月不来者。细考其意，是不欲用粤人，挺之、孝实不过迫于无奈耳。一十余万血汗之钱而成此报，彼则名利双收，故同人对于彼

① 冯自由：《上海国民日日报与警钟报》，《革命逸史》初集，中华书局，1981，第135～136页。

② 《上海教育会与爱国学社之冲突》，《浙江潮》第6期。

之举动甚为愤激。……外间人及局中只知有楚卿一人，不复知有粤人者。前有一主笔对人言，我苏省多才，何必用粤人乎，即此一言，可见一斑矣。……《时报》最依附张謇、曾少卿，外人皆云苏省之机关，非吾粤之报，更非吾党之报。弟子本无省界之见存，又有内地办事之艰难委屈，亦甚原谅之，但于表面上只可如此耳。……以上各事，楚卿或无吞没之心，然过于专擅，忌我粤人，则无私见私矣。①

狄楚青置同门不顾，举任陈、雷二人，是否与“省界”意识有关倒不能由此推论，“主笔”之言倒是透露出报界对“省界”问题认知上的一些信息。徐勤将狄氏之举动归结为“粤人”与“苏人”的界限，这一思维方式更能反映出省界意识在当时改良派报人思维中所渗入的深度。

因此，以省界意识为极端表现的地缘因素，因其本身具有传统政治心理和现代政治价值观念等多重内涵，为清末政论报人的产生与离合提供了依据。同时，由于“省界”又是一个从传统向现代转型的基础性概念，它为我们理解清末政论报人如何从传统走向现代给予了更多的思路。

三 “破门户”“非省界”与现代政治价值认同

尽管门人观念和省界意识在清末政论报刊组织的形成中具有一定的作用，但毕竟只是历史的一面。当清末知识分子在言说“同门”“省界”等词汇的同时，“破门户”和“非省界”之声渐起。

在康门弟子中，梁启超也许是最早提出破除同门观念的报人。早在1897年，梁启超就对《知新报》的门人办报作风深为不满。在给康有为的信中，梁启超抱怨说：“顷长驻澳中者，君勉、实孝二人而已，其余皆若即若离之。……草堂诸人，多不顾全大局，不听调遣。”② 1900年，梁启超在写给康有为的信中更是直言“同门之圈限”亟须打破。书云：

① 《徐勤致康有为书》（1907年9月5日），载上海市文物保管委员会编《康有为与保皇会》，上海人民出版社，1982，第374~375页。

② 丁文江、赵丰田编《梁启超年谱长编》，上海人民出版社，1983，第78页。

前此同门之误事者，又岂少乎？网罗豪俊之法，莫要于阔达大度，而莫恶于猜忌。盖猜忌二字，最易拒人于千里之外也。夫子所责弟子多疑之说，弟子今知其蔽，痛自改之。然此义欲施之于同门不同门，皆如是也。弟子总觉得办天下之事，须合天下之才，然同门之圈限已定而有尽，不同门之圈限未定而方长，诚恐声音笑貌之间，拒人千里之外，故每书辄斤斤然辨之也。①

在梁启超写此信前后，出现了轰动一时的“康门十三太保事件”。当时，梁启超等试图与革命党合作，同门十三人齐名上书，劝请康有为“息影林泉，自娱晚景”。② 此举令康有为愤怒不已，责备其弟子“不入人情，不入人道”，“娇谬专横已极”。③ 此时，梁启超在时务学堂的学生秦力山等因汉口起义而宣布与梁氏决裂，并与人创办《国民报》，宣传革命激进主义。④ 联系这重重背景，不得不感叹这种巧合中的历史必然。

破除门户的观念并没有因后来慑服师威而消失。在组织政闻社、创办《政闻》杂志的过程中，梁启超破除同门之限的决心更为坚决。他说：

谨限于草堂旧有之人才，则虽能保守，而万不能扩张，必败而已。故今后必以广收人才为第一义，而人才若能（何）然后能广收？则真不可不熟审也。凡愈有才者，则驾驭之愈难，然以难驾驭之故弃

① 梁启超：《致南海夫子大人书》光绪二十六年四月一日，转引自丁文江、赵丰田编《梁启超年谱长编》，上海人民出版社，1983，第232页。

② 此十三人为梁启超、韩文举、欧榘甲、罗普、罗伯雅、张智若、李敬通、陈侣笙、梁子刚、谭柏声、黄为之、唐才常、林述唐。其中，只有梁启超、韩文举、欧榘甲、罗普、罗伯雅为康有为在广州长兴学舍及万木草堂讲学时代之嫡传弟子，其余八人皆慕名拜门而已。参阅冯自由《康门十三太保与革命党》，《革命逸史》第二集，中华书局，1981，第29页。

③ 康有为：《康有为致徐勤书》（1900年6月27日），载上海市文物保管委员会编《康有为与保皇会》，上海人民出版社，1982，第132页。

④ 冯自由就此事记载云：“是时汉口失败诸志士多逃亡日本，群责康、梁拥资自肥及贻误义师之非，力山尤形激烈。故此报列举康梁种种罪状，最为翔实；寻以资本告罄停版，出世仅七八月而已。……辛丑在上海发行之大陆报月刊，仍延秦、杨、雷诸人担任笔政，鼓吹改革，排斥保皇，尤不遗余力，是为国民报之变相。其批评梁启超文中有警句：娇妻侍宴，群仙同日咏霓嫦；稚子候门，共做天涯沦落客。”参阅冯自由《东京国民报》，《革命逸史》初集，中华书局，1981，第96页。

之，则党势何自而张？不宁为是，我弃之，人必收之，则将为我敌矣。前此我党之由不振，职此之由也。然以不能驾驭之故，虽收列党籍而不为我用，则又何为？……今日之情状，稍与前异。……惟有政见不同可以致分裂耳。①

由“门人”而“政见”，是这十多年来康梁关系的焦点，也是梁启超对改良派报刊组织变化的经验总结，折射出改良派报人聚散离合的基本趋势。

“省界”意识的局限，在维新变法时期就为人注目。《时务报》冲突发生后，维新派内部不少人士为此痛心疾首。《国闻报》就浙、粤分流一事评论道：“夫黄、梁、汪皆一时名隽，而维新之眉目也。其初发难，以为此报固蒿目时世，痛黄种抵力之太大，垂涕而言群理爱力者也；欲革四千年之积习，而救四万万之同种者也。然而今日之事，此四君子之抵力何如？能群否？相爱否？……前所石交，后乃仇雠，……《时务报》何足道，吾为四君子悲之而已！且四君子何足悲，吾流涕太息于中国人心世道之果不可为也。”②

与《时务报》有着诸多关联的张元济对此也是忧心忡忡。在给梁启超的信中，他说：

非谓异我者即在所必摈，东西报馆岂无异趋。所恨者，以爝火之微，而亦欲与日月争明。使为守旧之徒，犹可言也；而伪在此似新之辈。夫处今之世，即合此十百有志之士，通力合作，犹恐未必有济。况复显分畛域，同室操戈！济处局外，且深怨愤，而何论公与穰卿之身当其际者乎？③

对于省界意识的危害，留日学生报刊成员似乎认识也较早。1903 年，《大陆报》批评留学生中的“省界”风气时称：“神田之留学生会馆，不

① 梁启超：《与夫子大人书》光绪三十二年十一月，丁文江、赵丰田编《梁启超年谱长编》，上海人民出版社，1983，第 373～374 页。

② 《时务报各告白书后》，《国闻报》1898 年 7 月 10 日。

③ 张元济：《致梁启超书》，《张元济书札》，商务印书馆，1981，第 56 页。

和之气，扑人眉宇，同乡桑梓之称谓，塞于耳鼓。”[①]《浙江潮》借助友人来函引发对省界意识蔓延的忧虑，认为“省界”是“同乡会之转而失其真者”的产物，提出“欲破坏法律界、政治界、教育界，要不可不先破坏省界”，并建议“拔省会之精华而建为统一会”，实行“共善主义”，以达到“共除省界”的目的。[②] 同一期上，《浙江潮》还刊登了江西陈某致留日浙江同乡会函，质问省界意识比较突出的浙江同乡会：“侧问诸君联订此会，省界甚严，此省不能参预他省。浙江留学生最多，而气最盛。广西、云南、江西人甚寥寥，惴惴顾影，惟孤立是惧。同是支那之人，同具亡国之忧，此疆彼界，意何为者？”[③]

鉴于省界对于革命的阻碍，在国内和日本的革命报刊纷纷表达“非省界”的主张。1905 年，上海的《警钟日报》就革命宣传中的省界趋向表示出破除之意。[④] 日本的《民报》则在第 1 期著文分析了“省界”意识对“联合大群”和民族革命的严重危害，感叹“今日岂分省界之日耶”。[⑤] 破除“省界”已逐渐成为革命人士的共识。

省界意识对于报刊的危害甚至已经为普通民众所认知。《国民日日报》刊发的一份读者来稿对此就表示出一定的担忧：

> 近出之丛报大体从同。吾所未见，只直说耳。分省作报吾极不谓然。且虑其相习成风，遂生划省分疆之影响。……吾极不解彼倡言改革之人乃取专制政体，绝无理由之省分，斤斤然遵守之，保持之。[⑥]

1903 年爆发的拒俄运动成为留日学生报刊群体破除“省界”意识的关键点。在拒俄运动前，留日学生已经组织了义勇队和军国民教育会，这些团体不受籍贯限制。同时，留日学生互相阅读各省留日学生报刊，留日

① 《离合篇》，《大陆》第 8 号，1903 年 7 月。

② 文诡：《非省界》，《浙江潮》第 3 期。

③ 《寓江西陈君致浙江同乡会书》，《浙江潮》第 3 期。

④ 《论省界不可分》，《警钟日报》1905 年 1 月 6 日。

⑤ 思黄：《今日岂分省界之日耶》，《民报》第 1 期，第 29~30 页。

⑥ 《□与某总教习》，上海国民日日报馆编《国民日日报》缩印本，第 52 号，台湾学生书局，1966。本书所引该报内容，除标明出自《国民日日报汇编》外，其余皆出自该缩印本。

学生报刊互相刊登报刊广告等。但这只是一种较为纯粹的爱乡爱国的情感倾向，“并没有什么成功的协调活动”。[①] 拒俄运动爆发后，留日学生阵营重新分化整合，部分留日学生受革命思潮牵引，以革命认同取代原有的地缘观念，成为留日学生革命报刊的主力军。这一点可以在1905年后创办的留日学生报刊中获得明显印证。此间，新出版的留日学生报刊刊名基本已脱去地域色彩。如《洞庭波》改名为《汉帜》，其组织成员已不拘一省，为多省成员参与，表明其在组织形式上已基本脱离同乡会报刊形式，转为以革命认同为基础的组织机构。该刊发起者特别强调创办该报是“以发扬大汉之国徽，推倒满旗之色线”为目的，[②] 而非仅仅以同乡同省自治为鹄的。

《洞庭波》并非特例。此间创办的《四川》《夏声》《晋声》《河南》等留日学生报刊均已脱离了同乡刊物的性质而转向以革命认同为宗旨的革命报刊。《夏声》是在《秦陇》杂志的基础上出版的。后者由陕西留日的八名进士编撰，保守思想较为突出，真正具有革命热情的青年遭到排挤。该刊勉强出印一期后夭折。《夏声》是同盟会陕西分会另行组织的刊物，它以全体会员为主体，广泛吸收革命倾向的学生加入，革命认同成为该刊组织凝聚的主要纽带。[③] 《河南》杂志是在改造组织成分复杂的《豫报》的基础上创立的革命报刊。[④]

同时，尽管有些留日学生报刊依然以地域作为报名，内容也较多地关注地方事务，但是他们大都能将地方利益置于国家和民族利益的宏观范畴之中，地域毕竟是“国家”和“民族”的地域。早在1903年，革命倾向较为突出的《江苏》杂志同人就有着这一意识，他们称：“今同人以爱江

---

① 费正清等编《剑桥中国晚清史：1800－1911》下卷，中国社会科学出版社，1985，第536页。

② 太炎：《汉帜发刊序》，载张之华编《中国新闻事业史文选：公元724年－1995年》，中国人民大学出版社，1999，第122页。

③ 《陕西辛亥革命前革命思想传播和同盟会的初期活动》，载中国人民政治协商会议陕西省委员会文史资料研究委员会编《陕西辛亥革命回忆录》，陕西人民出版社，1982，第287～288页。

④ 《革命逸史》记载：“豫报内部分子复杂，停版，另起河南杂志，而大放异彩。”见冯自由《河南志士与革命运动》，《革命逸史》第三集，中华书局，1981，第272页。

苏者爱中国，各省亦竞以爱其本省者爱中国，驯致齐心一致，以集注于爱国之一点，则中国之兴也。”① 随后，《四川》《河南》《夏声》《鹃声》等杂志也领会到这一点。《鹃声》杂志《发刊词》表示：“本社同人，欲效啼鹃，把以上所说的这些事情，及如何造成新国家，救我们四百兆同胞的法子，一期一期的说了出来，哀鸣于我七千万伯叔兄弟之前。”② 《河南》杂志也称：“所定进行之方针，吾党以为无论何省均适刚者也。”③ 由此可见，随着省界意识的逐渐破除，地域名称之下所涵盖的乃是国民革命和民族革命的内涵。

“破门户”与“非省界”的意义或许并不在于形式上与地域和门户等界限发生决裂，毕竟地域与门户是一个从古至今无法超越的客观存在。④ 更为重要的是它在政治价值观上所蕴含的某种一致性。这种政治价值认同已区别于古代政治传播主体对以王权和民本为内容的认同形式，取而代之的是传统政治价值观与近代西方民主政治价值观汇合后所形成的多层次、多结构的认同形式。依此而论，在“省界”与“非省界”、门户与“破门户”的背后，一条以政治价值认同为中枢的组织纽带逐渐发展壮大，成为清末政论报人离合的基本凭借。只不过，由于传统政治认同与近代西方政治理念的结合上的多样性，这种认同就远不是单一的、机械的状态，其间出现了各种中间状态或过渡形态。

总之，学缘、地缘和现代政治价值认同的互动和演变，为我们全面揭示了清末政论报刊组织形成、发展、集结、分化和整合的基本过程。究其本质，以民主自由为主体的西方政治文化，逐步取代传统政治文化在报刊组织中的纽带作用，成为政论报刊组织离合的内在依据，也是清末政论报刊组织发展的基本趋势。

---

① 《江苏同乡会创始纪事》，《江苏》第1期。

② 《说鹃声》，《鹃声》1906年第1号。

③ 《发刊之旨趣》，《河南》1907年第1号。

④ 1906年，章太炎在《民报》撰文，对梁启超发起新党进行评议。该文指责梁启超等所组新党以“师生”“年谊”“姻戚”“同乡”四事，系“彼党人之所以自相援助，传之自旧，虽昌言维新而不解者。”（见章太炎《箴新党论》，《民报》第10册）而这时期梁启超开始脱离康有为保皇思想的范畴，寻求建立基于政治价值认同的政闻社，但仍不能脱离旧有形式。这一特征在报刊组织中不无一致。

延安《解放日报》妇女形象建构的文化分析*

抗日战争是中国历史上一场全民族抵御侵略的战争，其中占人口半数的妇女是重要组成部分。但在当时，作为中国妇女主体的农村妇女长期以来生活在本乡本土，国家和民族观念淡薄，如何动员她们进行革命成为一个重要问题。本文关注的问题是，在延安时期，作为中国共产党第一张大型日报和中共中央机关报的《解放日报》，建构出何种女性形象以适应革命发展的需要。

本文采用社会建构论的视角。依照社会建构论的观点，社会性别来源于社会力量的建构，“女人并不是生就的，而宁可说是逐渐形成的”。①媒体对于妇女问题的报道同样是一个社会建构的过程，“一种意识形态的建构”。② 因此，本文主要采用文化分析的方法，以延安《解放日报》的妇女报道为文本，揭示其建构的妇女形象及其背后的意识形态，作为认知延安时期革命文化生活的一个侧面。

一 妇女主义与民族主义

1941年5月整风运动发起后，《解放日报》发表《略谈妇女工作作

* 本文发表于《国际新闻界》2009年第12期，合作者为唐雨晴。

① 〔法〕西蒙娜·德·波伏瓦：《第二性》，陶铁柱译，中国书籍出版社，2004，第251页。

② 〔荷〕梵·迪克：《作为话语的新闻》，曾庆香译，华夏出版社，2003，第12页。

风》一文，针对延安妇女工作中的“妇女主义”倾向，批评“妇女主义”把妇女解放孤立化，“不从社会经济基础上去探究妇女被压迫的根源，而把妇女被压迫受痛苦归咎于男子他们不从民族解放社会解放运动中争取妇女解放，而认为只要妇女觉悟起来，向男子斗争就够了。”[①] 文章认为，“妇女主义”过于强调妇女群体的独立和个人要求，势必造成妇女解放与根深蒂固的男权观念形成激烈冲突，破坏乡村社会的稳定，进而提出“在抗日高于一切，一切服从抗日的总原则下，妇女共同抗日为第一最高原则”。[②]

为解决妇女主义与民族主义的矛盾，当时采取的主要方法是动员妇女生产和参政。早在1940年2月，毛泽东给中央妇委的信就要求边区的妇女工作者“注意经济方面”，提高妇女在“经济”和“生产”上的作用，并由此“引导到政治上，文化上”。[③] 这一转变使得整风时期延安《解放日报》的妇女报道由两性斗争的话题转移到经济根源上，即宣扬女性的受压迫地位并非由性别对立所造成，而在于女性没有占有任何生产资料，妇女要想获得解放，必须参加生产争取经济独立。

《解放日报》将妇女参加生产劳动作为报道的焦点。报道中，这些女性参加的劳动既包括传统家庭女性的活动，“全家人的茶饭，针线，抚育娃娃”，也包括此前不允许女性尤其是年轻女性参与的犁地、开荒、治家等活动，她们在边区“像男子一样的劳动着”。[④] 这些女性由于参加生产，大大提高了在家庭以及社会中的地位。她们在生产实践中不仅获得了可以独立生活的能力，而且可以拿出自己的劳动成果为整个家庭的生活做贡献，赢得丈夫和婆婆的尊重。

马杏儿是边区政府评选的第一个妇女劳动英雄。在《解放日报》的话语里，马杏儿被建构为一个人人敬仰崇拜的偶像式人物。“马杏儿穿着

---

① 《略谈妇女工作作风》，《解放日报》1941年10月26日。

② 《当前妇女运动两个需要注意的实际问题》，载中华全国妇女联合会妇女运动历史研究室编《中国妇女运动历史资料》（1937～1945），中国妇女出版社，1991，第522页。

③ 《毛泽东给中共中央妇委的一封信》，载中华全国妇女联合会妇女运动历史研究室编《中国妇女运动历史资料》（1937～1945），中国妇女出版社，1991，第165页。

④ 《延安县柳林区二乡的妇女生产》，《解放日报》1943年3月8日。

一身崭新的黑色衣裳、黑鞋、白袜、鲜红的荣誉的奖花衬着红润的脸庞，在人们面前像太阳一样辉耀。”当这个英雄式的人物真正出现在崇拜她的拥挤的人群中时，“像海潮般的澎湃的掌声响起来了”。人们向对偶像一样尊敬着她，羡慕着她。[①] 不仅仅是社会地位得到提高，马杏儿在家中也备受丈夫和婆婆的尊重，“她是被娘家和婆家一样的珍视着。”[②] 在觉悟到生产劳动的意义后，无论老幼，妇女们纷纷投入大生产运动中。尤其是纺织运动，“全区绝大多数的妇女，不论是年老的，年轻的或者是小女子，都尽可能的把她们每一秒空闲的时间，参加到纺织战线上去了。”[③]

我党将动员妇女参战与保护妇女切身利益相结合的另一个成功方式是引导妇女参政。1939 年，边区第一届参议会通过《提高妇女政治、经济、文化地位案》，提出发动妇女参战和提高妇女地位的办法，“鼓励妇女参政，各级参议会应有的女参议员，各机关应大量吸收妇女工作”。政权的直接参与将极大地拓宽妇女抗战实践的空间和内容。正是在这种切身实践中，民族意识才会在妇女心中扎根，“她们今天努力于生产和职务，不仅像过去一样只是为的个人生活问题，而且是担负了抗战建国工作的一部分”。[④]

《解放日报》中的女性被建构为一个积极参政的群体。这些妇女从刚开始消极认为“选举是属于男人的事”，到后来逐渐觉悟到要争取自己的权利和地位，参选热情高涨。在选举报道的描述里，“有些老太婆骑着毛驴翻过几架大山区选举她们拥护的人”，也有“一个人投票经过将近半点钟的时间”才慎重做出抉择的中年婆姨，选举现场甚至还出现了“平日很少见人的青年媳妇”，就连“小媳妇也胆大了，都能认真的选出想好了的人”。通过参与边区的民主政治活动，妇女们活动的范围不再局限于狭小的厅堂院落，而是更广阔的社会场所，妇女们的关注焦点也不再仅仅是为自家生活更好，而是包括了边区建设和妇女群体的切身利益。在选民大

---

① 《朝着新方向前进》，《解放日报》1943 年 3 月 9 日。

② 《访马杏儿》，《解放日报》1943 年 10 月 5 日。

③ 《一页妇纺发展史》，《解放日报》1943 年 2 月 28 日。

④ 《陕甘宁边区第一届参议会通过提高妇女政治经济文化地位案》，载中华全国妇女联合会妇女运动历史研究室编《中国妇女运动历史资料》（1937～1945），中国妇女出版社，1991，第 176 页。

会，不少妇女不仅针对自身的切身利益提出了疑问和意见，包括妇婴、卫生、纺织、做军鞋等，而且敢于大胆地向政府工作提出批评和建议。

在选举运动中，很多生产业绩突出的妇女当选为乡代表、县及边区参议员。生产业绩成为妇女当选的一个重要指标。当选的妇女们在工作和生产拥军运动中也更加热情高涨。“正因为妇女获得了民主的权利，所以她们竭诚拥护和爱戴边区政府，在各种工作上，都曾给抗日政权极大的帮助。”① 在妇女的抗战实践中，参政和生产拥军成为彼此推动的两大力量。女干部刘桂英工作努力，出色地完成了征粮任务和拥军工作。当得知县府要奖励她，她誓言以后要做得更好来报答县府的奖励，“今年的工作，是以发展经济建设为主，因此我自己至少开三亩荒地，以响应政府的号召”。② 在民主运动中，妇女们提高了自己的社会地位，同时学会了处理小家与大家利益的关系，“在盏县某村，有七个母亲送儿，在深泽某村有七个妻子送郎”，她们知道了当小家与大家的利益发生冲突时，要以大家的利益为重。③

《解放日报》将主要话题集中在妇女生产和参政上，其目标是抵抗外侮，建设一个伟大的民族国家，妇女本身首先是作为民族共同体之成员的形象而出现。民族国家成为报道建构妇女形象的最高价值。同时，民族主义虽将妇女主义关心的妇女地位与男权观念之间的矛盾搁置一边，但并非对妇女主义的否定，而是通过妇女生产和参政提升其自身社会地位的大批实例来表明民族主义实为实现妇女主义的一种现实方式。

二 “贤妻良母”与革命“新女性”

在抗战的特殊时期，女性和男性站在同一条战线上共同抵御民族的敌人。她们和男人站在同一战线上，在后方支援着共产党的革命。由此引发

① 《三年来的华北妇女运动》，载中华全国妇女联合会妇女运动历史研究室编《中国妇女运动历史资料》（1937~1945），中国妇女出版社，1991，第310页。

② 《安塞模范女干部刘桂英今日受奖，县府颁以“妇女先锋”锦旗》，《解放日报》1943年3月8日。

③ 《今日的冀中妇女》，《解放日报》1943年1月11日。

出《解放日报》对女性评价的重新定位，即不再将评价女性的标准定义为“贤妻良母”，而是以其是不是革命“新女性”中的一员。

1942 年“妇女节”出版的《解放日报》副刊中，丁玲对贤妻良母的观念进行了批评。她认为“一个有了工作能力的女人，而还能牺牲自己的事业去作为一个贤妻良母的时候，未始不被人所歌颂，但在十多年之后，她必然也逃不出‘落后’的悲剧”。在丁玲看来，“贤妻良母”已经不能满足女性进步和争取幸福生活的需求了。因此，她呼吁广大女性走出家庭，参与社会事业，因为“女人要取得平等，得首先强己”。[①] 同期的一篇文章《回家庭？到社会？》则回应了这一观点，呼吁广大妇女离开家庭，才能真正独立。

何谓“新女性”？《解放日报》上发表《新女性的典型——前驻苏邵大使谈》一文对此做出解释。文章将苏联女性列为“新女性的典型”。苏联女性很好地处理了家庭和社会的矛盾，她们不仅具有深厚的家庭观念，而且拥有自己的社会事业。“在苏联，妇女一方面是社会人，一面仍然有家庭生活，两者并不冲突。”她们并不只是专注于自己的小家，“她们有责任心，把自己当作国家的一人，社会的一人。”[②] “新女性”概念，一方面强调女性身负抚养教育子女成才的重任，另一方面则认定女性与男性一样对国家、家庭、自己享有同等的义务。对此，《救救母亲》一文有着精确的概括：新女性不仅是个“好母亲”，而且是“各种学问与事业的创造者”。[③]

《解放日报》对“贤妻良母”的否定主要着眼于其社会地位上。几千年来，根深蒂固的传统家庭性别秩序，迫使妇女被束缚在家庭里，丧失了一切生产资料，毫无社会地位可言。周恩来在 1942 年 11 月 8 日的《解放日报》上发表《论贤妻良母和母职》一文，明确提出反对旧的贤妻良母，并一针见血地指出“贤妻良母主义”的社会意涵：“它是专门限于男权社会用以作束缚妇女的桎梏，其实际也的确是旧社会男性的片面要求。”因此贤妻良母并不是促进了妇女的解放，相反在某种程度上成为妇女解放的羁绊。

---

① 《三八节有感》，《解放日报》1942 年 3 月 8 日。

② 《新女性的典型——前驻苏邵大使谈》，《解放日报》1943 年 2 月 12 日。

③ 《救救母亲》，《解放日报》1943 年 3 月 8 日。

对“贤妻良母”的否定并非对妇女在传统社会中责任的完全抛弃，而是在原来的基础上为其增添了新的含义。周恩来在批评“贤妻良母主义”的同时，仍然视女性最主要的社会角色是繁衍后代的“母职”，只是提出要超越这一角色。他认为，妇女应兼顾家庭与社会两面，“我们提倡母职，绝非视妇女于尽母职之外，便无他职可尽”。①

在此背景下，《解放日报》塑造了大量的革命“新女性”典型，贤妻良母和社会责任在这些典型身上得到有机结合，如女工英雄李凤莲。出身贫寒的李凤莲加入革命队伍后，先后在女工厂负责做饭买菜、称棉花，后被调往被服厂和中央印刷厂工作。曾经的女工厂厂长评价她说：“那是个好娃娃，一二百女工做活，她一个人称棉花，从早忙到晚，可是她总是耐烦细心地做，没有说过累，工作始终如一。”在印刷厂，李凤莲依旧起早贪黑地工作，抓紧一切时间生产，“她生产的数量最多，质量也最好，摺页子她每天能摺到四千五六百页，并且摺得整齐，号码对得好，当时装订部十七八个工人每天都是仅能摺两千多页，要比她少一半。”报道不仅强调李凤莲在生产战线上是一名劳动英雄，也突出她在家庭中的“贤妻良母”角色。其丈夫赵永奎“工作上吊儿郎当，还有爱吃喝赌博的毛病，有时还向李凤莲同志发脾气”。面对丈夫的这些坏毛病，李凤莲对他进行“和气”但“严正”的说服和批评。在李凤莲的帮助下，丈夫改正了毛病，工作走上了正轨。同时，报道刻意突出李凤莲也是一位好母亲，“对娃娃也照管得很好，第一个儿子现在三岁多了，就像五六岁的，脸蛋红胖，从来没有生过病”。②

女党员陈敏是一个有着两个小孩的母亲。白天，她“凭自己的力量进行生产”，来供给全家“一切生活费用”，“还影响和组织了许多女同志也参加生产”，“晚间，她学习文件和给孩子补缝衣服，她房间里的灯，总是十一点以后才熄的”。“每天黎明即起，还忙于给大孩子做饭，洗孩子们换洗的衣服。”③ 因此，报道所建构的女劳动英雄陈敏集母职、生产

① 《论贤妻良母和母职》，《解放日报》1942 年 11 月 8 日。

② 《女工英雄李凤莲》，《解放日报》1944 年 1 月 29 日。

③ 《女党员陈敏同志》，《解放日报》1943 年 12 月 18 日。

和参政于一体。

从传统的“贤妻良母”向革命“新女性”的转化，使女性介入政治社会领域并使其社会地位得到提高，她们从一个困于家庭内的身份提升为民族国家构成的身份。《解放日报》极力将传统性别观同革命需求相结合，打造出贤良、富有智识和社会责任感的新女性形象，它不失时机地展现和号召女性逃离家庭的狭小空间，同时又以新的意识形态重新规范她们的行为。只是，这种“新女性”形象导致了女性的双重负担问题，即在承担社会工作的同时，也承担家庭劳动。

三　性别与阶级

在1942年大生产运动的宣传报道中，《解放日报》赋予了这些革命“新女性”最光荣的称呼——“妇女劳动英雄”。“劳动英雄”这个词汇经过《解放日报》革命和阶级话语的重塑，在文本里被重新赋予了新的阶级意义。“好的劳动者被称为英雄，比中状元还光荣，而他们在经济上的贡献和在政治上的作用，又是旧社会里的状元之流不能比拟的。状元之流是剥削者，是社会的寄生虫，而劳动英雄们却创造了新社会，这才是真正的主人。”① “妇女劳动英雄”在《解放日报》的文本里代表了一个新的社会，具有崭新的阶级意涵。

在对“妇女劳动英雄”的报道中，《解放日报》特别强调这些妇女的极度贫困，生活很苦，特别是一些童养媳认为婆家地主的生活相对好得多，用阶级框架将妇女生活穷苦的根源归于地主阶级身上。上文提及的李凤莲就有这样的苦难生活：父亲从小就给财东家揽工，一年到头劳作，然而“父亲挣的工钱养活一家七口是很困难的，因此我家常年吃的是糠和野菜，穿的更是破破烂烂”。在李凤莲十三岁时，家里无法养活她，就将她送去比较有钱的婆家做了童养媳。在未婚夫家，幼小的李凤莲不仅要承担沉重的家务活，“我虽年纪小，抬水，做饭，推磨，什么都要做”，还常被婆婆虐待，“吃剩饭，喝洗锅水”。婆婆脾气很大，嫌弃李凤莲脚大

① 《勤劳就是整风》，《解放日报》1944年2月19日。

不好看，经常指着她父亲的名字骂“穷鬼，对女子从小没管教好，留一双大脚”。地主不劳而获却可以享清福，婆婆对李凤莲的打骂和虐待，与李凤莲的贫穷和可怜被《解放日报》置于同一时空，突出体现了两个阶级的冲突，以及旧社会对女人身心的压迫和侮辱。最终，李凤莲终于觉悟到：“这样的日子，实在苦极了。”正是由于苦，“她知道了穷人要翻身，要走到没有人压迫人的社会去”。

在《解放日报》的文本中，这些“妇女劳动模范”拥有相似的生命轨迹，出身贫苦，食不果腹—做童养媳，挨打受骂—向往革命—参加革命得翻身—积极生产劳动—成为劳动英雄。她们是一步步获得解放的，最终靠着革命的力量获得了人生的价值。如《解放日报》在报道模范妇女李玉花时，重点强调是“土地革命使她新生”。在革命的暴风雨来临前，她的前半生是在阶级压迫中艰难熬过来的，“李玉花由十二岁起做童养媳，饿肚子，吃粗糠，砍柴，担水，上地，挨打受气，做难民，喂孩子”。然而，未曾料到一场土地革命彻底改变了她悲惨的命运。革命使李玉花不再是从前那个没有生产资料、挨打受气的童养媳，“她分得了两孔石窑，两间房子，也分得了土地和菜园子”。《一个女人翻身的故事——记边区女参议员折聚英同志》一文更是将革命推翻旧阶级，重塑女性形象说得具体直接：“折聚英！你，过去的难民；你，过去的童养媳；你，过去的文盲；你，过去只值两斗粗谷子的女人呵！你，现在是学习的模范；你，现在是劳动的英雄；你，又是边区的参议员；你，是全边区百万妇女的代表之一呵！”革命不仅帮助她们推翻了旧的压迫阶级，还帮助她们实现了自己的人生价值——被选为人人敬仰的“妇女劳动英雄”。在《解放日报》的文本中，这些获得“新生”的劳动模范妇女都积极投身于革命的事业之中，积极参加生产劳动，并且拥军爱党。她们不仅把自己融入革命的大家庭，而且积极推动其他女性解放，在革命的实践中一步步确立了革命信念，成了一个个具有真正革命思想的革命者。

妇女劳动英雄在《解放日报》的典型化传播中被建构为无所不能。她们似乎是每条战线上的全能手，生产、生活、学习样样全能。她们既在家中是贤妻良母，又在工作中是生产战线上的佼佼者，她们样样都是其他妇女学习的典范。这些妇女劳动英雄就像一台台为革命忘我服务的机器，任劳任怨，努力生产。她们的生活完全围绕着生产的目标“没日没夜的劳动着”，她们也没有任何意见和个人情绪，“始终尊重组织的调动，满意的接受组织所分配的任何工作”。她们有着坚定的革命信念，把自己的一切都交给了革命，就连婚姻的结合，革命也是起决定作用的。女工英雄李凤莲选择婚姻另一半的态度就是“我不赞成一定想要和地位高或有钱的人结婚，只要是革命同志，工作能互相帮助就好了……”李凤莲选择与被服厂工会的文化委员和俱乐部主任赵永奎结婚。她坦言自己选择赵永奎是因为看重他的文化程度，“我和老赵结婚，他文化比我高些，我想他帮助我提高文化”①。在这里，爱情中的情投意合被阶级意识的契合所取代，结婚的意义不是爱情的结合，而是提高文化更好地为组织服务。

从《解放日报》的妇女报道主要内容看，抗日战争这场全民族的抵御外族之战在女性与国家关系的发展中充当了“黏合剂”的角色，两者通过抗战而结合得愈加紧密。借助抗战，女性跳出了性别、家庭的樊笼。她们不再是只知道围着锅台转、不关心时事的家庭妇女，而是与爱国男性一样，成为建设民族国家的脊梁，具有了阶级的意涵。通过参与救亡方方面面的活动，中国农村妇女的“小我”得以和民族国家的“大我”充分结合。《解放日报》成功地借助话语权利，使妇女在观念中形成了对抽象的革命和民族国家的认同，从而将中国农村如散沙般的个体妇女化约为一个整合在民族国家下的共同体，实现了在一个男性占据权力中心的社会，弱势女性与强势男性并肩作战的神话。

---

① 《女工英雄李凤莲》，《解放日报》1944年1月29日。

民族主义与20世纪初媒介话语空间之构成*

——以《警钟日报》为例

对于20世纪初的新知识界而言，民族主义不仅是一场由少数人发动的运动，而且是被膜拜的集体信仰/意识形态。1901年，梁启超最先将民族主义介绍给国人，惊叹其为“世界最光明、正大、公平之主义”，[①] 由此拉开了中国报刊建构民族主义话语的历史过程。本文关注的问题是，作为一种新的意识形态的民族主义，对20世纪初中国印刷媒介话语有何影响。选取的文本为《警钟日报》。它由《俄事警闻》改名，自喻为争存会的机关报，实为中国教育会主导，以“抵御外侮、恢复国权”为宗旨，公开宣称“为民族主义之倡导”。[②]

一 “中等社会”话语的建构

中国教育会自成立，就揭橥民族主义教育之旗帜。其章程规定，“本会以教育中国青年男女，开发其智识而增进其国家观念，以为他日恢复国权之基础为目的”。[③] 该会始创于爱国学社，后改组《苏报》，创办《俄

* 此文发表于《现代传播》2010年第4期。

① 李华兴等编《梁启超选集》，上海人民出版社，1984，第191页。

② 《本报十大特色》，《警钟日报》1904年11月14日。

③ 《中国教育会之章程》，《选报》第21期，1902年7月5日。

事警闻》和《警钟日报》以为教育实体。在《警钟日报》的创刊词中宣称以“社会教育”作为办报的基本目的。[①] 而依当时新知识界的理解，社会教育中的“社会”，实指中下等社会。[②] 中等社会作为20世纪初的话语主体，逐步成为知识界的共识。《警钟日报》开设之初，设社说、时评、外论、要闻、征文、极东警闻详纪、世界纪闻、地方纪闻、学界纪闻、社员通信、专件、小说等栏，后增设投函、来稿、来函等栏。社说和时评基本由该社编撰所作，代表了该社的基本主张。外论、极东警闻、世界纪闻等栏目内容大体依于外报，只有学界纪闻、社员通信、专件、投函、来稿和来函等栏目内容基本出自本土中等社会之笔。

《警钟日报》设学界纪闻栏，实为《苏报》著名栏目“学界风潮”之统绪。1903年在《警钟日报》创办时期，南京的退学事件发展为遍布全国的学潮运动。学生们慷慨激昂，对于学界中之专制、腐败现象进行彻底清算和批判，反映出学生社会的时代强音。《警钟日报》依靠遍布各地的会员，搜集采访和整理相关运动动态，使得学界纪闻栏目成为获知该风潮状况的一时之选。涉及的学堂遍及苏、浙、闽、皖、直、鄂、湘、粤、桂、甘等省。

学生社会的情绪和心理，更多是通过主动投书的方式得以传递。他们以自己的亲身经历和耳闻目睹之场景，诉说风潮中的点点滴滴和喜怒哀乐。《警钟日报》设立的投函、来稿和来函等栏目，切合了中等社会发声的心理需求。据统计，仅该报“投函”一栏，涉及江浙、福建、江西、河北、直隶和两湖等地学堂37所。这些投函均有确切地址和作者姓名可查。投函暴露了学堂中的诸多问题，反映各类学堂、学校中学生群体的声音。其中有揭露学堂教习之贪婪（湖州学堂），有暴露学堂建设中施工方侵吞工款的（江南高等学堂），有揭露学堂垮塌压毙学生的（南京高等学堂）。话语所及，几乎囊括学堂中的方方面面。

投函还根据已刊载的报道和投函主动进行回复，传达出中等社会话语中多元复杂的一面。1904年12月14日，《警钟日报》披露湖州蒙学堂腐

---

① 《警钟发刊之旨趣》，《警钟日报》1904年2月26日。

② 李书城：《学生之竞争》，《湖北学生界》第2期。

败事，后知情人投函，叙述各种详情，指认原报道“皆不属实”。[①] 吴淞小学堂也被揭腐败、学生离走之事，学堂以公函形式投诸报端，细述学生离走之情由并非腐败而有他者。[②] 1904年10月，报纸刊登了杭州某会员的来函，反映浙江新民民塾教员腐败事。该消息刊登后，该塾5名教员联名投函就此事进行辩白，介绍事实详情，以期引起读者公论。[③] 最典型的当属苏州武备学堂腐败问题之辩驳。1904年9月13日、14日刊登该学堂提调王毓江之劣迹，后来函多有拍手称快之感叹。其间有函以该堂全班学生名义，指陈前所投函多有“诋讪提调”之处，均“系不法棍徒阴怀死恨，滥语狂吠”，并对以前投函之指证一一驳回。[④] 这里不乏话语权争夺之意。

中等社会话语还通过专件栏、图画栏得以传达。《警钟日报》的专件栏，刊登的是中等社会组建的机构（馆、堂、校、会、社、所）的一些章程、措施和演说，反映的主要是中等社会的声音。如对于当时中等社会热衷的启蒙方式——开办阅报（书）社，专件栏先后介绍了福建、江苏、湖南等地十余所阅书报社/所的章程和活动。这些阅书报社/所，或以“开通风气”“进化文明”为目的，或以“研究学问”“提倡民族精神”为宗旨，反映出中等社会群体启蒙下等市民的群体认同。相对于专件和投函等栏目，图说栏则是较为独特的话语形式。该栏以漫画的形式，辅以浅白的文字说明，解释民族主义的主题。这一话语空间的出现，反映出中等社会提挈下等社会，实行民族主义教育之旨要。

二　激进话语体系的生成

中国民族主义运动之兴起，与西方进化论思想的传入一脉相承。“近四十年来之天下，一进化论之天下也。”[⑤]《警钟日报》主笔在阐述社会进

---

① 《警钟日报》1904年12月26日。

② 《警钟日报》1904年12月31日。

③ 《警钟日报》1904年10月20日。

④ 《警钟日报》1904年10月7日。

⑤ 梁启超：《进化论革命者颉德之学说》，载李华兴等编《梁启超选集》，上海人民出版社，1984，第340页。

化论思想时称："世界递迁，不外生存竞争之理。弱者先灭，强者后亡，故强者既占优胜之地位，则兼弱攻昧亦可视为公理之宜然，而劣种之蛮民遂无复立国之地矣。"[①] 如此弱肉强食的主张，揭示的是民族主义感情背后二元对立的思维定式。非黑即白、非友则敌、非生即死，两两冲突的气质，为此间报刊话语提供了新的体系。

有的论者单纯从生理因素层面的差异，来论述社会政治问题，由此强化了社会政治问题的冲突性。《警钟日报》的社论称，专制政体的形成中，血统远比神权和宗教重要，[②] 要破除专制体制，根本手段就是排满。报纸除了连载反映汉族历史流脉的《思祖国篇》，还用专文揭露满洲驾驭汉族的各种方法。由于生理差异而人为制造对立面，此法运用得最为夸张的当属对张之洞和袁世凯等汉族大臣的解读。论者以满人的口气，称二者为"汉种"，且身居要职，实为"排满派之实行"。[③] 若其官场维艰，则归因为种界之别，进而感叹："袁张何不幸而身为汉种耶。"[④]

但是，这种生物性的隐喻在运用过程中明显粗糙，建构的话语体系也多有漏洞。1904 年，被俄殖民的波兰人起义，与日本制定攻守同盟。波兰人与俄罗斯人同为白种，却与黄种人结盟，《警钟日报》在诠释这一难题时，超越以自然种性的民族之别，认为民族乃历史的产物，进而将此逻辑运用于满汉不同历史文化背景下展开论述。[⑤]

这一策略还运用在有关黄、白人种的区分上。1895 年德皇威廉二世提出"黄祸论"，认为现时社会是黄、白两色人种作战的时代。1904 年，在日俄战争中处于颓势的俄国为了赢得白种人社会的支持，重提此论，以黄、白人种大战重新定义日俄战争。为此，《警钟日报》先后登载了《黄祸辨》和《论黄祸之说不合于学理》等文，从历史文化层面驳斥此论。文章认为，中日两国民众"智识"和"德义"均高于"野蛮"之俄国，

---

① 《论强权之说之发生》，《警钟日报》1904 年 3 月 27 日。

② 《答客谈》，《警钟日报》1904 年 3 月 22 日。

③ 《综论排满派之实行家》，《警钟日报》1904 年 3 月 26 日。

④ 《汉大臣之榜样》，《警钟日报》1904 年 4 月 27 日。

⑤ 《读波兰义勇军组织主义书》，《警钟日报》1904 年 3 月 13 日。

问题的实质并非“黄祸”，而是俄国自业自受之“俄祸”。[①②] 1904年5月，《警钟日报》转译《论白祸》一文，该文引用北京某名宦关于“白祸”之演说，暗示黄色人种对于白人的仇视。警钟社按语称，此论乃白人所构，“与俄德鼓吹黄祸之言貌异而心同”。[③]

如此思维被广泛运用到清朝内政问题。最为典型的当属“南北争权”问题。1904年10月，两江总督卒，空缺由谁接任，引发媒体诸多猜测。报纸将其间人事变动定义为“南北争权”，即清政府试图“强北弱南”，其最终根源在于满汉之间的文化差别进而导致权势的南北转移。[④]

由种族而导致的对立与冲突，目的并非种族本身，而是“政略之争”，即推翻专制体制。与梁启超将中国问题的根本归咎于国民本身而放弃对专制的批判不同，《警钟日报》则将国民无国家思想归结为专制制度本身，进而展开了有关“国民”话语的阐述。

日俄在东三省开战，清政府主张“局外中立”。对此，媒体除了批判清政府专制无能外，提出“必有军国民之资格而后人人有国家思想，人人有国家思想，而后能相与合大群御大难”。[⑤] 与日本相比，中国兵士缺乏国家思想和尚武精神。[⑥] 针对当时流行的“联日战俄”论，《警钟日报》从国民自立的角度阐述民族主义的含义，批判国人的依赖性，进而倡导社会进化思想，使其自昧、自羞、自认、自信、自策、自助，由“末等人级”跃进“超等人级”。[⑦]

然而，国民要获如此飞跃，绝不会一蹴而就。失望悲观之情，布满字里行间。激烈之处，竟有文放言今日之同胞有“当杀之罪”，而其原因不外二：一则无道德之思想，二则无国家之观念。[⑧] 以如此之国民又怎能完成民族竞存之使命？

---

① 《论黄祸之说不合于学理》，《警钟日报》1904年7月20日。

② 《黄祸辨》，《警钟日报》1904年7月21日。

③ 《论白祸》，《警钟日报》1904年5月5日。

④ 《再论南北争权事》，《警钟日报》1904年11月5日。

⑤ 《论中国兵力不振之原因》，《警钟日报》1904年2月29日。

⑥ 《论华兵不竞之故》，《警钟日报》1904年3月1日。

⑦ 《说依赖心》，《警钟日报》1904年3月19日。

⑧ 《哀同胞之将亡》，《警钟日报》1904年6月17日、18日。

在中国破除了此种境况的，只能是马贼、会党和义和团此类社会底层势力。报纸认为，马贼乃民族之代表，吾国民之爱自由者，[①] 而会党乃社会中“激昂而敏活者”，其“种子愈布愈多”，则必有达其目的之一日（改造专制政府）。[②] 同时，义和团因其富于冒险性而成为追怀的对象，论者叹服其“至睿之识见”“至伟之精神”“至强至毅之勇力”。[③] 报章由此号召国人学习马贼、会党和义和团，与其为异种奴，不如“奋斗以死”。[④]

如此“敢死”的激烈言语中，提倡暗杀就成为此阶段报章话语体系中的重要部分。1904 年，《警钟日报》报连载《俄国虚无党之源流考》一文 14 期，向国人介绍这一以暗杀著称的政治团体。其间，俄国两位副总督先后被该党暗杀，《警钟日报》连呼“虚无党万岁”“神圣虚无党”，并肯定暗杀乃是击破专制统治的一个有效手段。[⑤]

1905 年，安徽人万福华刺杀联俄派大臣王之春，《警钟日报》对此撰文称：“（行刺之事）未始非我中国任侠之萌芽，存亡之关系。数千年来君主专制官吏弄权，怀私怨挟刃寻仇者有之未闻有，本政治上之公意而为之者，万独于举世昏靡之余奋然为国民权利计而振其勇敢侠烈之气以极。”[⑥] 依此言之，暗杀这一极端暴烈之手段，实为国民品质重生之新机，民族主义精神的至高境界。

三　媒介话语互动的场域建构

民族主义话语自 17 世纪在西欧兴起，至 19 世纪末 20 世纪初成为世界性的潮流。对于逐步脱离天下主义情结的晚清新式知识分子而言，民族主义这一舶来品为世人所接受，是在参照世界各国民族主义演进的基础上

① 《马贼之自由》，《警钟日报》1904 年 11 月 9 日、10 日。
② 《会党有益于国》，《警钟日报》1904 年 2 月 26 日。
③ 《追想义和团》，《警钟日报》1904 年 6 月 19 日。
④ 《中国不可恃人》，《警钟日报》1904 年 5 月 10 日。
⑤ 《神圣虚无党》，《警钟日报》1904 年 3 月 28 日。
⑥ 《论万福华事》，《警钟日报》1904 年 7 月 20 日。

而形成的。一定意义上而言，民族主义乃是国内媒介与世界话语互动的重要纽带。

《警钟日报》利用“世界纪闻”“外论”“选录”等栏，积极开展与世界各国媒体的互动。其中最重要的内容应属当时持续展开的日俄战争。在如何看待日俄战争性质方面，该报选登了有关将日俄之战定义为人种之战、专制与立宪之战的外报评论。1904年3月13日该报译载《大阪每日新闻》文章，披露俄国政治贪腐成风，军队克扣军饷等腐败问题，预言俄国必败无疑。① 1904年2月23日，日本《时事新闻》刊登《专制主义与自由主义之冲突》一文，《警钟日报》于3月5日将其译登。该文认为，日俄两国代表之思想“全然相背”，日本浸染于英美之自由主义，俄国则为“专制政治世界”，两国交战，实为“专制主义与自由主义之冲突”。② 译文《论日俄之文野与其势力》则比较了两国人口数、土地面积、人均军费和教育水准等因素，认为真正决定胜负的在于国民文明程度。如此译载为国内新知识界破除专制和立宪主张做了外围铺垫。与此主题相呼应，《警钟日报》发表时评《立宪国之车夫与专制国之军师》，以日本普通车夫运送军士不取分文，与俄国军官克扣军饷作比照，说明立宪国与专制国国民的国家思想之悬殊。③ 其后，报纸对于清末新政多加指责，认为立宪不能依靠上等社会来实施，必自下而上，则其势巩固，因此将立宪希望寄托于国民。④

同时，《警钟日报》也刊载国际舆论中有关反抗俄国专制主义之评论。除前文所述关于俄国虚无党的介绍和评论外，有关受俄国压制的各国人民反抗举动的国际评论也多为《警钟日报》所关注。该报所译《波兰志士之檄》由反抗俄国专制之波兰义勇军所撰，该檄曾转寄至台湾，后在《日本新闻》发表。该文被译载后，《警钟日报》立即发表社论，就波兰志士联日抗俄之举措予以赞赏，并用“波兰民族精神”激发国人，以作呼应。⑤ 同

① 《俄国内部之腐败》，《警钟日报》1904年12月15日。
② 《专制主义与自由主义之冲突》，《警钟日报》1904年3月5日。
③ 《立宪国之车夫与专制国之军师》，《警钟日报》1904年3月25日。
④ 《中国立宪无望于上》，《警钟日报》1904年3月5日。
⑤ 《读波兰义勇军组织主义书》，《警钟日报》1904年3月25日。

时，对于俄国革命运动的介绍也成为媒体话语互动的重要内容。1904 年 2 月，德国某报刊登俄国革命党战斗檄文，该文于 3 月 15 日被《朝日新闻》转载。5 月 9 日，《警钟日报》则通过翻译后报而向国人介绍该檄文内容。[①] 在此之前，《警钟日报》自《朝日新闻》译载了介绍有关俄国革命者新举动之《俄国民党之运动》一文。[②]

这种互动不仅体现在国外媒体之间，《警钟日报》还借助其人脉资源而与留日学生界之间产生积极的互动。1904 年 4 月 6 日出版的《警钟日报》在“投函”栏刊发署名“华进”的信件，该信件详细记载了孙中山致友人的信函，函中阐明了“平均地权”“驱除鞑虏，恢复中华，创立民国，平均地权”之 16 字纲领。报纸后又刊登社论《〈孙逸仙〉书后》及“共和复汉生”之来稿《论中国民族主义》，对孙氏之民族主义与民权主义之革命主张深为认同。《警钟日报》还开设了“社员通信”一栏，通信者绝大部分是东游之教育会会员。

在媒介话语之互动中，更为直接的是《警钟日报》与国内报刊。它们往往围绕某一重大事件展开对话。以万福华刺案为例。在此案中，由于主笔刘光汉参与谋划了此次刺杀，《警钟日报》在舆论中受到牵连。案发后，《警钟日报》除了及时跟进报道刺案进展外，一时未敢评论。后该报采用来稿《万福华传》，代为社论，详细介绍万福华本人的生平经历和刺杀之原因，对其义举击节赞赏。在投函栏中，报纸刊登了知情人的信件，对前文中关于万福华身世之问题进行了更正和澄清。同时，该报先后全篇引用了《北京报》、新加坡《图南报》和香港《华字日报》三报文字，反映各地对于万福华刺案的舆论。《北京报》追溯中国古代刺客历史，认为刺客以游侠为根底，日本明治维新之初即赖此任侠刺客之力警醒顽固，对万氏此举颇有褒义。《图南报》则将万福春之举动与俄国虚无当作比照，认为万福春“开中国虚无之先锋”，“独夫寒心、民贼丧魄将起点于是”，直呼：“壮哉，万福华！”

《华字日报》将万氏游侠之举与荆轲区别，认为其非为个人，而是

---

① 《俄国革命党檄文》，《警钟日报》1904 年 5 月 9 日。

② 《俄国民党之运动》，《警钟日报》1904 年 3 月 10 日。

“关乎社会之创见”，同时言语中对于刺杀未果深为叹息，建构出此案的整体舆论环境。以上各层次的互动并非如此机械。上述国内报刊之间的互动中，新加坡的《图南报》也加入进来。其实，在民族主义之语境下，每一个互动主体宛然都成为民族主义的场域，他们相互吸引，自由交融。在媒体话语的多重互动关系中，《警钟日报》与国外媒体、留日学生借机与国内媒体之间发生密切的对话。其意涵不仅是版面空间的充实和活跃，更体现出其作为社会文化空间之建构性过程。

四　小结

本文将20世纪初之媒介话语置于民族主义这一现代产物中进行探讨，目的是回到媒介本身，追寻媒介话语之中的现代性内涵。其中，最核心的问题是：民族主义对于20世纪初媒介公共话语的形成具有何种含义。相较于哈贝马斯所言的理想中的公共领域，中等社会作为20世纪初媒介的话语主体，并非具有哈氏所论的市民社会的经济意义，更多的是具有社会政治含义。但我们并不能因为经济意义的欠缺而否认这一话语主体的崛起对于媒介话语实践所具有的多元和民主含义。

同时，民族主义为报刊话语体系所具有的批判视角自是不言而喻的，但是这种批判视角主要是对外的，而缺乏内部的自我批判，如此较易导致媒介话语的“极化”征候。如，在《警钟日报》的话语主体间，对民族主义的理解存有生物性和历史文化之逻辑差异，但因其目标都针对专制政体而在内部缺乏进一步的沟通。同时，在话语互动层面，《警钟日报》往往选取同类报刊或观点雷同的文章，使话语互动走向极端。如就日俄战争与国外媒体互动，警钟社绝大部分选取的是日本主流媒体如《朝日新闻》《每日新闻》的评论，其他的意见则鲜有耳闻。而“投函”等栏，则存在变成学生社会发泄不满情绪的民粹主义空间之危险。

清末收回路权运动中民族主义话语的报刊建构[*]

——以《申报》为中心的探讨

20世纪之时代精神，梁启超谓之“民族主义之时代也”。民族主义作为“一种为某一群体争取和维护自治，统一和认同的意识形态运动”，[①]其形成与报刊的话语建构关系紧密。20世纪初，“民族主义”作为一种概念工具（王汎森语）传入国内，却因情境反差而面临多元乃至对立的解读。如邹容、章太炎等将民族主义等同于“排满”；梁启超先依社会达尔文主义，提倡种族竞争，后以立宪为主旨，偏向开明专制；在拒俄运动和抵制美货运动中，民族主义则被简化为“排外”及“黄”“白”对立之意谓。本文考察的收回路权运动是清末波及范围最广，对辛亥革命内部产生重大而直接影响的民族主义运动。[②] 对此运动中报刊建构民族主义话语之探讨，不仅能梳理运动形成和发展中报刊话语体系的具体构成，揭示其

---

* 本文发表于《国际新闻界》2011年第12期，合作者为廖勇凤。

① 〔英〕安东尼·史密斯：《民族主义：理论、意识形态、历史》（第二版），叶江译，上海人民出版社，2006，第22~27页。

② 对此运动的民族主义含义，各方多有论述。关于收回路权运动的民族主义性质，周锡瑞在分析辛亥革命内部原因时，认为收回路权运动有重要作用。（参见周锡瑞《改良与革命：辛亥革命在两湖》，中华书局，1982）；李恩涵以为，中国近代之收回铁路利权运动均为我国民族主义崭新的精神与行动的一种表现。（参见李恩涵《中国近代之收回铁路利权运动》，《中国现代史研究专题报告（第二辑）》，第6页）；马陵合对于收回路权运动中的外债问题的民族主义展开了分析。（参见马陵合《清末民初铁路外债观研究》，复旦大学出版社，2004）。

社会动员的话语机制，而且可以揭示报刊话语建构背后的政治文化脉络，为观察辛亥革命前报刊舆论态势提供一个视点。

本文选择《申报》作为个案，[①] 不仅在于收回路权运动的活动中心集中于江、浙、沪等《申报》采编和发行的主要范围，《申报》对其关注较多且持久；同时，收回路权运动中，《申报》进行了内部改革，确立了“立宪救国”的思想。[②] 此研究无疑从一个侧面揭示了当时国内立宪派报刊对此运动的态度。

一 “内”“外”之分：立宪思维下排外矛盾的转移

收回路权运动始自 1904 年初，湘、鄂、粤三省官绅发动了废除美合兴公司粤汉铁路运动，后广东、江苏、山东、河北、江苏等省士绅跟进，收回路权运动在全国范围内发展起来。《申报》主张立宪改革以扭转颓废之国运，在收回路权运动初期，论调保守而委婉，它所关注的更多的是中国内政问题，反抗外国强权和恢复国权非其主调。

1905 年《申报》改版后，以“立宪救国”为主线，确立其民族主义话语建构的立足点。当时登载的《爱国说》一文便提出，爱国者需知“国民之程度”和“国势之强弱”，[③] 国民与国势成为立宪精神的内涵和动力。这一思维直接影响着《申报》对路权运动的观察和判断。

对于争路权与“立宪救国”的联系，《申报》有着清晰的表达。在文章《争路权与立宪之关系》中，《申报》称：“今日不能争回路权，实他日不能要求实行立宪之铁证。至立宪无复可望，则我国之亡可翘足待。”

---

① 关于《申报》与近代铁路的关系问题，朱从兵分析了《申报》关于近代铁路建设起步，时间集中在 19 世纪中后期。（朱从兵：《〈申报〉与中国近代铁路建设事业起步的舆论动员》，《安徽大学学报》（哲学社会科学版）2010 年第 1 期，第 97 ~ 107 页）黄晋祥就《申报》对 1900 ~ 1906 年间的民族运动的报道进行过分析。（黄晋祥：《晚清民族风云——〈申报〉社评与晚清的民族运动 1900 - 1906》，吉林大学出版社，2009）

② 《申报》宣布改革后刊文称：“夫专制与立宪，其利害自日俄交战之后益于明著，大臣中之稍明达者无不知立宪之有利而无害矣。”（《论中国之可虑》，《申报》1905 年 7 月 14 日）

③ 《爱国说》，《申报》1905 年 12 月 26 日。

争路权是“立宪救国”思维中的必然内容，政府对之责无旁贷。依照这一思路，争路权就不仅仅是与外人争“私权”的问题，而更主要的是“我国民与政府争公权”，[①] 由此对争路权问题进行了明确定性。

这种对内不对外的论调明显受当时《申报》“文明排外”观念的影响。所谓“文明排外”，是指采取“合法”的、非暴力的方式进行排外。[②] 在拒俄运动中，《申报》反对群众武力拒俄，主张通过外交努力，实现收复东三省的目的。对于抵制美货，《申报》也以为，应循序渐进，灵活务实，反对暴力，提倡文明抵制。此种方式乃是依“国势之危”而不得已采取的。依此立场，《申报》在报道过程中取保守之态，避免与外国侵略势力正面交锋，对清政府内政问题的关注几乎完全掩盖了排外矛盾。

粤汉铁路合约废除不久，江苏、浙江、山东、河北等省人民要求废除同外国银行的合约，废约自办呼声兴起。此举引发帝国主义国家不满。时英国“拟将两路事件（津镇铁路与沪宁铁路）求英外部归入国际交涉办理”。[③] 为避免与外国势力发生直接冲突，《申报》以“理”据争，认为废约要求是江苏人民对于督办大臣的不满，并非与英国公司的交涉，并从法理角度解释废约要求并非国与国之间的争端，将问题的根源转向清政府：

> 以商人之资格与中国之督办铁路者订立契约，纯属于民法上之事。故其交涉当属于国际私法而不当归于国际公法也。况乎今日我江苏人所争者，尚系对于督办大臣之事，而非对于银公司之事。即造费之巨必须核减，借款之预备赎回亦归督办大臣照合同上应有之责任，而并非违背合同之事。[④]

---

① 《争路权与立宪之关系》，《申报》1907 年 11 月 19 日。

② 当时对文明排外之理解有多种，但均反对武力介入。《外交报》认为，排外以外交为手段，“以保有主权，不受凌辱劫夺为界”。《新民丛报》以为，欲排外欲先知其义务和办法，通过内政外交之努力，“使排外于不觉”。（参见《叙例》，《外交报》1904 年第 1 册；《论媚外之祸》，《新民丛报》总第 16 册，1905。）

③ 《江苏绅士致江督电》，《申报》1905 年 11 月 3 日。

④ 《论沪宁铁路无归入国际交涉之理》，《申报》1905 年 11 月 5 日。

文中所提“督办大臣”乃负责督办沪宁铁路的盛宣怀。1898 年，清政府同意英国以最惠国待遇办理沪宁铁路。后清廷铁路总公司督办盛宣怀与英怡和洋行签订借款合同，先后共借款 20 万英镑。江苏士绅在争取收回沪宁铁路运动中，揭发其借款所估造费过巨，核查不实，引起江苏全省绅民的严重不满。在此过程中，《申报》的矛头并非指向英帝国主义，而是批判督办大臣盛宣怀。

《申报》对于盛宣怀的举动一步一步跟进报道。1905 年 10 月连续 6 天全文刊载《盛宣怀答复江苏省官沪宁铁路函稿》，并且在其后附驳议。针对盛宣怀所言借款之原因，如“鄂湘粤三省虚掷一千数百万两之款，民力不齐仍资洋债空出利息实无产业，而铁路转无余力可以自造之期”，《申报》反驳认为，“三省之士绅号呼奔走争向主权，不可谓非三省之幸福”，[①] 并且反讽就算借洋债也比某些人企图将全路产业归于外人之手要好。

《申报》与盛宣怀之间的矛盾在报馆收到匿名恐吓后最为尖锐。对此，《申报》发表社论，痛心疾首地表示，“沪宁铁路横贯于江苏之境，若常握于外人之手中，其为我省心腹患而足以制我之死命，……一旦本利不能偿而全路归于外人之管，斯我子孙百世之害矣”，社论掷地有声地敬告恐吓者，“本馆记者为报馆之责任起见，为江苏人之义务起见，沪宁铁路一日不改良办法，即一日不敢稍失其言论自由权。刺客之炸弹乎匕首乎，坐以待之为邹容章炳麟之续乎……”[②]

参看《申报》关于收回粤汉铁路的报道亦如此。《申报》以为，与美合兴公司废约之初，美政府原本没有任何干涉的机会，其因在于，“盛宣怀的从中运动，美政府乃借此机会下手干涉”。收回粤汉铁路运动之初，美合兴公司许诺盛宣怀等人“同得该公司增金”，“其数则执事三十万美金，盛数年中每月三千一百美金”。[③] 在《申报》看来，路权之失，责任尽在清政府此类官员的失职和腐败，盛宣怀作为清政府指派的铁路总公司

---

① 《四续盛宣怀答复江苏省官沪宁铁路函稿并附驳义》，《申报》1905 年 10 月 20 日。

② 《敬告为盛宣怀出力运动者》，《申报》1905 年 11 月 19 日。

③ 《杨君度复伍侍郎廷芳书》，《申报》1905 年 1 月 22 日。

督办，成为《申报》揭露和抨击的主要对象。此事曝光，舆论焦点集中在盛宣怀等官员身上，民愤多被激发，甚至有群体电告外交部，请其“严饬”盛某，“不准于废约外再生枝节，否则斩盛以谢天下”。①

二　经济与政治：外债报道中的经济民族主义话语

铁路收回自办，不可避免涉及两方面问题：一是废约，二是筹款。《申报》以为，“筑路问题以废约与筹款为要领，废约之大权在政府，而以我三省之父老为主力筹款之外援”，② 但是筹款之难可想而知。1905 年 8 月，清政府与美合兴公司达成协议，以 675 万美元赎买粤汉铁路，分摊湘、鄂、粤三省，但两湖地区迟迟难以完成，于是便有举外债之意图。其实，晚清铁路建设事业，是当时政府及民众获利的主要领域。外债的大量进入势必影响利权的实现，进而直接引起政治方面的反弹。

《申报》对于外债的认知有一个明显的变化过程。在早期的直隶、山东、江苏三省人民筹款赎回津镇铁路的过程中，《申报》似心存隐忧，认为“借外债一事，非不可行，但利少弊多，应以不借为愈”。其意识到外债的弊端，但是又认为，“然不借则多借，亦不如少借之为愈”。③

粤汉铁路赎回过程中，官款和商款难集，鄂督张之洞率先向英国借款。借款之初，《申报》评论称：“照得此项赎回粤汉铁路之款，承总领事代为介绍借款办法甚为公道，将来粤汉铁路修造之款，如与他国所开息扣等项，较英国所开息扣比较相同，先尽英国银行承办”。《申报》不仅默许了借洋债筑路一事，甚至认为此次借款较为公道。但鄂督此举立即引发轩然大波。民众将借外债与“叛国”等同起来，纷纷成立拒款会，反对借债修路。迫于舆论压力，张之洞后与美订立《粤汉铁路借款更议》，删去续借英款及英国具有优先债权人的条款，《申报》对此如实报道，但

① 《日本留学生电请严饬盛宫保速废粤汉路约》，《申报》1905 年 6 月 11 日。

② 《二续直隶、山东、江苏三省留学生为津镇铁路事致父老书》，《申报》1905 年 10 月 9 日。

③ 《二续直隶、山东、江苏三省留学生为津镇铁路事致父老书》，《申报》1905 年 10 月 9 日。

并未做评论。

随着“拒债”风潮的涌起，《申报》之言论逐步改为反对举外债。1906年，《申报》就粤汉铁路事宜发文，认为筹款的三大主要途径包括，“一曰拨官款，二曰筹公款，三曰集股”，而“吸集外资即权利外溢之嫌”，[①] 将外债与经济上的利权联系起来。稍后的一篇文章以埃及举外债亡国之先例评论称：“夫外债足以亡国自埃及来已有殷鉴证，于财收经济政事上皆无良结果。况以弱国为债务，强国为债权用诸铁路的事业，辄混债权路权为一团，而不可分其危险犹不可思议”，[②] 将债权与路权联系起来，开始注意到外债的政治含义。

1907年始，清政府逆舆论呼声，陆续与列强签订广九、津浦、苏杭甬等铁路借款协议，推动了拒债风潮的高涨。《申报》对苏（沪）杭甬铁路借款一事有着集中关注。

对于清政府借款修筑苏杭甬铁路，《申报》进一步强调债权与路权的直接关系，认为“今日商办之铁路犹为江浙两省自有之铁路，借款后之铁路将为英国债权者占有之铁路”。[③] 随后的文章更是将债权、路权和主权三者联系起来。文章称：“借款成，路权失；路权失，一切主权失；一切主权失，则苏杭甬人之身家不能于苏杭甬；身家不安全，即性命不保全，而何有乎财产？”[④] 在这里，经济问题转化为政治问题，而其后果返归于经济及人身安全之更直接问题。因此，针对此类借款协议，《申报》接连发问，“草议之必当废，外债之不可借，虽三岁童子类皆知”，何则当局“借重外人强迫之力故，甘冒此不韪之名而与国人为敌也”？[⑤] 其批评的矛头直指清政府。

稍后，针对当局颁布的《苏杭甬铁路借款办法》中将“借款修路分作两事”之条款，《申报》援引印度借款筑路的例子，诘问清政府：“弱国借强国之款矣即为铁路，而投资放债，部中能保彼之永不干预路事

---

① 《岑督粤汉铁路筹集款议》，《申报》1906年1月12日。

② 《以川汉铁路借外债事劝告湖北同乡会》，《申报》1907年9月1日。

③ 《苏抚致苏路公司电书后》，《申报》1907年10月28日。

④ 《敬劝苏浙同人入苏杭甬路权书》，《申报》1907年11月7日。

⑤ 《外交部奏苏杭铁路借款折驻义》，《申报》1907年10月31日。

乎?”认为此举完全是在糊弄民众。此种强硬姿态在稍后的文章中获得更为明白的表达。有文指斥清政府“宁令国人死，毋触外人怒”，“视我两省之土，直草芥之不若，视我两省之人民，直拱蚊之不若也”，“愤政府之摧我民权也，废约不废拒款不拒，断送两省数百里之铁路以及其土地人民，而关及全国之土地人民”。[①] 对于清政府将苏杭甬铁路改为沪杭甬铁路，实行“官督商办借外债”之做法，《申报》揭示其背后实质称：

> “所谓官督商办借外债之铁路者，即国家、人民、外人共有之铁路也，实则是路也，外人已握其枢，中国国家为其傀儡，而人民为之佣工耳，……路权为外人所有，则交通机关绝，而国家之命脉亦断；路权为国人所有，则交通机关灵，而国家之命脉亦壮。”[②]

利权、路权和主权，《申报》关于铁路举外债问题的报道由经济层面始，进而推及政治层面，由铁路外债延伸至国家存亡之重大问题，如此定义和解读给铁路外债问题赋予了浓厚的经济民族主义的特征。收回苏杭甬铁路运动之后，外债问题一直延伸至革命爆发前的“四国借款”事件。《申报》这一解读模式无疑从政治文化心理方面为运动的发展提供了动力。

三　从地方到国家：超越“省籍”话语

地方意识一直是传统中国的主要社会政治心理。自 19 世纪末至 20 世纪初期，随着清末新政和地方自治运动的推行，这种意识的集中体现就是省籍意识。此乃晚清收回路权运动的杠杆，同时可能成为运动发展的障碍。这是《申报》在运动中必须面对的难题。

在收回路权运动的报道中，这种意识自始即影响着《申报》的报道选择。对于收回路权运动始发事件——粤汉铁路事件，《申报》只是一笔带过，着墨不多。对于沪宁铁路、苏杭甬铁路、津镇铁路等直接关系到江

---

① 《争路权与立宪之关系》，《申报》1907 年 11 月 27 日。

② 《沪杭甬铁路问题》，《申报》1908 年 3 月 8 日。

苏省命运的事件，则特别关注，不仅多次发表评论，更是在报道中大呼“我苏省人民”。这种“我苏省人民”的呼号，表明《申报》对于“苏省”作为一个利益共同体的设想，包含着政治和经济的多重含义。这一点在《申报》对收回沪宁铁路运动的报道中有着明确体现。

在争取沪宁铁路的过程中，省籍意识的表达是在维护本省的权利、与清政府官员以及外国公司展开斗争的过程中得以体现的。沪宁铁路的利权问题甫一出现，《申报》当即断定：“今日有议及沪宁铁路者，此固吾江苏省前途大有关系之问题。”通过数据分析，《申报》提醒苏省人民认清《沪宁铁路条议》的“诸多不平等之处”，以及英国公司“权利之巨获利之暴”，并表示“我中国人之土地权而让为外人所管，我江苏铁路所经最重要之土地始而可抵押于外人，继而可为他人所卖也。我江苏之民其亦怵然有动于中否耶?”① 在此，《申报》俨然已是江苏省政治利益的代言人。

同时，省籍话语的建构也包含着经济方面的含义。1905 年开始，就在英国觊觎沪宁铁路利权的同时，美国也开始窥探浙省铁路。《申报》称：“路权操之于外人即利权属之外人，利权属之外人以中国之地铺设铁路，而我不得享有其利权”。针对美国谋划开发浙省铁路一事，《申报》从江苏的情况出发，认为“铁路之有益于地方既为人人所公认，则我不自办人必代办”，所以奉劝浙省“为今之计莫若先行，……铁路其权得操纵于我而外人垂涎之意亦得藉此消灭”。② 以此呼唤苏省民众积极筹款自办铁路，维护本省利权。

但是，当过分纠缠于此种地域观念，其可能演变为运动的“屏障”。在粤汉铁路商办筹款中，《申报》就直指粤人之地方观念阻碍粤汉铁路进程，称：“吾观粤人奋力办粤路，不知规划全局，若惟恐他省之人干涉粤事者，斯第一主义也．不出粤省一步，免至与他省人接触，自取劣败者，斯第二主义也。”③ 此种地域偏见在收回沪宁铁路运动中表现更甚。时盛

① 《沪宁铁路条议》，《申报》1905 年 9 月 14 日。

② 《论浙省亟宜自兴铁路以杜外人揽权》，《申报》1905 年 5 月 31 日。

③ 《论粤汉借款当归罪于粤路股东》，《申报》1909 年 7 月 5 日。

宣怀遭弹劾，清廷改派唐绍仪接管其事务。由于唐氏并非苏籍，苏省地方绅士甚为不满，要求朝廷改派本省籍官员。对此，《申报》提醒苏省士绅："此次所争者为路权不落于外国人之手起见，非为路权不可落于外省人之手也，……要知沪宁一路为我省命脉之所系，五府一州之人不可视为缓图，当急起直追以挽回之废约故。"[①] 规劝士绅应以收回利权为重，不必在官员省籍之争上徒费时间。并刊来论以子之矛攻子之盾："盛办理不善由江苏人发起，覆而思别易一人以善其后也，固宜论者乃谓江苏人无办理铁路之资格故派唐侍郎，……何不谓卢汉铁路所辖之直隶河南湖北等省亦无办理铁路之资格而借江苏人之代表？"[②] 进一步驳斥了本省官员治理本省铁路事务之偏狭论调。

更需注意的是，"省籍"话语背后所蕴藏的民族主义话语的建构力量。就收回路权运动而言，省籍意识不仅是主权意识的承载体，它们各成一块，与清廷和外人进行斗争。同时，提高本省的经济竞争力，不能不说为全国的经济独立铺下基石。在1907年的苏杭甬铁路事件中，《申报》已经超越这种"省籍"话语，试图将省籍话语引向"国家"话语。

与沪宁铁路事件中的省籍之争相比，对于苏杭甬铁路事件，《申报》的话语重心从对省籍意识的批评转为民族国家话语的建构。苏杭甬铁路事件引发集股赎路风潮遍及全国14个省48个县，已超出一省之范围。《申报》就此评论，"苏杭甬问题发现之后，上下人士慷慨激昂，始则江浙两省之人争之，继则江浙两省之外之人咸争之。下至妓丐旁及妇孺莫不愤愤然现于辞色，诚知借款之问题不独江浙存亡之问题，乃全国存亡之问题也。"[③] 随着运动的发展，各省的斗争，也开始由单独分散走向一致。在斗争之中，《申报》倡导："不独江浙人士为然也，即我国各行省人士亦如之一体。"并认为这一要求远非"为苏浙两公司争铁道营业之利"，而是"外人之擅我路政"，所以要"团结一致"以作抗争。

在此基础上，"省籍"观念得到升华。"省籍"虽然可以作为独立的政

---

① 《论沪宁铁路宜速筹办法》，《申报》1905年12月21日。

② 《论沪宁铁路》，《申报》1905年12月22日。

③ 《论四国协约后之中国》，《申报》1907年11月29日。

治和经济个体，但它始终是国家的一部分。此时的《申报》看到，内忧外患的国势之下，只有团结各省之力，尚有救国的希望："今日我民惟有合二十二行省之团体而联为一大团体，有一事可争者合全力以争之……中国或有万一保全之希望也。"[①] 在此，各省之间宛如"弟兄"。《申报》这样写道："一寸之权何莫非我中国之权，一寸之土何非我中国之土，譬之弟兄难分，苟有谋夺其产者将坐视不救乎？……其必合力以争无可疑也。"[②] 在苏杭甬铁路事件中，《申报》将各省争"私权"的路权斗争，引导到全国性的与政府之间争"公权"斗争的话语上来。苏杭甬事件后，省籍的屏障被打破，取而代之的是"牵一发而全局动"的生死存亡之统一体观念。

四 "革命"话语的确立

收回路权运动于辛亥革命前达到顶点。1911 年 5 月 9 日，清政府单方面颁布铁路干路国有政策，将粤汉、川汉等商办铁路收归国有，清廷与国民之间的矛盾进一步激化，保路运动在全国兴起。收回路权当中的主要矛盾转为国民与清政府之间，并最终导致《申报》与清政府之间的关系走向决裂，进而认同革命。《申报》对于清政府的心存希望，在于其立宪政策的推行，切合其政治主张。预备立宪前期，《申报》对立宪寄予厚望，对于革命却一直抱非议态度。《申报》称："我国志士锐于求进往往有破坏之力而无建设之才，其欲籍下等社会之力以成事者又不知其不知与谋……，法国大革命之乱良民受其荼毒者不知凡几。"[③] 其意为革命只能招致内乱，而受苦的都是普通民众。清廷以立宪为幌子的真实面目逐步显露后，《申报》另指出，立宪仅仅是"政府以甘言愚民之计"，"搪塞国民之要求而已"，[④] 对清政府失望之情写满纸面："政府曰立宪立宪，人人亦曰立宪立宪，然立宪非空言之所能立也"，[⑤] 并痛心疾首地表示，"吾国民

---

① 《论四国协约后之中国》，《申报》1907 年 11 月 29 日。

② 《论四国协约后之中国》，《申报》1907 年 11 月 29 日。

③ 《论近日国民之动机》，《申报》1911 年 6 月 9 日。

④ 《读六月二十四日上谕诏书谨注》，《申报》1911 年 6 月 9 日。

⑤ 《进退两难之政府》，《申报》1908 年 7 月 25 日。

痛铁路之丧亡绢权之丧失，发电力争，而政府即以藉口立宪相率干预为词禁止舆论，尚妄望其能尚有实行立宪之一日”。[①]

这种情绪被清政府的铁路国有政策所刺激，转而为猛烈的批判。清政府以商办铁路建设经营不善为由，宣布将粤汉、川汉两商办铁路收归国有。对此，《申报》比照英美等国家的铁路政策，指出其不适应现实中国的环境，揭露清政府“国有”的实质即为“商办改为官办”，实为政府谋取自身私利，[②] 而所谓“川粤湘鄂等省商办铁路不善”则为官方谋取私利之“藉口”而已。[③]

在随后的申论中，《申报》从铁路所有权方面进一步揭示政策所暴露的政府与民众之间脱节乃至对立的实质。文章指出：

> 国有即民有也，民有即国有，未有民不有而国独有者。今政府日思攫利权于国民之手而美其名曰国有。一若利权既攫为国有而民必不为国有者，殊不知民亦国有之民，至民不为国之所有，而谓国能独拥利权以孤立于上？[④]

铁路干路国有政策宣布之后，立即引起湘、鄂、川各省的反对。《申报》报道力推各省的抗争运动。湘、鄂两省最早开始，《申报》称：“湘鄂近日因干路收归国有民情惶恐，各处骚动。”[⑤] 随着借款合同的签订，川粤两省也加入保路的行列。对于广东，《申报》则称：“粤人反抗路事急迫极矣”，[⑥]“粤人反对路政，风潮甚烈，致有抵制票币之举，纷纷向该两行收取现银”，[⑦] 广东保路会倡言“非争国有，是争国权；非争借款，是争丧权之合约”，[⑧] 对此举颇有宣扬之意。

---

① 《论中国不能实行立宪之大纪念》，《申报》1907 年 12 月 30 日。

② 《论国有铁道政策之非》，《申报》1911 年 5 月 22 日。

③ 《时评》，《申报》1911 年 5 月 11 日。

④ 《时评》，《申报》1911 年 5 月 29 日。

⑤ 《时评》，《申报》1911 年 5 月 22 日。

⑥ 《时评》，《申报》1911 年 6 月 16 日。

⑦ 《时评》，《申报》1911 年 6 月 18 日。

⑧ 《广东保路会痛驳借债合同》，《申报》1911 年 9 月 30 日。

对于清政府在铁路国有政策推行过程中的强硬态度，《申报》表示强烈的不满。“国家抱一确定不移之政策，虽人民抵死抗争至于流血而不稍为之摇”,[①] 进而反讽政府之举措，“我谓政府能以此种手段施之外交，施之禁烟，施之筹备宪政，则中国富强直指瞬间事耳”。[②]

清政府铁路国有政策的颁布刺激了国民本来就很脆弱的神经。原来寄希望于立宪救国的立宪派报刊，对于革命的态度从原先的非议转为逐步的认同。[③]

收回路权运动发展过程中，《申报》对于革命一直持反对意见，对于所谓“爱国者”所称“今日足以战胜世界者黑铁耳赤血”之说，认为事实恰恰相左，“今日足以毁灭祖国者，亦黑铁耳赤血耳”,[④] 此态度一直持续到革命爆发。在风起云涌的革命形势下，《申报》对于革命的原因提出了自己的疑惑和看法，认为“自来寇乱之起必于穷乡僻壤积日累月侵而肆，而鲜有爆发于通都大邑间者……近年以来屡见不鲜如徐锡麟也，如熊成基也，如湘中饥民与粤省新军也，顾无不于肩摩杀击之场冠尽纵横之地而暴风疾雨骤然发难矣之数事者”,[⑤] 对各省暴风骤雨般的革命形势极为惊讶。针对清政府捕杀革命党人，认为“与其杀无数附和革命之人，而至皇皇不能安枕席。毋宁实行立宪，使一二具有能力之人贴然安静”。[⑥] 认为只有立宪才能达到安定人心的效果。

这种“立宪以消革命”的主张在铁路国有政策出台和保路运动的蜂起中转化为“革命救亡”的呼声。武昌起义爆发后，《申报》对革命的发展态势日渐积极乐观。“革命军胜，则革命事业已成大半。其余各地之军必多影响，而政府实无可用之兵，虽有袁世凯亦无能为。区区禁卫军，唯有保守京师而已。”[⑦] 此时的社会舆论和社会心理，亦纷纷趋向革命，《申

① 《时评》,《申报》1911 年 6 月 4 日。

② 《时评》,《申报》1911 年 6 月 20 日。

③ 关于申报对于革命态度的转变，有文已作梳理，本文不再赘述。参阅赵建国《1905-1912 年〈申报〉对革命的态度演变》,《广西社会科学》2004 年第 8 期，第 156~158 页。

④ 《时评》,《申报》1911 年 4 月 17 日。

⑤ 《时评》,《申报》1911 年 5 月 1 日。

⑥ 《政府处于两败之地位》,《申报》1907 年 7 月 19 日。

⑦ 《希革命军胜》,《申报》1911 年 10 月 20 日。

报》也深受这一社会环境影响，“学界青年强半革命，其一般平民久悴于虐政之下，闻革军之文明，几乎有奔走恐后之势”。[①] 此语俨然表明，其民族主义话语的主题，已从最初的立宪救亡转向认同革命。《申报》在建构运动的过程中完成了对于自身的塑造。

五 讨论与反思

收回路权运动不仅是一场诸多当事人参与、由一系列重大事件组成的民族主义“运动”，也是一个“话语”建构的过程。本文虽只就《申报》这一个案揭示其在运动中的话语表达，并非完整展示当时整个报刊界的态度，但是可以明晰的是，这一建构过程本身并非先天自明的，而是不断衍化的。《申报》在对于收回路权运动的解读中，将“民族主义”这一概念放至现实的社会政治环境之中，以其个体经验和本土素材赋予其丰富而确切的意义。借助其多元的内涵、话语的转换和沉淀，民族主义话语成为报刊进行社会动员的重要机制。

应予以注意的是《申报》之话语建构形成的方式。就事实而言，如果以为《申报》在报道收回路权运动之始就存在建构民族主义话语的主体意识，这种理解无疑应遭质疑。但是，考察当时《申报》所处政治社会的脉络，我们不难发现，社会思潮的涌动、国内民众的心态、革命运动的蓬勃发展、清廷政治结构的趋于瓦解以及商业报刊的趋众心理等，无不作为结构性的压力，促成《申报》对于民族主义话语的“无意识”建构。也正是如此，《申报》的这一建构行为对于观察清末舆论界及社会政治生态颇具典型意义。

当然，身处如此场景之中，其建构行动的合理性也应被反思。如，时《申报》屈从于“国势”，依民愤而为，将收回路权运动受阻的责任归结为个别官员。如此简化处理，明显不利于运动的持续发展。在外债问题上，《申报》以政治化的思维取代经济方面的考量，采取简单的“拒排”态度，如此倾向，时下舆论多有争议，及至“四国大借款”事件时，有

① 《呜呼今日之人心》，《申报》1911 年 10 月 24 日。

报纸仍提借款之合理依据。[①] 此外，依《申报》突破省籍意识的理解，省与省之间只是“弟兄”般的简单联合，并不具备完全意义上的现代民族国家之意义。况且，省籍意识总是一个难突破的问题。《申报》分析 1911 年湘、鄂、粤三省抗争铁路国有政策失败之原因时就以为，其主因在于省籍或地域意识。该文称：

> 我国民对于一省权利丧失事件类能攘臂力争，而关系全国休戚者则往往淡漠视之。如此次湘鄂人之争路权非不热心潮涌，而于禁烟条约及其它宪法上财政上教育上种种关系，全国问题则未闻有出全力以争之者，此实我国民徒知有地方感情而无国家之一证也。[②]

如此论述进一步揭示，《申报》所建构的民族主义话语承载太多的内容和复杂的情绪，其建构仍是一个不断完善的过程。

① 时人多有撰文批评拒债论，认为此论忽视了对借债之经济价值的思考，对现实并无益处。详见长舆《立宪政治与舆论》，《国风报》第 13 期，1910 年 6 月 17 日。

② 《国民不负责任之可危》，《申报》1911 年 6 月 9 日。

出、入之间：民国初年舆论界对于“政治”的态度与思维转向*

近人关于中国近代报刊史、舆论史的研究，“文人论政”传统一直是念兹在兹之所在。但是揆诸历史，对于“政治”，舆论界人士也多有彷徨、怀疑和矛盾心理，有的宣布“绝言”政治，可最终又不得不“重谈”政治，个中曲折往复远非“文人论政”能尽获解析。论者近年来关于五四新文化派（如陈独秀、胡适等）从“不谈政治”到“谈政治”的曲折也多有展示，借此可以看到时下舆论界对“政治”之复杂反应及其言论抉择。① 从更纵深的视野来看，从清末到民国，舆论界对于“政治”有何理解及变化，这种理解如何影响或改变着其言论的表达取向，这一论题无疑在近代报刊史和舆论史中占据极为重要的位置。本文无意对此做全面系统的整理，仅对民国初年（1912~1915）相关主题略做勾勒，集中围绕梁启超、黄远生以及张东荪等在民初舆论界中有着不同程度“忏悔”的舆论家，具体分析其“出”“入”民初政治的体验及困境，通过诸多个案的集结，揭示民初舆论界呈现的某种思维动向和言论取向。

要交代的是，“舆论界”一语，乃是时人对于投身报刊舆论工作的士人的一种惯常称呼，其实质与“报界”“新闻界”多有重合，但其使用内涵似有细微差别。“舆论界”一方面突出了中国士人立言的传统，

* 本文原载于《国际新闻界》2014 年第 7 期。

① 参阅罗志田《激变时代的文化与政治》，北京大学出版社，2006。

同时又以西方民主政治基于舆论的理论为参照，强调的是政治和文化上的身份认同，与突出业务操作意义的“报界”似存差异。不过，在实际运用中，“舆论界”和“报界”又往往被混同，二者的区分也远非今人想象的那样严格。如，梁启超有时还称之为“言论界”，胡适在新文化运动中因对“舆论界”不满，甚至提出了“新舆论界”。相应的，“言论家”和“舆论家”等名词在报刊也十分流行。用语的随意表达了那个时代的过渡性特征，也反映了士人在转型时代寻找新的身份认同的复杂过程。

1915年，在舆论界“暴得大名”的梁启超决定中辍近20年的政谭活动，转投社会事业领域。针对这种转变，梁特作《政治之基础与言论家之指针》和《吾今后所以报国者》等文以陈心迹。在文中他认为自己过往之政谭，“皆败绩失据”，不但无益于国家，反而产生“恶的反响”：

> 吾以二十年来几度之阅历，吾深觉政治之基础恒在社会，欲运用健全之政论，则于论政以前更当有事焉。而不然者，则其政论徒供刺激情感之用，或为剽窃干禄之资，无论在政治方面，在社会方面，皆可以生意外之恶影响，非直无益于国而或反害之。故吾自今以往，不愿更多为政谭，非厌倦也，难之故慎之也。①

联系到梁写作此文正处于政治上失意之时，且其性格具“流质多变”的特点，不难觉出此语颇负意气。但此数文均以“政治的基础在于社会”或“政治根植于社会”为立论基础，依此逻辑，这样一种观察与论断似又在情理之中。他又说：“试思吾侪十年以来，苟非专以政治热鼓动国人，而导之使从社会上谋立基础，则国中现象，其或有异于今日，亦可未知。”② 当然，人生不能重来，“苟非”一词意在暗示，梁启超对其政论生涯已颇有悔意。

实际上，从“政治”到“社会”的转向，其逻辑看似简白，实则含

① 梁启超：《吾今后所以报国者》，《大中华》1915年第1卷第1期。

② 梁启超：《政治之基础与言论家之指针》，《大中华》1915年第1卷第2期。

混，可议处颇多。“政治的基础在于社会”这一判断，仅是对“政治”与“社会”之间关系的单方描述，梁启超对此不无自知。在《政治之基础与言论家之指针》一文中，他对“政治”与“社会”的关系问题多层设难，且自叹对其中任一疑难均“无言以应”，最后只能在两者间求一折中：“政治与社会，迭相助长，如环无端，必强指其缓急先后之所存，无论毗于何方，皆不免偏至之诮。”① 梁氏最后不惜步入“偏至”，在“圆环”中截取“社会”一端入手，在逻辑上显然并不周全。

梁启超言论取向之改变，大致可归结为其对几十年政谭阅历的体认。自1895年与康有为等创办《万国公报》，鼓吹维新变法，至民国前在《国风报》上提倡君主立宪，“政治”一直是梁启超言论的中心。民国成立之初，其所言之“政治”，一则是延续其过往之立宪派事业，二则与新的势力联合，开辟新的政治疆域，而政论无疑是最为主要的活动，甚至是其进入民初政坛的主要资本。但在此过程中，其自身定位发生了根本变化。

1912年初，在海外积极筹备回国的梁启超撰文指出，民国的建设主要依赖政党，而政党的发达健全“全在少数主持政党之人”，延续了其“开明专制”的思路。② 回国后他即宣称将把办报这一志业“终身以之”。在与袁世凯等联合组建统一进步党时，受后者支持创办《庸言》杂志，以政论文字“赓续前业”。③ 对于舆论与其“开明专制”观念的关系，他在1912年初给袁世凯的信中就多有陈述。他认为，“既以共和为政体，则非有多数舆论之拥护，不能成为有力之政治家”。针对“多数舆论”与其“开明专制”取向之间的矛盾，他建议袁世凯对待舆论当“表面为仆、暗中为主”，借“服从舆论之名”，“举开明专制之实”。其主要途径就是“访集”“礼罗”国内政治人士，组建“健全之大党，使为公正之党争”。④

后来论者往往对梁启超为袁世凯在舆论上的出谋划策颇有微词，但从

---

① 梁启超：《政治之基础与言论家之指针》，《大中华》1915年第1卷第2期。

② 梁启超：《中国立国大方针》，《庸言》1912年第1卷第4期。

③ 梁启超：《鄙人对于言论界之过去及将来》，《庸言》1912年第1卷第1期。

④ 丁文江等编《梁启超年谱长编》，上海世纪出版集团、上海人民出版社，2009，第618页。

其政治逻辑上看，又远非尽悖。不过，民国成立后的党派之争显然超出其对政党政治的预想。1913 年，针对归国一年来国内的混沌政象，他坦言“国中无所谓政治，无所谓政党，但见无数之个人朋比以自营而已”。[①] 4 月，目睹国事、党事无望，梁甚至产生了远离政治的念头，提出“拟与政治绝缘”，[②] 不过这种念头很快又被打消。“二次革命”失败后，梁入袁政府内阁，继续推广其开明专制政策，却最终与热衷专制权力的袁世凯离心离德。

如此经历让其痛定思痛。此时他将国事不张的原因指向国内“居社会中上等地位的士大夫”。在《痛定罪言》一文中，梁认为，中国的唯一希望在于“至劬瘁、至质直之老百姓”，士大夫则是国家命运的“枢机”，呼吁知识分子承担培育国民的“社会中坚”的责任。在随后发刊《大中华》杂志时，梁启超进一步批评国内士大夫“悉辏集于政治”，对于“社会事业”漠不关心。对其危害，他进一步说：“既未尝从社会方面培养适于今日政务之人才，则政治虽历十年百年终无根本改良之望。其间接影响之于政治一部分者，即若彼矣。而政治之外凡百国民事业，悉颓废摧坏，而复根株之可资长养，故政治一有阙失，而社会更无力支柱，以待继起者之补救，其直接恶影响之及，则国家存亡所攸判也。”[③] 进而，他以“无根蒂无意味”一语对其政论生涯进行概括，其意无不揭示，政论文字犹如浮萍，虽然绚烂一时，但终因悬空于社会而于国无益。

梁启超的自我定位从“主持政党之人”转到“社会中坚”，进而以“无根蒂无意味”一语自况，如此状况之形成，有其自身际遇的特殊性。如梁作为统一党的党魁，后又入阁为官，所引发的观感较为强烈应是原因之一。另外，这一经历又使其卷入民国初年政治文化的中心，对于政治及舆论界的感受更为直接而深刻，因而也就更具典型意义。

值得注意的是，1915 年 11 月，名记者黄远生仿卢梭之《忏悔录》，

---

① 梁启超：《一年来之政像与国民程度之映射》，《庸言》1913 年第 1 卷第 10 期。

② 丁文江等编《梁启超年谱长编》，上海世纪出版集团、上海人民出版社，2009，第 668 页。

③ 梁启超：《大中华》发刊词，《大中华》1915 年第 1 卷第 1 期。

作文对其清末民初之生涯进行“忏悔”，称其一生受“理欲交战”之困，“非驴非马”，在论及从事多年的记者职业时，他更悲叹为“一大作孽之事”。[①] 黄的“忏悔”似可视为对梁启超上述表述的回响，在一定程度上反映出民初舆论界在社会政治语境下的一般体验和集体心态。

不可否认，民国之成立，所引起的知识分子对于政治和舆论的想象不能不说较为复杂。此点正如有关民初报律风潮的研究所指出的，其中有对共和的“幻象”，也不乏党派竞争之历史脉络。这种“幻象”的形成，大体基于一个基本共识，即民国的政党政治的本质就是舆论政治，舆论是政治合法性的唯一来源。上述梁启超力劝袁世凯对于舆论“表面为仆、暗中为主”，以实现“开明专制”的思路，即典型体现。又以黄远生为例。黄于清末曾赴日研习法政，回国后入宪政会，任《时报》和《申报》驻京通信记者。民国成立，黄加入共和党，并于 1912 年 11 月与人创办了《少年中国》周刊，希望以言论“一新政治或社会之空气”。[②] 对此举动，黄远生解释称，在新国家成立之际，“国中优秀分子”可从两方面努力：一是“实际躬亲政治及社会事业”，二是“主持正论公理而廓清腐秽而养国家之元气”。对于后者，推其原因，则是推崇“舆论政治”的结果。熟稔西方法政的黄远生极为赞同英美等国的两党制，认为两党政争实为“舆论之争”。他说：“政争云者，国有两造之旗帜，分明正大，以求战胜于舆论。甲造胜则代乙，乙造胜则代甲，今世界舆论政治最盛之国，若英国之进步与保守、美之民主与共和，盖无一不在激烈竞争之中。”[③]

也正是类似观念，催引着章士钊、张东荪等一批知识分子纷纷投身舆论界。章士钊是舆论界的“旧人”，清末他以“激烈”闻名，在主编《苏报》时引发轰动一时的“苏报案”，后赴英研习逻辑学。1912 年章受黄兴、于右任等之邀回国入主同盟会机关报《民立报》。对于舆论在民初政治中的作用，他认为，清末期间那种“徒以感情用事之文章”，到了民国

① 黄远生：《忏悔录》，载王有立主编《黄远生遗著》，台湾华文书局，1968，第 94~103 页。

② 黄远生：《少年中国之自白》，载王有立主编《黄远生遗著》，台湾华文书局，1968，第 10~14 页。

③ 黄远生：《一年以来政局之真相》，载王有立主编《黄远生遗著》，台湾华文书局，1968，第 67~68 页。

时已非“对症之药”。进入民初舆论界，章士钊的定位非常明确，即以所习逻辑学，[①]“加以研究之实功”，对民初政治制度进行设计和改造，进而确立了民初舆论界的“逻辑派”风格。[②]

相对而言，张东荪是“新人”，他在民国成立时放弃赴北京做官“干政治”的机会，专任《大共和报》《庸言》《正谊》等报刊撰述、编辑等职，做“评政治”之事。他比较“干政治”与“评政治”时说：“因为若只限于评政治而不去干，则当然应该言其所信；有无左右夹攻，在所不计；既被夹攻，亦当甘之如饴，否则便不是由衷之言了。”[③] 仅凭“言其所信”的政治良心进入舆论界，其对于舆论在民国政治中的估值应可推想。

以上各例大体反映出民国初年知识分子对于“舆论”的普遍乐观心态。时有文如此畅想新国体下的舆论界情形：“共和政体之国家，则简直为舆论的产出物，且即以舆论为生活长养之资料者也，舆论之活动力固无时无地不能直接间接以支配国家者也，以故国家而苟为共和也，言论之为物直可谓为存亡生死之唯一关键，而其势力之巨且速且雷霆万钧无以过焉。”[④]

但民国初年的政治现实与报刊知识分子的想象相去甚远。这一点，黄远生比梁启超的反应更为激烈。1913 年，回顾一年来的政局，他不无愤慨地说，民初两派之争斗，“纯以两造之势力，赌博一国之基础以为胜负。一切政治问题法律问题云者，皆特藉以为名目，而利用政党及议会以为傀儡，”此种争斗以“个人之利欲所起”，而非“为国家前途而起”，随后他登报宣布脱离国中一切党派。[⑤]

张东荪对于“忝列”民初舆论界，评论政治，也颇有忏悔。在 1914 年发表于《中华杂志》的《自忏》一文中，他对于自己的言论实践自我批评称：

---

① 章士钊：《记者之宣言》（1912），载章含之等编《章士钊全集》第 2 卷，文汇出版社，2000，第 95~96 页。

② 杨天宏：《逻辑家的政制建构逻辑》，《近代史研究》2011 年第 6 期。

③ 张东荪：《我亦谈梁任公辛亥以前的政论》，《自由评论》1936 年第 19 期。

④ 虫缘：《谨告言论界》，《独立周报》1913 年第 7 期。

⑤ 黄远生：《一年以来政局之真相》，载王有立主编《黄远生遗著》，台湾华文书局，1968，第 67~68 页。

> 吾之悔者也非他，即吾两年来发为言论以商榷于国人者是也，虽自信良心初无所蔽，而目睹现今之状态，吾终不能无一语以自赎其罪。当革命之告成也，当世诸公皆觉中央政府之薄弱，力倡强有力政府之说，余和之；今者强有力政府成矣，果何如乎？且当世诸公惧各省独立之有碍外交也，力主单一国家之说而避联邦之主张，余亦和之；今单一国家成矣，又何如乎？又当世诸公主张废约法上之同意权者，余亦和之，今同意权早不存在矣，政像果为善良乎？吾不敢言也。①

以良愿却无从带来政治上的改观，这种深深的挫败感使其不断反思民国政治革命与社会革命的关系，张东荪认为，其原因是政治革命发生了，但是社会革命并未跟上来。在同时期的一篇文章中，他认为，社会革命是政治革命的根本和后盾，“今日中国非政治已革命而社会未革命也，实政治革命太速而社会革命太迟耳”！只有进行社会革命才能确保政治革命。②

章士钊在民初党争中的遭遇颇为特殊。章士钊主持《民立报》，本希望以其逻辑学为基础对民初政治制度进行理性分析和商讨，但在主持该报笔政一年内，这种“逻辑”饱受批评和责难，难有立足之地，而这种责难主要来自同盟会—国民党派内部。1912 年 7 月，他因在内阁问题上由支持同盟会主张的政党内阁转而支持混合内阁，引发同盟会内部的不满，随后又因在“张方案”中为袁世凯袒责辩护，同党之人对此“攻讦之声，顿盈于耳”③，国民党党员戴天仇诬其为政闻社成员，甚至以言论“攻击人身”。④ 针对当时国内两党派的舆论纷争，他从政党理念的层面将其归为“急进”与“稳和”两派，认为“号称急进者，特攻人者不择人，骂

---

① 张东荪：《自忏》，《中华杂志》1914 年第 1 卷第 7 期。

② 张东荪：《政治革命与社会革命》，《正谊》1914 年第 1 卷第 4 期。

③ 章士钊：《说本报之态度》，载章含之等编《章士钊全集》第 2 卷，文汇出版社，2000，第 438~440 页。

④ 章士钊：《再论总统责任问题》，载章含之等编《章士钊全集》第 2 卷，文汇出版社，2000，第 495~496 页；章士钊：《慨言（二）》，载章含之等编《章士钊全集》第 2 卷，文汇出版社，2000，第 503~504 页。

人者不择言，狂躁无识之士多归焉。号称稳和者，特附会以抵人之隙，造谣以持人之短，阴贼险狠之事多归焉。……此种聪明才智悉量耗之于意见之相轧，内而朝堂，外而报纸，皆同一轨以进，未之或爽，如此而兴党争，且长此不已，民国又安足亡也”。其论直指两派之争皆“以私见而不以政纲也”，实质上是“私争”，进而提出各党重造政纲，“毁党造党”。[①]这更使人疑心其有数祖忘典、另立新党之企图，最后章不得不脱离《民立报》，转而自行创办《独立周报》，作“不偏不倚之说”。[②] 客观理性的言论无以立足，这从一个侧面说明舆论界所处的对抗性的政治文化语境。

与此同时，民初舆论政治的梦想破灭，使报刊知识分子反思“政治”，并开始将视线投向社会领域。

其实，上述梁启超、黄远生、张东荪等人，在进入民初舆论界后，其思维中对“社会”已有了明显的意识，但身处党派政治文化的语境下，“社会”又往往是被容易忽视的对象。这种无意识很难说只是个别。

梁启超在创办《新民丛报》时就提出其“新民”观念，民国成立后他将党争之政象归结为国民思想道德程度问题，认为此政象实为国民思想道德的“映射”。在随后的一篇文章中，他甚至将国民比为“稚子”，其“易动感情”之弱点往往被当下各派系所利用，提出了对国民的教化和保育等“开明专制政策”,[③] 其思维已指向了社会领域。但促使其下决心投身社会事业，则是其在政治上与袁世凯分道扬镳之时。

黄远生对于“社会”的认知也有着相似的经历。黄在发刊《少年中国》周刊时曾明确将刊物作用定为“一新政治或社会之空气”，“社会”是其言论考虑的一部分。但在实践中主要集中在对袁世凯等当权人物的“督责”上，乃至被人称为“总统府的都察院”。时人曾诟病此举为“督责当道过急而不知社会之不可补救”。[④] 但黄远生不以为然，依其而论，

① 章士钊：《毁党造党说》，载章含之等编《章士钊全集》第2卷，文汇出版社，2000，第445~447页。

② 章士钊：《发端》，《独立周报》1912年第1卷第1期。

③ 梁启超：《一年来之政像与国民程度之映射》，《庸言》1913年第1卷第10期。

④ 黄远生：《最近之袁总统》，载王有立主编《黄远生遗著》，台湾华文书局，1968，第10页。

政治乃“养成社会之一大动力”，言论家不能置“督责当权者”不顾而“凭空发论”，去指责“无踪无迹之社会”。①

与梁启超相比，黄远生对于“政治”的态度更具主动求变的色彩。“二次革命”失败后，黄远生冀望的舆论政治基础已经消失。1914 年，他在接办《庸言》杂志时宣布，该刊内容不再“偏于政治一方”，将增加“社会的理论及潮流与社会事实”作为该刊篇幅的“一大宗”，希望以此赋予刊物以“新生命”。黄远生在解释刊物改宗的原因时认为，人类社会已处于一“大机轴”之中，方方面面相互联系有因有果，“徒恃政论或政治运动以为改革国家之道”，其结果必将“无往而非迷妄”。他以医生诊病为例分析“政治”与“社会”的关系，认为仅从政治这一“局部”无法深察症结，只有从社会这一“全身”方可寻找医治良方。②社会是整体，政治只是社会整体中的一个局部，因此欲求根本解决还必须从社会入手，这一论述与梁启超所言的“政治根植于社会”之思路极为接近。

不过对于“社会”，此时期的报刊知识分子很难说有着某种信心。1915 年，一篇名为《最近社会之悲观》的文章颇能反映帝制复辟时期一般知识分子对于社会的认知。该文从道德沦丧、思潮堕落、实力枯萎等方面全面批判中国社会的局面，认为中国社会“惟见人心日益坏，风俗日益漓，人类生存必需之智与力亦日益枯亡而不可救药，最近举国皆陷入奄奄待毙之范围而惨不忍睹”。③ 如此判断使该文作者最后寄希望于“少数政治智识者”，期望以其谋“政治上之改进”。对于社会的如此观感也是章士钊反对梁启超放弃政论生涯的一个重要原因。1915 年，章士钊读到梁启超对于政论生涯表示忏悔的文字后，充分发挥其逻辑家的理性思维，写下洋洋数万字，对梁之观点逐一批驳，对梁启超舍弃政治生涯而“投入范围广漠的民智问题”不以为然。其论述的重心是：既然社会问题难

① 黄远生：《少年中国之自白》，载王有立主编《黄远生遗著》，台湾华文书局，1968，第 14 页。

② 黄远生：《本报之新生命》，载王有立主编《黄远生遗著》，台湾华文书局，1968，第 78 页。

③ 惟一：《最近社会之悲观》，《正谊》1915 年第 1 卷第 7 期。

以解决，何必将重心放在其上面呢？[①] 不过，章士钊在此势必陷入梁启超式的同样逻辑困境：既然政治已经如此腐化，如何借助它以改革社会？对于为何继续选择政论，也许只能像《最近社会之悲观》的作者那样，仅凭一时的盲目信念。他在描述两种方式时指出：

> 夫恶社会不能产出良政治，言政治者必从改进社会入手，此一说也；生活于恶政治之下，则社会无由发展，言改进社会者，必须从改进政治入手，此又一说也。吾笃信后说者。[②]

相较而言，黄远生对于社会的态度并非章士钊般如此悲观。他在阐述上述心志的同时，刊发另一文《消极之乐观》。在文中黄远生谈及近年来所从事的报刊事业，认为其“较一般之普通消极更为深刻”。这种“消极”从何而来，他归结为“政治不善”，“社会不良”，“人种实不可为”。而“政治不善”之原因，又在于后面两因素。他说：

> 吾人昔日以改良政治希望于个人或一族姓，夫政治之事非一个人或一族姓所能为，其错误也必矣。今乃渐知注重于社会或种族，此即吾人因失败而生之一种进步观念，然竟谓社会性或种族性之不可为，试问今日之仁人志士，曾有几许致力于社会之事业，其所谓社会事业者，真正有几许曾扎硬寨、打死仗以直擂社会之中心？又试问有几人知中国社会为何物？[③]

“消极之乐观”表达了梁启超、黄远生等欲从“政治”转到“社会”的舆论家，对“社会”有所期待却又彷徨无定的矛盾心理。

历史并非如章士钊的逻辑所演绎的那样。随着“洪宪帝制”政治丑剧的发生，“不谈政治”几乎演变为民初舆论界的群体心态。对此，胡适

---

① 章士钊：《政治与社会》（1915 年 6 月 10 日），载章含之等编《章士钊全集》第 3 卷，文汇出版社，2000，第 453 页。

② 惟一：《最近社会之悲观》，《正谊》1915 年第 1 卷第 7 期。

③ 黄远生：《消极之乐观》，载王有立主编《黄远生遗著》，台湾华文书局，1968，第 91 页。

后来在描绘这个时期国内政论家的尴尬境地时这样写道：

> 当他们（政论家）引戴雪、引白芝浩、引蒲徕士，来讨论中国的政治法律问题的时候，梁士诒、杨度、孙毓筠们早已把宪法踏在脚下，把人们玩在手心里，把中华民国的国体完全变换过了，洪宪帝制虽然不长久，但洪宪的余毒至今还在，而当时的许多政论机关，都烟消云散了。民国五年（1916 年）以后，国中几乎没有一个政论机关，也没有一个政论家；连那些日报上的时评都退到纸脚上去了，或者竟完全取消了。①

胡适此论虽有突出新文化运动而贬低政论作用之嫌，但也大致反映了当时舆论界的总体趋势。此时，拥有逻辑派之称的章士钊首先面临自身逻辑的矛盾，其甲寅派成员陈独秀在论政陷入极度悲观后，在上海创办《青年杂志》，转而从思想文化入手改造社会。黄远生则从“消极之乐观”中进一步看到了改造社会的新思路。1915 年 9 月，黄远生在赴美之前给章士钊的通信中，便发出“居今论政，实不知从何处说起”的喟叹，进而建议章士钊“从提倡新文学入手”，积极与现代思潮相接触，使文学“与一般人生出交涉”。② 随后的《忏悔录》一文中，黄远生进一步明确提出改造社会的途径。他说：“今日无论何等方面，自以改革为第一要义。夫欲改造国家，必须改造社会；欲改造社会，必须改造个人。”③ 从个人到社会，进而到国家，这样一种思路的提出，不仅是民国初年舆论界摆脱困境的积极成果，也为五四新文化运动的兴起提供了思想基础。

---

① 胡适：《五十年来中国之文学》，载欧阳哲生编《胡适文集》，北京大学出版社，2013，第 213 页。

② 黄远生：《释言〈致甲寅杂志记者函〉》，《甲寅》1915 年第 1 卷第 10 期。

③ 黄远生：《忏悔录》，载王有立主编《黄远生遗著》，台湾华文书局，1968，第 103 页。

“造健全之舆论”：清末民初士人对于“舆论”的表述与群体认知

——兼论近代中国舆论的难局及其历史走向

本文集中于清末民初士人有关“舆论”表述的研究。“舆论”一词在当时报刊上出现得非常频繁，并涌现了一批意思相近的词汇，如“清议”“舆情”“公论”“民意”“众论”“公意”等，这大致传达出一种新的时代意识。并且，当时社会对于从事报刊工作的士人群体往往称之为“舆论界”“言论界”，报界中人也乐为标榜。如果说“舆论”已成为当时士人表述和思维的重心，似并不为过。

清末民初，中国面临“三千年来未有之大变局”，不仅政治和社会秩序发生剧烈变化，思想领域也进入“转型时代”（张灏语）。就“舆论”而言，这一本土词汇的地位面临重大调整，自身意义也发生变化，进而关涉士人群体的自我认同。无论从政治史、思想史还是报刊史而言，均有讨论的价值。目前，围绕此论题已出现为数较多的个案研究，① 从中可管窥一斑。有论者依托相关数据库，采用关键词方法揭示近代中国“舆论”转变为公众言论（public opinion）的过程，② 因方法所限，其中的复杂性

① 夏良才：《王韬的近代舆论意识和〈循环日报〉的创办》，《历史研究》1990 年第 1 期；闾小波：《论孙中山的舆论意识》，《新闻与传播研究》1997 年第 3 期。因所涉文献很多，恕不一一列举。

② 郑淑梅：《舆论：中国公众言论的内涵与演变》，《东亚观念史集刊》第 1 期，第 357 ~ 378 页。

及其张力等情节却无从展示，对其演变脉络也有待确切阐释。值得注意的是，近年来不少研究借用哈贝马斯的“公共领域”和“公共舆论”概念来分析近代中国的“舆论”及其实践，为本研究提供了诸多启发。[①]不过，也有可能因忽视现实语境而造成削足适履之憾。[②]总体来看，近代国人认知“舆论”的史实还有待重建。

本文并非要对“舆论”做一规范性的界定，而是依托当时公之于世的报刊文本，分析其中有关“舆论”的表述，从士人的视野发掘其如何看待“舆论”、使用“舆论”、想象“舆论”，以及如何因应“舆论”以确立自我认同，以此勾勒近代中国“舆论”观念的历史脉络。为此，有必要将其置于政治社会及思想转型的现实语境中，从表述与社会的关联中寻绎其意图、内涵及其变化。同时，所谓“士人”视野，不仅有助于勾连思想的纵深，也意在摒弃以往研究中以派系为准的思维，为理解此段历史提供一个不同的视野。进而言之，或许有助于从长远意义把握近代中国舆论的难局及其历史走向。

一 “舆论”在清末民初言说框架中的地位抬升

“舆论”一词最早出现于《三国志》，但从词源学上看，其主体“舆人”通用于商周至春秋时期，表示做工职事之人。至战国社会阶层起落，“舆人”扩展至一般民众（包括士农工商），“舆论”即为“众人之论”。[③]在古代普遍王权之下，一般民众的意见——舆论对于整个政治系统的作用虽非无足轻重，但似也难获太高评价。古代中国没有像西方社会超越人间价值的神或宗教，“舆论”的正当性建基于“天意”“天理”，维系社会政

① 章清：《“公共舆论”与政治：略论中国近代报章成长的曲折》，载李金铨编《报人报国：中国新闻史的另一种读法》，香港中文大学出版社，2013，第465~506页；刘增合：《媒介形态与晚清公共领域研究的拓展》，《近代史研究》2002年第2期；许纪霖：《近代中国公共领域的形态、功能与自我理解》，《史林》2003年第2期；等等。

② 相关评论详见李金铨《过度阐释“公共领域”》，《二十一世纪》（香港）2008年第12月号。

③ 关于“舆人”及“舆论”等词的考证，详见赵锡元《“舆论”溯源》，《史学集刊》1999年第4期；夏保国《先秦“舆人”考论——中国“舆论”概念的历史语源学考察》，《学习与探索》2011年第6期。

治秩序的是所谓“天谴论”和“天理世界观”。[①] 早期儒家注重“民本”和“民意”的意义，但其根源在“天”，“民”是“天”的意志体现和传达，形成所谓“天听民听”“天视民视”的证式。至宋、明后，其思想根源从“天意”转为“天理”，更具超越性。不论是“天谴论”还是“天理世界观”，落实到现实政治层面，“舆论”基本处于被动、潜伏状态，仅供上层“采集”与“听闻”。不过，此种思路随着甲午战败而发生根本变化。迫于救亡压力和普遍王权的衰落，“舆论”一词迅速占据士人的思维中心。

“舆论”地位的提升，与清末君权的跌落和国民观念的引入有直接关联。一方面随着八国联军入侵，士人们深感君权不可倚赖。在此前后，梁启超等人从日本引入西方现代国家观念，并成为报章的主流论述。[②] 现代国家观念为“舆论”提供了崭新的主体——“国民”。与“国民”相对的是“臣民”和“奴隶”，他们在专制政治中处于被动无语的状态，“国民”的出现使“舆论”由隐至显，走向现代政治的前台。

梁启超的做法是，引入卢梭的“民约论”，将“公意”直接等同于“舆论”。[③] 有论者称，自“国民”出来，“于是乎一国主权，平民操之，万般政务，舆论决之，政治之主人，则属一国之平民，政治之目的，则在平民大多数之幸福，政治之策略则取平民之公意”。[④] 时人还将此与近代以来欧洲政治社会发展大势相比照，彰显其意义。《云南》的文章称：“十九世纪以还，人民对于国家，遂居于主体之地位；其一切无限之大权，皆为人民舆论所统辖、势力所支配。”[⑤]“舆论”被置于士人思维的核心地位。

“舆论”地位的抬升，不仅是现代世界发展大势所趋，更主要反映了士人以“舆论”推动中国时局变革的愿望。士人们往往将报馆作为

---

① 汪晖：《现代中国思想的兴起》第一卷（上册），生活·读书·新知三联书店，2015，第105~259页。

② 关于晚清国家与国民问题，详见沈松侨《国权与民权：晚清的“国民”论述，1895-1911》，《“中央研究院”历史语言研究所集刊》73本4分册，2002年12月。

③ 梁启超：《卢梭学案》，《梁启超全集》第1卷，北京出版社，1999，第506~507页。

④ 汉驹：《新政府之建设》，载《辛亥革命前十年间时论选集》第1卷下册，生活·读书·新知三联书店，1960，第584页。

⑤ 死灰：《国民势力与国家之关系》，《云南》第2期。

"舆论"的化身对其赞颂和讴歌。《浙江潮》的文章认为，报刊是"照魔镜""听音器"，对于扭转时势，其功神速："朝作道德说，而夕出无量数之大君子，夕唱尚武论而朝产无量数之军国民"，颂唱报馆为现今世界"绝大之势力"[①]。上海《时报》称："日报之于国民，犹如形之于影，声之于音，身体之于衣服，鸟兽之于羽毛，不可以一日去。"[②]《东方杂志》稍后的一篇文章则将报馆与民智、国力直接等同："有报馆则民智，无报馆则民愚"，对于国家，"报馆乃起衰振懦之猛剂，拯危救亡之良方"。[③]

并且，随着清末办报高潮涌起，特别是报馆在抵制美货、收回路权运动中作用凸显，人们感受到的"舆论"远非传统社会那种虚无缥缈的"天意"，而可以通过报刊化为客观力量，对现实变革产生重大作用。

此种意识集中体现在有关"舆论"与政府关系的论述上。梁启超在《敬告我同业诸君》一文中提出"监督政府"之说，认为报馆之对政府，"当如严父之督子弟，无所假借"，[④] 此说遂成报章流行语。陈天华从"舆论"与政府对立的层面进一步论说："舆论者与官场不兼容者也，既不相容，必发生冲突，于是业报馆者，以为之监督，曰某事有碍于国民之公利，曰某馆不能容于国民，然后官场有所忌惮，或能逐渐改良，以成就多数之幸福。"[⑤]《新民丛报》的来稿并不赞同革命，而是希望"政治上可以有改革，则亦人民能造出正当而强有力之舆论，以监督政府，改造政府而已"。[⑥] 不论是"监督政府"，还是"反对政府"，或者"改造政府"，在这些士人看来，"舆论"已成为政治变革的枢机。

这一倾向随着清末预备立宪的倡议进一步增强。预备立宪主张"庶政公诸舆论"，意味着权力中心由"君主"转向"舆论"，"舆论"成为左右政府政策的决定性力量。士人对此显然乐观其成。梁启超参照日本立

---

① 筑髓：《论欧美报章之势力及其组织》，《浙江潮》1903年第4期，第13、16、17页。

② 《论日报与社会之关系》，《东方杂志》第1卷第11期。

③ 《论报馆之有益于国》，《东方杂志》第2卷第4期。

④ 梁启超：《敬告我同业诸君》，载《梁启超选集》，上海人民出版社，1984，第336~339页。

⑤ 陈天华：《论湖南官报之腐败》，载刘晴波、彭国兴编《陈天华集》，湖南人民出版社，1982，第14页。

⑥ 刘士骥：《吊陈君天华并代演说文》，《新民丛报》第93号。

宪政体称：“国之所以能行良政，全由被治者以舆论之势力，牵制治者使不得擅权而已，谓一语破的。我国人果能知此义，何忧政府之不改良乎？然何以能造成此对于政府而有势力之舆论，则其途不可不审耳。”[①] 杨度以为，在君主立宪国，舆论已经成为一种“武力”，其效能甚至优于军事上的兵力，“一国之中，君主仅一人，若国民之意皆欲开国会，而谓君主一人能抗之，必是无理，故舆论即为势力”。[②]《顺天时报》的文章进一步说，在专制社会人民对抗政府凭借“野蛮的武力”，如今则是舆论这一“文明”方式，进而规劝当政者：“政治之多数大抵与舆论相关，断不能举舆论弃之，以自行其是，为政治之善道。”[③]

如此认知透过立宪与专制两种政体的比较变得更为清晰。1910 年前后，梁启超和长舆等有多篇文字突出“舆论”地位，感叹其力量“重于天下”，认为立宪政体下的国家机关和一切官吏，难以“与舆论相抗”，[④] 并提醒国民：“自今以往，吾民所宜自觉者，有一事焉，则舆论之势力是已”，并盛赞：“舆论者，天地间最大之势力，未有能御者也！”[⑤] “立宪时代之舆论，其势力固若是其伟大也！”[⑥]

清末预备立宪所引起的关于“舆论”的讨论虽然热烈，但所论主要停留在行政效能层面，且未被真正实施。至民国成立，围绕民初共和政治的实践，士人对“舆论”的认知超越了此点，进而与政治的正当性相联系。这涉及时人所言的“国本”问题。

所谓“国本”，即政治共同体的原则、义理和规范，也即立国的根本精神。民初党争不仅未建立理想的舆论政治，反而导致“二次革命”，人们不由反思民国立国的精神这一根本问题。1914 年，章士钊就提出：“为政有本，本何在？曰在有容；何谓有容？曰不好同恶异。”[⑦] 依章的理解，

---

① 饮冰：《日本预备立宪时代之人民》，《新民丛报》第 83、84 号。

② 杨度：《金铁主义说》，载刘晴波编《杨度集》，湖南人民出版社，1986，第 355~357 页。

③ 《舆论之势力》，原载《顺天时报》，引自《振华五日大事》1907 年第 1 期。

④ 《国风报叙例》，《梁启超全集》第 4 卷，北京出版社，1999，第 2211~2212 页。

⑤ 梁启超：《读十月初三日上谕感言》，《梁启超全集》第 4 卷，北京出版社，1999，第 2287 页。

⑥ 长舆：《立宪政治与舆论》，《国风报》第 1 卷第 13 期。

⑦ 章士钊：《政本》，《章士钊全集》第 3 卷，文汇出版社，2000，第 1 页。

“有容”之意，在于尊重异见，维护自由，“使异者各守其异之域，而不以力干涉之，非欲诱致异者使同于我也”，[①] 进而形成“公同”——即健全的舆论。稍后，张东荪明确从舆论的层面来谈论“国本”问题。他认为制治的根本并非“治术”，也非“制度”，而是背后的“道”，“道”的根本“惟在使国民得以自由发展”，以达成自由舆论：“凡社会上各党派各意见各阶级各职业咸得以代表于此，以调和之德为讨论之举，以议之结果为政之实施”。[②]

有关“舆论”对于“国本”的意义，高一涵也许在当时阐述得最为透彻。他认为，“专制国本建筑于主权者独裁之上，共和国本建筑于人民舆论之上。因此，共和国之政治，每视人民之舆论为运施，故生此时代之人民，其第一天职则在本自由意志造成国民总意，为引导国政之先驰”。这里，他借用卢梭“国民总意”表明“舆论”对于“国本”的意义，此即所谓“共和国家之本，则在舆论”的真义。[③]

综上可见，“舆论”在清末民初呈现出稳步抬升的趋势，与此时政治变革与整体走向攸相关联，士人往往将“舆论”与当时政局的关键议题加以勾连以获解决之道，“舆论”因而被当作政治变革的关键力量加以看待。也是在此过程中，“舆论”自身的意义获得了重大转换，以与此趋势相呼应。

二　“舆论”的使用及其意义转换

字义本与时代相推移。随着近代西方大量思想政治学说和思想资源的引入，“舆论”一词的内涵也在发生转化，同时“舆论”地位的抬升这一客观情势也迫切要求对其意义进行调整，以期建立“健全的舆论”“有价值的舆论”，二者可谓一体两面。

1. “舆论”的使用及其“错置”与“混用”

首当注意的是，围绕“舆论”一词，此时出现了一批意思相近的词汇，

---

① 章士钊：《论政本：答李北村君》，《章士钊全集》第3卷，文汇出版社，2000，第147页。

② 东荪：《制治根本论》，《甲寅》第1卷第5期。

③ 高一涵：《共和国家与青年之自觉》，《青年杂志》第1期。

构成了一个概念丛。其来源大致有两方面：一是随着清末以来西方社会政治学说的引入而带来的外来新词，如“General Will”“Public Opinion”等。二是本土的相关词汇依然沿用，包括近世以来与“舆论”并存的“清议”“舆情”“公论”“民意”等。

目前的研究主要集中区分这些词语间的意义，以做规范性定义，但脱离具体语境又难免造成“误读”。如上述“General Will”“Public Opinion”等词，进入中国语境后，时人在翻译选词并非规范，也非一致，其使用较为混乱。如对于“Public Opinion”的翻译，以严复为例，在《政治讲义》中将其译为“国论”，在《群己权界论》中又将其译为“国论”“公论”“舆论”“公论”等。[①] 其结果，外来新词在此过程中多少脱离原意而形成某种“错置”状况。又如后者，这些本土词汇本身内蕴丰富，相互关联，加上士人们使用时比较随意，“混用”现象也很常见。

实际上，不论是用语“错置”，还是“混用”，均有助于理解士人对于“舆论”的使用意图和意涵。对此不妨略做解析。

关于“错置”现象，以“舆论”与“公意”（General Will）之间较为突出。依照卢梭之意，公意是政治共同体所遵循的最高意志，也是全体国民的普遍意志，具有道德本体的意义。梁启超在引介“公意”时也将其视为近代政治的核心价值。但在现实中，又往往将“公意”等同于“舆论”。在《敬告我同业诸君》中，他一面声称“舆论无形，而发挥之代表之者，莫若报馆”，一面又说“报馆则代表国民发公意以为公言者”，将道德本体层面的“公意”化约成现实中的“舆论”。

如此现象并非个别。张东荪说：“舆论者，人民对于政事之意见也。其意见非属于一人，也非系于一党，以公善为指归。……舆论者，总意也。”[②] 此论与梁氏稍异，但共同之处在于，以“公善”的内涵注入“舆论”之中，突出“舆论”作为“公意”的伦理意蕴。

高一涵将《民约论》中的“General Will”译为“国民总意”和“公同”，他说：“共和国之政治每视人民之舆论为运施，故生此时代之人民，

① 参阅〔英〕约翰·斯图亚特·穆勒《群己权界论》，严复译，时代华文书局，2014。

② 东荪：《行政与政治》，《甲寅》第1卷第6期。

第一天职则在本自由意志 Freewill 造成 General will，为引导国政之先驰”，进而将其与“舆论”等同起来：“公同所在，则发之为舆论，主之为公理正义人道，此即公同之所归。”在此，“公意”或“公同”是天然的存在物，“舆论”则是其体现和衍生。

以上诸例表明，士人对于“舆论”概念的“错置”，并非单向的以本土词汇格义和解释外来词汇，而是一个相互格义的过程。对于时人而言，“公意”一词的意义较为抽象，[①] 需要借助“舆论”加以阐释，但“舆论”在现实中也往往参照了“公意”而获得了新意。

相对于用语的“错置”，“混用”现象似更突出。如“清议”与“舆论”。“清议”在古代泛指士人对失道的官员和统治者的批判性言论，代表士人的道德良心，是儒家以道抗势的屏障。[②] 正如论者所指，清末以来，清议式微，逐步向舆论转化，[③] 但士人们依然沿用此语，将其与“舆论”并用。如章太炎在批判清政府压制士人言论时称：“以此而处汉、唐、宋、明之世，君威虽伸，舆论尚在，必不至落薄如是。彼满洲者，既无法律，亦无清议，一遭贬削，则望实交陨尔耳”。[④] 蒋智由也将“清议”与“舆论”并置，强调“舆论”作为少数者言论的力量：“夫中国虽素无民权，未闻用多数决可之例；而清议舆论，亦自有转移国政之力。”[⑤]《甲寅》的一份读者来信在批评袁世凯政府时称，“司法立法，则消灭而无存；舆论清议，则铲除而殆尽”。[⑥] 以上诸例显示，“清议”与“舆论”的混用，似乎呈现出士人对“舆论”道德意义的某种无意识。

又如“舆论”与“公论”。据研究，“公论”一词在近世以来代表的是道德理性共识，是一种先验存在。[⑦] 近代以来，“公论”的使用频频，

---

① 有关“公意”的理解与翻译问题，详见张晓溪《启蒙与醒世：马君武〈足本卢骚民约论〉研究》，博士学位论文，吉林大学，2007，第 98~99、122 页。

② 顾炎武：《日知录集释》中册，上海古籍出版社，2013，第 764~765 页。

③ 唐小兵：《清议、舆论与宣传——清末民初的报人与社会》，《华东师范大学学报》（哲学社会科学版）2010 年第 6 期。

④ 章太炎：《箴新党论》，载汤志钧编《章太炎政论选集》上册，中华书局，1977，第 343 页。

⑤ 观云：《中国近日之多数说及其处置之法》，《新民丛报》第 49 号。

⑥ 詹瘦盦、韩伯思：《复旧》，《甲寅》第 1 卷第 3 期。

⑦ 任锋：《中国思想史中的公论观念与政治世界》，载许纪霖编《何种文明？中国崛起的再思考》，江苏人民出版社，2012，第 197~198 页。

"苏报案"起，上引陈天华之语说，"压力重则公论难伸，报馆之公论难伸则国民之前途必碍"，反映出报馆代表的道德良知。章士钊说："总意非能以国民各个之意，如数目之相加而成，故舆论亦然，是必有一部导领社会之人焉，时时以制造公论为事。"[①] 这里点出"公论"在"舆论"形成的作用，即借少数人的"公论"带动多数人的"舆论"，"公论"成为格义"舆论"，赋予"舆论"意义的重要概念。

另一个值得注意的词汇是"舆情"。传统社会，"舆情"有时等同于"舆论"，但有时又仅用以泛指民众情感的趋向，而不是具体的指称某种议论。[②] 但也应注意，在清末民初，"舆论"与"舆情"混用的情况屡处可见。如梁启勋说："若舆论有特别势力，倾向于某某人，则机械亦唯有观察舆情，即举之以为候。"[③] 皮宗石称："故有清季世，每值外交事件发生，一遇议会之质问，舆论之反对，彼所谓权贵者，尚不敢显背舆情，逞其私意。"[④] 这里的混用指涉"众人之论"之含义。

上述"错置"和"混用"两种现象，一定程度上反映了士人表述"舆论"的用语习惯。就前者，当士人以"舆论"和本土词汇对外来词汇进行格义时，外来词汇也能在某种意义上为"舆论"提供参照和概念工具，从而为"舆论"提供新的阐释。而"混用"现象则反映出士人使用"舆论"时的无意识，二者皆成为理解士人群体认知"舆论"的重要途径。

2. "舆论"意义的浮现

伴随着"舆论"地位的抬升，士人群体对于"舆论"进行了诸多正面的讨论，提出了"健全的舆论""有价值的舆论"等构想。这些构想的思路和侧重可能不同，某些观点甚至有分歧，但从中可以把握士人对"舆论"的使用意图与群体意识。梳理相关文本，可以发现士人在使用"舆论"时集中在三个层面，即伦理层面、认识论层面和表达层面。

伦理层面指涉"舆论"的道德规范性或正当性，突出其道德评价功

① 章士钊：《政治与社会》，《章士钊全集》第 3 卷，文汇出版社，2000，第 432 页。

② 郑淑梅：《舆论：中国公众言论的内涵与演变》，《东亚观念史集刊》第 1 期，2011 年 12 月。

③ 梁启勋：《说感情》，《庸言》第 2 卷第 3 期。

④ 皮宗石：《弱国之外交》，《甲寅》第 1 卷第 6 号。

能，其核心内容是“公”。古代“舆论”的正当性须溯至天意、天理，“公”的意义也依此而来。依据陈弱水对于古代中国“公”观念的类型分析，传统社会“舆论”之“公”主要体现在类型三上，即“天理、道、义和公心”。[①] 近代以来，天理开始跌落，“舆论”的正当性何来便成为一个亟待解决的问题。一方面，可从上述“舆论”与“公意”的错置，以及与“公论”的混用中获知一斑。另一方面，许多士人对此有着集中探讨，有助于厘清个中含义。

对此，士人表述并非一致。如梁启超称之为“正理”：“夫天下苟非正当之事理而适合于时势者，必不能为舆论之所归，……若其既为正当之事理而适合于时势者，则虽以少数人倡之，其始也闻者或皆掩耳而走，及积以时日，则能使成为天经地义而莫不敢犯。……凡能成为舆论者，必其论之衷于正理而适于时势者也。”[②] 在此梁启超并未申论“正理”的具体内涵，也未指出“正理”形成的路径，“正理”似乎是先验存在和悬隔在上的，这就保留了理学有关“天理观”的印迹。

上引《顺天时报》的文章则从理学的正—邪、公—私二元对应的思维阐释“舆论”，认为“舆论”分“正”和“邪”，“邪”即偏于“一己之私”，提出要“拒舆论之不正”，“使反之于正”。这种“正”或“正理”，也就是“公”，“公”即“正”，“正理”即“公理”。

长舆用“正当”一语来表达舆论的伦理指向，其意与上述二者并无二致，但论证方式有别。他说：“凡人之生，莫不有利己之天性，其论事也，即不能无私意搀于其间，故一二人之所谓为利者，不必果为公利也，一二人之所谓为害者，亦不必果为公害。惟举群之人皆曰利曰害，则其所谓利害者当较公而不至辟于其所好恶，此舆论之所可贵也。”[③] 此论在承认人的利己、私欲基础上将公、私二者结合，从而赋予舆论的道德价值。这既承托了近世儒家“合私成公”的思想脉络，也与西方民主观念相契合。

---

① 陈弱水：《中国历史上“公”的观念及其现代变形——一个类型的与整体的考察》，载《公共意识与中国文化》，台北联经出版事业股份有限公司，2005，第 81～137 页。

② 梁启超：《读十月初三日上谕感言》，《梁启超全集》第 4 卷，北京出版社，1999，第 2287 页。

③ 长舆：《立宪与舆论》，《国风报》第 1 卷第 13 期。

金其堡的论述更接近现代意义。他将“舆论”理解为“正论”，批评古代的舆论只是“众论”，但“众论”并非“正论”。如何实现“正论”？他认为首要条件是国民就公共问题进行自由讨论：“此种问题不在私小，不为远迂，适合乎时势之要求而足以发达国家者”。[①] 此文道出了舆论的价值在于促进公共利益，即现代国家利益。

关于舆论的伦理指向，时人用词不一，其论证思路不尽相同，也远非精致，但总体趋势还是较为明确，即这种“公”开始脱去传统天理观对“舆论”的道德先验本质，逐步转向民族国家这一新的“公”的建构。换言之，“舆论”的正当性问题在此转换认识论问题。

认识论层面指涉“舆论”作为共识（知识）的形成问题，这既是其伦理意义形成的基础，也显示与传统舆论表述的区别。在近世儒家看来，知识（学）与伦理（道）之间，互为一体，难以区分，并存在以道取代学的取向。[②] 随着天理观的隐退，作为伦理支持的知识问题就显得格外重要。士人在论述时出现两个明显取向：一是沿用近世儒家致良知的思维方式，二是突出变化则是引入西方言论自由观念。

关于近代中国言论自由观念已多有研究，在此仅选取有关“舆论”表述的部分略做解析，以明确言论自由的位置。首先，这种自由建基于对儒家良知良能的承接之上。在论及“舆论”之“公”形成的过程中，当时士人群体大多沿用此点。如梁启超关于舆论的“五本”说，均可见儒家思想资源的利用。如所谓“常识”，“所普通学识人人所必当知之者也”；所谓“真诚”，乃是“各凭其良知之所信而发表之”。[③] 并且，梁启超后来将“常识”与儒家“中庸”思想相接，成为民初士人倡导“庸言”“正谊”（justice）等价值的前提，为知识论赋予了主体伦理上的保障。

章士钊与汪馥炎等则用“自用”一语说明这一特征。后者批评国人

---

① 金其堡：《舆论正议》，《北洋政学旬报》第33期。

② 孔子倡导“学而知之”（《论语·学而》），又强调“知”对于“仁”的作用，“未知，焉得仁”（《论语·公冶长》），但其根本目的是“得仁”。近世程朱与陆王在处理“道问学”与“尊德性”关系时，重心均是放在“尊德性”层面。参阅汪晖《现代中国思想的兴起》上卷第一部，生活·读书·新知三联书店，2004，第270~278页。

③ 梁启超：《国风报叙例》，《梁启超全集》第4册，北京出版社，1999，第2211~2212页。

奴隶根性，“不知天赋灵性于生民，莫不各有其志，即莫不欲各展其志以致于用，”以此为“言论自由”说法。[①] 李大钊则强调“自信”：“吾人各有其知力，即各有其知力所能达之境，达于其境而确将其所信以示之人，此即其人所见之真理也。……故真理者，人生之究竟，而自信者，又达于真理之途径也。”[②] 高一涵提出，舆论的形成，依赖青年天性之道德，即“道德之根据在天性，天性之发展恃自由，自由之表见为舆论”。所谓“道德之根据在天性”，有着传统心学的影响，但又超出致良知的取向，提出以“自由”进行道德改造：“道德之基既根于天性，不受一群习惯所拘，不为宗教势力所囿矣，顾启沦之机，将谁是赖，则自由尚焉”，[③] 由此将“良知良能”与“言论自由”统一起来。

无论是突出“五本”，还是“自信”“自用”，建基于这种乐观、积极判断基础上的言论自由观念成为士人论述“舆论”的基本理路，这与西方幽暗意识背景中的消极自由传统有明显区别。

与伦理和知识上意义相关的是“舆论”在表达层面的意义。在士人眼中，舆论是一种“见之于行”的表达实践，并因此获得一种参与政治变革的力量。对此，士人们的表述主要集中在两个问题。

一是有关舆论表达的“消极”与“积极”之分。相对于古代舆论的潜伏和待唤醒状态，此时士人特别呼吁舆论表达的积极主动状态。上引梁启超比较专制与立宪政体之下舆论特征，一为“消极的服从”，一为“积极的发动”，同时进一步在此层面区别“舆论”与“舆情”：“近世立宪国所谓政治教育者，常务尊重人人独立之意见，而导之使堂堂正正以公表于外。苟非尔者，则国中虽有消极的舆情，而终无积极的舆论。有消极的舆情而无积极的舆论，此专制国之所贵，而立宪国之所大患也。”[④]

这种区分不仅突出了舆论形成的过程，更重要的是有着政治参与的意义。上引金其堡之文由此将言论区分为“消极之言”与“积极之言”，前

---

① 汪馥炎：《社会与舆论》，《甲寅》第1卷第4期。

② 李大钊：《真理之权威》，《李大钊全集》第2卷，人民出版社，2006，第102~105页。

③ 高一涵：《共和国家与青年之自觉》，《青年杂志》第1期。

④ 梁启超：《读十月初三日上谕感言》，《梁启超全集》第4册，北京出版社，1999，第2287页。

者仅涉及“指陈利弊得失”，后者则要进一步“并及利如何而兴，弊如何而革”。1917年，《民铎》的文章也说：“消极的舆论为赞成之或反对之是也，积极的舆论为发表意见，要求当局实行之是也”[①]，重心同样落在参与层面。1922年，胡适等人从“不谈政治”转而倡导“好人政府”，也着意从这方面来谈：“消极的舆论是不够的，须要有决战的舆论”，这种“决战的舆论”乃是要走出舆论的“潜伏”状态，“为自卫计，为社会国家计，出来和恶势力奋斗”[②]，其意似更坚决。

表达层面涉及的另一问题是如何看待“感情”的运用。这里有着诸多不同的思路和判断。不少论者从程朱理学有关理欲之分的角度来对待感情，认为感情是私欲的表达，因而在舆论表达中应予杜绝。如，长舆认为，“有感情以驱之，则其意必有所偏，如是而察一群之事变则必不能得其真而衡其平”。[③] 上引金其堡的文章指出，“诚以感情之为物，其初则为感情，其继易成意气，迨夫意气而思考之，能力早已弃之九霄”，因此“一任其情之所至，而不范以理性，即足亡国事之大公于不顾”。《说报》的文章称，衡量舆论价值的高低，应该依理性判断为准则，“若因一己之感情或触于他人之感情下之判断，则无舆论之价值”。[④]

也有人认为，言论理性的倡导，并不能完全排除感情在舆论中的作用。如，梁启超就特别强调节制感情，“盖不导之以真理，而惟务拔之以感情，迎合佻浅之性，故作偏至之论，作始虽简，将毕乃巨，其发之而不能收，固其所也，故节制尚焉。”[⑤] 这既是对勒庞群众心理说的反对，也有着对于理学观念承继的背景。先秦儒家虽然主张“人心为危，道心惟微”，对于感情怀有警惕，但在《中庸》则通过已发、未发之分，确立了“中和”观念，感情的作用得到重视。[⑥]

高一涵也以为，舆论基于感情，无感情则舆论无以为表。他比较“舆

---

① 实存：《社会刷新论》，《民铎》第3号，1917年6月。

② 胡适：《我们的政治主张》，载欧阳哲生编《胡适文集》第3卷，北京大学出版社，1998，第328~360页。

③ 长舆：《立宪政治与舆论》，《国风报》第1卷第13期。

④ 彭宪：《舆论与政治》，《说报》1913年第2期。

⑤ 上引《国风报叙例》。

⑥ 朱熹：《四书章句集注》，中华书局，2011，第20页。

论”与“公论”的区别就以此为基准：“公论者，根于道理屹然独立而不流于感情；舆论者，以感情为基，不必尽合于道理者也。故欲造成真正舆论，惟有本独立者之自由意见，发挥讨论，以感召同情者之声应气求。”[①] 感情在此被当作舆论获取势力的有效途径。对于感情之极力推崇，当属梁启勋。他认为：“舆论者，感情之浪也，感情起舆论而舆论又回复以起感情，递进无已，其势非见诸事实者不休，事实见而舆论熄，舆论熄则感情乃得而静也，故曰舆论为事实之母，而感情则舆论之母也。”[②] 感情在此被理解成舆论势力形成的必要因素。

综上可见，有关“舆论”的三个层面紧相联系，在此只是论述方便起见，并非意味着士人已经为“舆论”提供了一个界定清晰、广为认同的规范性概念。实际上，其中所运用思想资源的多元，使其理路上并非那样自明和周全，如此恰好反映了转型时代思想观念的复杂性和开放性。不过，由此还是能够大致获知士人所构想的“舆论”的意理结构及其重心，明确其意义转换之关键所在。这些成了当时士人反观现世舆论，进而自我调适的基本参照。

三　从“舆论之母”到“舆论之敌”：士人态度的转变

如果将士人群体放在近代以来地位逐步“边缘化”的背景下理解，[③] 可进一步明了“舆论”地位提升及其赋义的社会原因。士人虽以“三不朽”为追求，但随着清末科举制的废除，通过制度垂直流动的机会被取消，成圣更难消说，立言乃是维持士人中心地位的可赖途径。但反观舆论之情状，却并非那么如愿。士人群体如何评价和因应现实舆论状况，确立自身角色，就成为表述的核心议题，就此也可进一步了解其对现实舆论的态度和致思方向。

较早论及此问题的是梁启超。1902 年，他阐述豪杰与舆论的关系时称：

---

① 高一涵：《共和国家与青年之自觉》，《青年杂志》第 1 期。

② 梁启勋：《说感情》，《庸言》第 2 卷第 3 期。

③ 余英时：《中国知识分子的边缘化》，《二十一世纪》（香港）第 6 期。

“其始也，当为舆论之敌；其继也，当为舆论之母；其终也，当为舆论之仆”，同时须因时因势进行抉择和调整：“敌舆论者，破坏时代之事业也；母舆论者，过渡时代之事业也；仆舆论者，成立时代之事业也。”[①] 联系梁氏在此前发表的“过渡时代论”，“舆论之母”的自我定位非常明确。

对于士人群体而言，“舆论之母”的提出，牵涉有关群己关系的重新评价。其中，可以发现士人对于“群”的复杂态度：一方面承认“群”的价值，并对其寄予厚望，另一方面又暗含了某种负面评价，但总体还是认为“群”是可以提升的。这一判断也就为“己”赋予了价值，即士人确信自身可以代表民众、教化民众、引导民众。“舆论之母”的意义在于士人相信可以通过少数人的努力完成“健全舆论”的塑造。

围绕这一定位，当时出现了诸多相近的表述，如“代表舆论”“指导舆论”“制造舆论”等，说明不少人对此已形成共识。如《国民日日报》盛赞舆论为“一切事业之母”，提出“造国民之舆论”，但对照西方“第四种族”观念时却发现，中国的“第三种族”即平民阶层“质点甚淆乱”，“言庞而论驳无当”，因此报馆须“专以代表平民为职志”，作“言论之母”。[②] 蒋智由分析维新变法的历史时指出，“中国之所以不能维新，不能变法者，既由于多数之在彼而不在我”，因此，转移守旧的多数人就成为“造舆论”的出发点。[③]《新民丛报》的文章表达了士人以“造舆论”自任的决心：“今吾国国民，既不知所谓责任，自无所谓舆论，则造成国民之舆论，以监督政府之行为者，非吾辈之责而谁责乎？”[④] 1905年，孙中山从群治层面呼应这一表述：因各群之间有“后先进止之别”，因此以先觉启后觉，“由之不贰，此所以为舆论之母也”，以此为新生的《民报》定位。

现实中属于多数的“群”（国民）不尽如人意，士人反求诸己，“舆论之母”便成群体自觉。但所造“舆论”并非如愿。长舆在分析清末路权运动时就指出，此间舆论存在“迂”“浮”“诐”“曲”等病症，与

① 饮冰子：《舆论之母与舆论之仆》，载《梁启超选集》，上海人民出版社，1984，第199～200页。

② 《国民日日报发刊词》，载《国民日日报汇编》，1903年8月7日。

③ 蒋观云：《中国近日之多数说及其处置之法》，《新民丛报》第51号。

④ 与之：《日本之政党观》，《新民丛报》第87号。

“健全之舆论”已相去甚远，因此他提出“以舆论造舆论”。[①]《新世纪》在描述清末立宪运动中舆论界的论调时也说：“诙谐家以守旧与维新，二五一十可也；学问家以为进化之迟之难，人力无功亦可也；隐退家以为民品卑劣，无可尤为亦可也”，进而批评舆论界仅能“造退化之舆论”，不能“造进化之舆论”。[②] 此类表述反映出清末士人对于现实舆论的诸多不满。这点在清末革命派和立宪派的论战中越发明显，其以势代理的状况多为人所揭示，皆已点明此类病症。[③]

这种状况随着民初党争的展开似愈演愈烈。比较周知的是梁启超献书袁世凯，提出对待舆论当“表面为仆”“暗中为主”的建议，[④] 在一定程度上反映了身处党争中的士人对于“舆论”的态度。“舆论之主”与“舆论之母”这对看似接近的表述，无论在立论前提还是意图上均大相径庭。后者所指的“舆论”是理想中的舆论，突出士人在舆论培植和引领中的合理状态。前者所指“舆论”为现实的舆论，将其作为一种既成势力为己所用，具有明显的操控意图。

“舆论之主”在民初报刊的极端表现是只争“利害”，不问“是非”，这是当时士人批评民初“舆论”的关键点。1912 年，身陷舆论困扰中的章太炎指出，“舆论本无一定，争执太过，事成则曰有毅力，不成则曰争意见”，因此认为“舆论可造，即亦可消”。[⑤] 言下之意，为私利进行的意气之争已失却舆论的价值。李大钊指出，“今之以言论号召于天下者，多挟其党见之私，黄钟瓦缶，杂然并作，望风捕影，各阿其私”，国家因此“是非由乱而湮”。[⑥] 吴贯因分析舆论界在人物品评上的党同伐异，“多由于一二野心者思利用机会以成一己之功名，故造出一似是而非之论，以引诱无识之人，使附和雷同以厚其势力”，并将此种“偏陂之舆论”喻为“洪水猛兽”。[⑦]《说报》也批评舆论界“各囿私见，党同伐异，弗衡以

---

① 长舆：《立宪政治与舆论》，《国风报》第 1 卷第 13 期。
② 夷：《舆论》，《新世纪》第 120 期。
③ 唐海江：《清末政论报刊与民众动员》，清华大学出版社，2007，第 272~294 页。
④ 梁启超：《致袁世凯书》，载《梁启超选集》，第 610 页。
⑤ 章太炎：《关于统一党不与他党合并之演说》，载《章太炎政论集》下册，第 592 页。
⑥ 李大钊：《是非篇》，《李大钊全集》第 1 卷，第 57~58 页。
⑦ 吴贯因：《舆论与人物》，《庸言报》1913 年第 1 卷第 7 号。

理，言论庞杂，是非淆乱，洪潮所极，能使天下之人，以耳为目，颠狂无所适从"，最终"自贬损言论之价值"。①

"是非"问题涉及伦理和事实的双重意义。就前者，士人主要从公私角度着眼，"是非"之争是"公"之争，而"利害"之争是"私争"，这基本已成共识。就后者，诸多文章指出了报刊轻视事实的取向。《独立周报》批评当时报纸"重论说而轻纪事"的"恶习"，认为"欲造成真正之舆论，不可不准据精确之事实"，否则，"健全之舆论末由发生"。②《民立报》也说，"至若机关之不备，材料之不精，销数之不畅"，尚不足为病，"若记载诬陷不实之新闻"则是"新闻之大病"。③

这种"私争"已开始脱离理性的轨道，而主要求助于感情刺激。上引《说报》的文字用"颠狂无所适从"一语即道破此点。《公民急进党丛报》的文章也提醒，"凡负责有代表舆论之责者，于其制造指导之顷，必先思及裁抑救正之法，毋使我之感情与被我感情刺激而生之感情皆迷于一复而不可复"，④ 指出了问题所在。

由此，在时人看来，"舆论"已变成"群众心理"，以及由此机理而达成多数的"民意"。勒庞的群众心理说自晚清进入中国，此时成为士人评价"舆论"的重要概念。杜亚泉批评群众心理"但求事实上之利，则于共和之原理如何，不妨暂置之勿论"。⑤ 梁启超则将群众心理比喻为"稚子"心理，并将其一一比照，批评国民受感情操控。⑥ 张东荪以"庸众"一词来描述党争下的国民。⑦ 以上均可以看出士人当时对于"舆论"的真实评判。

1915 年，梁启超在反思舆论生涯时不无失望地指出，"以中国今日

① 南右嵩：《敬告报界诸君子》，《说报》1913 年第 3 期。

② 《事实与舆论》，《独立周报》第 7 期。

③ 血儿：《敬告新闻家当养成立言之信用以期收监督政府之效》，《民立报》1913 年 2 月 17 日。

④ 摩云：《说舆论》，《公民急进党丛报》1912 年第 2 期。

⑤ 伧父：《共和政体与国民心理》，载《杜亚泉文存》，上海教育出版社，2003，第 154~155 页。

⑥ 梁启超：《说幼稚》，《梁启超全集》，北京出版社，1999，第 2605~2608 页。

⑦ 圣心：《国本》，《新中华》第 1 卷第 4 号。

人民之地位，本无力以左右国是，所谓多数舆论，所谓国民心理者，其本质夫既已不甚足为重轻矣。然所谓舆论，所谓心理，其根础又极薄弱，而不能有确实继续之表见”。[①] 章士钊从“质”与“量”层面展开论述：“夫舆论者，究其极而言之，当成于国民之总意，总意非能以国民各个之意，如数目之相加而成”，而在于其“质”的方面：“夫多数之意见，诚足代表一时之舆论，而不可谓此即公论”。[②] 杜亚泉也直陈“民意”的真伪纯驳：“盖易陷迷误之民意，其趋向本无定点，可以任便转移，若认为国民共同之概念，而倚之为重，则此后民意，恐愈诪幻，而国事亦将愈即于泯棼”。[③]

这种担心因洪宪帝制的推行变为现实。筹安会发动请愿团，洪宪帝制以“民意”名义而获得合法性，这进一步激起士人对于“民意”的质疑与反感。杜亚泉批驳此种“民意”，“实则为朦胧无意”，在这种民意下，“所谓选举者，不得不出于运动；所谓多数者，不得不出于诱致。”[④] 也在此时，不少士人纷纷提出“反抗舆论”的主张。

最典型的代表为《新青年》主编陈独秀。1915 年，陈独秀从国民性层面批评“群众心理”：“群众意识，每喜从同；恶德污流，惰力甚大；往往滔天罪恶，视为其群道德之精华”，因此呼吁“力抗群言，独标异见”。[⑤] 1916 年，他坦陈“惟已成之社会，惰力极强”，因此提出要“以伟大个人为中枢”，“敢与社会宣战”。[⑥] 1917 年，他在反思洪宪帝制时说：“袁世凯要做皇帝，也不是妄想；他实在见得多数民意相信帝制，不相信共和，……说良心话，真心知道共和是什么，脑子里不装着帝制时代旧思想的，能有几人？”[⑦] 笔锋直指“民意”的价值。他在一份答读者信中明确提出了“反抗舆论”的主张。回信由对德宣战问题引发关于“民

---

① 梁启超：《痛定罪言》，《大中华杂志》第 1 卷第 6 期。

② 章士钊：《政治与社会》，《甲寅》第 6 号。

③ 杜亚泉：《国民共同之概念》，载《杜亚泉文存》，上海教育出版社，第 259 页。

④ 杜亚泉：《未来之世局》，载《杜亚泉文存》，上海教育出版社，第 194~195 页。

⑤ 陈独秀：《抵抗力》，载《陈独秀著作选编》第 1 卷，上海人民出版社，2010，第 179 页。

⑥ 陈独秀：《答孔昭铭》，载《陈独秀著作选编》第 1 卷，上海人民出版社，2010，第 276 页。

⑦ 陈独秀：《旧思想与新国体》，载《陈独秀著作选编》第 1 卷，上海人民出版社，2010，第 333 页。

意"和"舆论"等问题的分析："吾国民偷目前之苟安，无远大之策略，欲以民意决定外交方针，愚所绝对不敢赞同者也"。他特别注意到少数与多数的矛盾："若国之大政，必事事少数服从多数，则吾国之恢复帝政，垂辫缠足，罢学校，复科举，一切布旧除新之事，足下能保不为多数赞成乎？"进而宣称："本志重在反抗舆论"，同时将其与"代表舆论"严格撇清关系，视后者为"同流合污、媚俗阿世之卑劣名词"。[①]

陈独秀的主张得到了《新青年》诸多同人的积极回应。1918 年，胡适在《易卜生主义》一文中分析代表社会势力的"舆论"对个人的压制时就说："社会的风俗习惯反对，是该受重罚的，执行这种重罚的机关，便是'舆论'，便是大多数的'公论'，世间有一种最通行的迷信，叫做'服从公论'。"[②] 此后，易卜生主义引发舆论界热烈讨论。周作人认为，"国民公敌"实质是"对庸众的宣战"，"但一切新思想，多从他们出来，政治上宗教上道德上的改革，多从他们发端"，进而感叹国家有这样的"国民公敌"，"真是多福气！多幸运"！[③]

高一涵引用弥尔的理论阐述这一论题。弥尔的《自由论》突出个人自由，反对社会暴虐，颇合此时舆论界的需要。高一涵指出，弥尔《自由论》的最大价值在于提出了"推倒舆论""打破习惯"等观点，他联系中国思想界、舆论界实际，呼吁打破"舆论"对于个人的压制："我们要打破习惯专制，舆论专制，必先从我们自己心中打起，因习惯、舆论，即是我们自己心意造成的"。[④]

可见，"反抗舆论"此时俨然成为新青年同人的共同主张，这与该杂志建设新伦理的旨趣显然有着逻辑关联。对于"舆论"而言，其意味在于，此词已成为一个贬义词而应予破除。

并且，这一问题随着五四运动的展开而越发突出。1920 年前后，陈独秀屡次谈及"反抗舆论"，此时已完全从阶级立场展开论述了。他说：

---

① 记者：《答李亨嘉》，载任建树等编《陈独秀著作选编》第 1 卷，上海人民出版社，2010，第 346 页。

② 胡适：《易卜生主义》，《胡适文集》第 2 卷，第 482 页。

③ 鲁迅：《随感录三十八》，《鲁迅全集》第 1 卷，人民文学出版社，2005，第 327 页。

④ 高一涵：《读弥尔的〈自由论〉》，《新青年》第 4 卷第 3 期。

“共和国里当然要尊重舆论，但舆论每每随多数的或有力的报纸为转移，试问世界各共和国的报纸那一家不受资本家支配？有几家报纸肯帮多数的贫民说话？资本家制造报馆，报馆制造舆论，试问世界上那一个共和国的舆论不是如此？”① 这里主要从经济层面揭示舆论的阶级性问题。其后的一篇文章则从政治层面来谈：“资本和劳动两阶级未消灭以前，他两阶级底感情利害全然不同，从那里去找全民意？除非把全国民都化为资本家或都化为劳动者才真有全民意这件东西存在，不然无论在何国家里，都只有阶级意党派意，绝对没有全民意。”② 在此，“阶级意”“党派意”取代了“全民意”和“舆论”，成为陈独秀致力的新方向。

余论：近代中国舆论的难局及其历史走向

清末民初士人对于“舆论”的认知经历了一个比较大的起伏。迫于当时政治社会变革的需要，“舆论”的地位迅速抬升，并获得了重要的价值；至五四前后，“舆论”却成为一个几乎完全负面的词汇。对此转变，实有必要做进一步阐述。

如果将视线拉长到20世纪20年代乃至更远，或许更能明白此种转变的含义。依王汎森先生的理解，20年代的中国是一个“主义时代”，“主义化”“主义崇拜”成为此后中国思想史的重要特征。③ 这种“主义”与前文陈独秀“反抗舆论”以及“阶级意”“党派意”等观念具有直接关联。五四运动爆发后不久，陈独秀就宣称，中国已“渐渐从言论到了实行时代”，④ “实行时代”也就是以主义宣传进行群众动员的时代。稍后，国民党人朱执信也认为，“舆论”须以“主义”做指导，“舆论之所去所

① 陈独秀：《国庆纪念底价值》，《陈独秀著作选编》第2卷，上海人民出版社，2010，第277～278页。

② 陈独秀：《民主党与共产党》，《陈独秀著作选编》第2卷，上海人民出版社，2010，第312～313页。

③ 王汎森：《“主义时代”的来临：中国近代思想史的一个关键发展》，《东亚观念史集刊》第4期。

④ 陈独秀：《致胡适信》，《陈独秀著作选编》第2卷，上海人民出版社，2010，第94页。

从，皆以主义而决"，[1]"主义"相对于"舆论"具有逻辑和事实上的优先地位。就此而言，"主义"俨然成为"舆论"的现实后果。

这种以动员群众为目的的"主义"与"健全的舆论"显然相去甚远。依王汎森的描述，"主义"区别于"舆论"至少有三点：从价值上看，它是排他性、绝对性；从程序上看，立场在先，缺乏理性的沟通和讨论；从表达上看，以组织化方式进行。这就构成本文所指的近代中国舆论的难局。

那么，该如何理解这一难局？从本文论述视野而言，这一难局主要体现了清末民初士人"舆论"观念中"理"与"势"之间的内在张力。

毋庸讳言，"舆论"在清末民初的地位抬升，且一直是作为一种变革的势力来加以对待，"舆论之势力"成为士人常见的表述。这一倾向突出表现在清末两派论战以及民初党争之中，进而延伸至五四后。与此同时，近代以来天理观的隐退，士人亟须重建"理"的价值。这种"理"首先是作为伦理上的"公"而被论证。一个新趋势是，需要借助认识论上的理性讨论得以完成。因此不论是伦理还是理性，在士人观念中均是非常重要的对象。

在此似乎不能用以"势"压"理"化约此难局，实际上这一张力是全面性的，贯穿于士人的表述中，包括少数与多数、公论与众论、理性与感情、质与量等。这些因素相互关联，成为士人舆论表述和实践中的基本命题。如，少数与多数，由此衍生出众论与公论、质与量等矛盾。从士人的表述中，"公论"代表的是少数士人的言论，是"理"的形成途径与体现；"众论"则是多数人的意见，是"势"的体现。针对少数与多数的矛盾，正如许纪霖所言，士人对群众极其崇拜，但同时往往容易流于失望，在两极之间摇摆不定，最终只能凭借少数人的"士大夫意识"以完成救赎。[2]

由此，这一难局的最根本之处在于，士人往往从伦理层面致思，以化

---

① 朱执信：《舆论与煽动》，《建设》第1卷第1期。

② 许纪霖：《少数人的责任：近代中国知识分子的"士大夫意识"》，《近代史研究》2010年第3期。

解以上张力，即不仅关于“舆论”的问题往往从伦理层面归因，而且往往从主体的修身诚意等方面提出解决方案，我们不妨称其为“伦理本位”的思维。这一思维不仅在民初获得典型表征，[①] 而且延伸至20世纪20年代政党的群众动员之中，成为当时党人们防止和化解其中危险的屏障。

在此可以进一步透视中西“舆论”观念上的根本差别。西方的“public opinion”观念主要建立在“理性本位”的基础之上，它强调个体理性的运用和逻辑推导，体现了西方理性主义传统。[②] “伦理本位”思维则以主体动机的公私、善恶评价为重心，是中国儒家传统的具体表征。落实到清末民初实际，士人往往以动机的善恶与公私为标准，忽视理性和逻辑的有效运用，[③] 不仅压抑了公共理性在中国的生成，也易形成非善即恶、非公即私的激进心态。

由此可见，这种张力以及致思方式，已经成为一种内在限制，不仅是理解近代中国舆论难局的关键，而且深刻地影响着中国舆论的未来走向，这是我们反思这段历史时应特别注意之处。

---

① 如针对民初党争中的舆论，当时士人主要集中于道德改造方面。分别参阅血儿《言论界之根本病痛》，《民立报》1912年11月4日；张东荪：《言论之道德》，《中华杂志》第1卷第3期。

② 在哈贝马斯对于公共领域的理解建立在个体（私人）的理性判断基础之上，进而形成竞争关系，罗尔斯在此基础上发展为重叠共识观念。相关观点参阅哈贝马斯《公共领域的结构转型》，曹卫东等译，学林出版社，1999，第55~56页。

③ 这一点可从章士钊在民初的际遇获知大概。章士钊在西方受过系统的逻辑学训练，民初他对民初政治制度和概念进行了严密的逻辑论证与推理，被称为“逻辑派”，但其主张不为两派所容。详见杨天宏《逻辑家的政制建构逻辑——辛亥前后章士钊的政制思想研究》，《近代史研究》2011年第6期。

中国近代新闻思想史上的“泰晤士报”*

有关中国近代新闻思想的考察，核心议题之一无疑是西方世界如何影响中国。如有关中国近代新闻思想的起源问题，无论是突出中国传统资源的“连续性”，还是将西方近代报刊作为一种“新知”[①]，其前提均须承认西方影响近代中国新闻观念和实践的途径与意义。大致说来，对此目前主要从两方面展开论述：一是外人在华办报或交流的具体活动（如早期传教士的办报、威廉博士访华等）；[②] 二是西方相关理论（如松本君平的《新闻学》、徐宝璜的《新闻学》）或“模式”（如密苏里模式）的引进与转译。[③] 值得注意的是，某些西方经典报纸为国人反复提及和运用，对理解和推进中国近代新闻思想发挥了重要作用，甚至成为一种符号和集体记忆。其中，英国《泰晤士报》也许是最重要的报刊之一。

《泰晤士报》的发展历史，为理解新闻思想提供了丰富的价值。该报创刊于1785年，当时还靠政府津贴接济，至19世纪初已发展成独立报

---

* 本文以原题名发表在《国际新闻界》2017年第10期，合作者为丁捷，此处发表有改动。

① 卓南生：《中国近代报业发展史1815-1874》（增订版），中国社会科学出版社，2015年，第1~29页；黄旦：《媒介就是知识：中国现代报刊思想的源起》，《学术月刊》2011年第43期，第139~148页。

② 赵晓兰：《传教士中文报刊史》，复旦大学出版社，2011年，第3~8页；邓绍根：《百年回望：美国〈新闻记者信条〉在华传播及其影响研究》，《新闻与传播研究》2015年第10期；徐新平：《威廉的新闻道德观及其对中国的影响》，《新闻大学》2002年第2期。

③ 黄旦：《中国新闻传播的历史建构——对三个新闻定义的解读》，《新闻与传播研究》2003年第1期；林牧茵：《移植与流变：密苏里大学新闻教育模式在中国：1921-1952》，复旦大学出版社，2013，第1~22页。

纸，并伴随着大英帝国走向顶峰，成为世界的舆论领袖。其历史包含了诸多令人钦佩的故事："大雷神"拒绝政府的扶持；在克里米亚战争中报道英军腐败迫使英国内阁垮台；甚至为了反抗首相扣留通信而自行设驿传递；等等。[①] 其历史包含了先进的技术设备、不屈服于政治压力、经济独立、无与伦比的国际影响力等关键词。

关于《泰晤士报》对于中国新闻史的影响，近年来已开始为人关注。其重点在探寻清末国人效仿《泰晤士报》的"楷模"效应,[②] 以此"观察西方报业对中国新闻业草创时期的影响过程"。[③] 只是其研究时段限于晚清，视野也停留在西方报纸对中国的影响，忽视了近代中国新闻实践的基础和轨迹，对此论题实有进一步申论之必要。为此，本文立足于晚清至新中国成立前后中国报刊实践的关键议题，探讨国人如何言说和运用"泰晤士报"这一思想资源，为理解近代中国新闻思想的形成与演变提供一个视野。

一　作为新报的"泰晤士报"

作为开眼看世界的第一批中国人，清末早期的留英人员，应是较早关注《泰晤士报》的群体。1866 年，总理衙门派官员斌椿和京师同文馆的三名学生访英，这是近代中国第一个访外使团，而《泰晤士报》则给当时年仅 18 岁的张德彝留下了较深印象。他在后来写作的《航海述奇》中说："其泰晤士时报自是创始至今，几二百年，报中议论公允，叙事确凿，因之万国传观"。[④] 随后十多年，包括清政府首批派出的海军留学生严复，清政府派驻英国的官员刘锡鸿、郭嵩焘和薛福成等，对《泰晤士报》多有描绘。此外，少数赴英的个人（如王韬）对《泰晤士报》也

---

① 陈力丹：《世界新闻传播史》，上海交通大学出版社，2002，第 30～41、48 页；胡泳：《泰晤士报的历史沿革》，《新闻研究资料》1991 年第 2 期，第 169～186 页。

② 徐培汀、裘正义：《中国新闻传播学说史》，重庆出版社，1994，第 278 页。

③ 林盼：《仰之几如泰山北斗——晚清中国报刊对英国〈泰晤士报〉的追崇与仿效》，《新闻大学》2012 年第 1 期，第 21～27 页。

④ 张德彝：《稿本航海述奇汇编》第 8 册，北京图书馆出版社，1997，第 130 页。

有记述。

这批能够直接入英并有幸参访《泰晤士报》的士人，首先关注的是报馆机器。如中国第一任公使郭嵩焘 1877 年参观泰晤士报馆时，详细记述了该报检字、排版和印刷等技术操作程序，惊叹于该报的印刷速度及效率：“每日印刷新闻报七万纸，不过一点钟可以竣事。三佩宜得新闻报一纸，每纸二大张，表里两面各得四板，计十六板。凡一施令得新闻报四纸，七万纸抵一万七千五百佩宜，合金洋八百七十五磅。所用工力三百馀人，日间不过数十人，为英国报馆之最巨者。”①。

早期出国者主要是洋务派的实践者，自然对作为新技艺的西方印刷术感兴趣，这也是国人所关注的。《万国公报》刊文就描述称：“若英国《大吴士时报》，……印法之速，不须加纸上墨，惟用火轮机器，每半时许可得一万六千张，虽售之甚远，亦神速也。”②《泰西新史揽要》一书记载当时人们对于印刷术的印象：“一千八百四十年，泰晤士报得一新法，用德国人所造纸火轮机器以印报，每一点钟可印一千一百纸，亦自以为速矣，又阅多年未之能改，近年始迭出新机，往往后来居上……且送入机器时不过空白纸一大卷而，及至出机则已印成幅，兼折叠装订成书，其为便捷尚可计哉？又有另浇铅版之法，但将各自排成一幅，顷刻间浇出铅板多块，分装机器而刷印之，则便之又便矣。”③

当然，《泰晤士报》最引人注意之处在于其作为世界舆论领袖之影响力。就此，作为传统士人，他们习惯从清议角度对其作用进行阐释。上引张德彝所论即是一例。王韬在描述西方报纸时以为，“今日云蒸霞蔚，持论蜂起，无一不为庶人之清议，其立论一秉公平，其居心勿期诚正”，尤其是《泰晤士报》，“人仰之几如泰山北斗，国家有大事，皆视其所言以为准则，该主笔之所持衡，人心之所去向也”。④

---

① 郭嵩焘：《伦敦与巴黎日记》，岳麓书社，1984，第 125 页。

② 花之安：《新闻纸论》，载李天纲编校《万国公报文选》，中西书局，2012，第89 页。

③ 〔美〕罗布特·麦肯齐：《泰西新史揽要》，李提摩太、蔡尔康译，上海书店出版社（原著出版于 1880 年），2002，第 155 页。

④ 王韬：《论日报渐行于中土》，载海青编《中国近代思想家文库·王韬卷》，中国人民大学出版社，2013，第 77 页。

相对于台谏、乡校和书院等“清议”通道，《泰晤士报》则为国人提供了一个更为广阔的言论空间。郭嵩焘以“《戴模斯》”（《泰晤士报》）阐释报纸与国政之关系，认为“西洋一切情事，皆著之新报，议论得失，互相驳辨，皆资新报传布……当事任其成败，而议论是非则一付之公论”。[①] 刘锡鸿认为，“戴晤士”等伦敦新闻纸，“乃清议所系，国主每视其臧否，为事之举废驰张”，“论政之有所讥刺，与柄政者之有所申辩，皆于是乎著”。[②] 郑观应从清议出发，论及主笔品格之于报馆言论的作用：“英国《泰吾士日报》馆主笔者，皆归田之宰相名臣，自然无勒索财贿，而名驰中外矣”。[③] 宋育仁认为，西方报馆为“清议之所在”，“英国报《泰晤士》最著”，“主笔者皆必有品望、学望，由学会所推，即其国之清议所在”，盛赞该报：“报无不实，论必持平，余家不及”，[④] 因而言重于国。此时《申报》（1873）的文章也赞扬《泰晤士报》“总主笔虽无职位于朝而名贵一时……宰臣之所操者，朝权也，而总主笔之所持者，清议也”，进而判定：“清议之足以维持国是，泰西诸国皆奉以为矜式。”[⑤]

随着维新变法运动展开，国人自办报刊渐入高潮，对此不乏在华外报的直接经验，但“泰晤士报”在型构“新报”中的地位似不应小觑。在早期改良派郑观应、陈炽等人眼中，以《泰晤士报》为代表的泰西报馆“实足达君民之隔阂，遂听其开设，以广见闻，迄今数十年，风气日开，功效日著”，提出中国国人办报应以其为模板。即使是相关规制，也希望“一切均仿泰西报馆办理”。[⑥] 至维新变法时期，变法人士着意于新报之于变法的价值，其办报倡议往往以《泰晤士报》为蓝本。

如，梁启超等在发刊《时务报》时，以中国的《泰晤士报》自期：“主张国是，每与政府通声气，如俄土之争战，德奥意之联盟，五洲之

---

① 郭嵩焘：《伦敦与巴黎日记》，岳麓书社，1984，第 401~402 页。

② 刘锡鸿：《英轺私记》，岳麓书社，1986，第 73 页。

③ 郑观应：《日报上》，载夏东元编《郑观应集·盛世危言上册》，中华书局，2013，第 123 页。

④ 宋育仁：《泰西各国采风记》，载朱维铮编《郭嵩焘等使西记六种》，生活·读书·新知三联书店，1998，第 379 页。

⑤ 《英国新报之盛行》，《申报》（选录于《香港华字日报》）1873 年 2 月 18 日。

⑥ 陈炽：《报馆》，载赵树贵、曾丽雅编《陈炽集》，中华书局，1997，第 106 页。

人，莫不仰首企足，以观《泰晤士报》之议论，文甫脱稿，电已飞驰，其重之又如此”,① 惊羡之情溢于纸面。康有为在主持变法期间多次论及新报的价值。在《上清帝第四书》中，他提出要关注《泰晤士报》：“今日要事，在知敌情，通使各国，著名佳报，咸宜购取其最著而有用者，莫如英之泰晤士”。② 他批评清廷官报“视各国官报，规模相去远甚，非所以崇国体、广民智也”，依此提出，“大抵报馆愈多者其民愈智，其国愈富且强。其中如英之《泰晤士报》……号为官报，风行天下”。③ 由此，“泰晤士报”成为开民智、图富强的新报样板。

这似乎成为当时维新派人士论述的基本样式。严复等人在1897年创办《国闻报》称，“略仿英国《太晤士报》之例，日报之外，继以旬报，五月而后事成”，以达“上下通”“中外通”之目的。④ 吴恒炜在阐述《知新报》缘起时也称赞《泰晤士报》：“胥天下之心思知虑，眼目口耳，相依与报馆为命，如室家焉，是以英之霸也，《太晤士报》五六十万，甲海外焉”。⑤ 章太炎在为《实学报》作序时也提及，“大坂之报，一日而籀读者十五万人，泰晤士报，一日而籀读者三十万人”,⑥ 对《泰晤士报》似颇为折服。

这一论述方式并未因变法失败而有所减损。随着20世纪初中国政治社会转型的加速，国人进一步看到《泰晤士报》之于中国社会变革的价值。1902年，英敛之在开办《大公报》时称：“夫欧西各国所以开民智、强种类者，莫不借报馆之功，而其最隆盛见重于天下者，则莫若英之泰晤

① 梁启超：《论报馆有益于国事》，载张品兴主编《梁启超全集》第1册，北京出版社，1999，第66页。

② 康有为：《上清帝第四书》，载汤志钧编《康有为政论集》（上册），中华书局，1981，第159页。

③ 康有为：《奏改时务报为官报折（代宋伯鲁拟）》，载汤志钧编《康有为政论集》（上册），中华书局，1981，第322页。

④ 严复：《〈国闻报〉缘起》（1897年10月26日），载卢云昆编选《社会剧变与规范重建：严复文选》，上海远东出版社，1996，第59页。

⑤ 吴恒炜：《〈知新报〉缘起》，载张之华主编《中国新闻事业史文选》，中国人民大学出版社，1999，第89页。

⑥ 章太炎：《实学报叙》，载汤志钧编《章太炎政论选集》（上册），中华书局，1977，第29页。

士报馆”，赞扬该报所登“皆备弥求备，精益求精，……文甫脱稿，电已飞驰，一日而籀读者三十万，此西人所以智识日开，学问日进，阅历愈广，技艺益精者，报之功也”；进而提出，《大公报》内容上应循《泰晤士报》体例：“体裁不妨如《泰晤士》之规则，分内政、外政、杂事三类。凡国家举措之得失，则以内政统之；邻邦政教之损益，则以外政统之；至工商之盛衰、器械之利钝，则以杂事统之”。[①] 这也引致当时读者称道，“其不畏强御不避嫌怨之宗旨，直与伦敦《太晤士》相颉颃”。[②]

并且，随着20世纪初年“万国”时代到来，国人也开始越发重视报馆在国际事务中的作用。《浙江潮》在论述报馆在维护国际秩序的作用时，以《泰晤士报》为典型：“盖新闻纸贵具世界的主义，不区区于国家界，而有彼我之见存以媚世俗耳目也”，并指出普法战役后俾斯麦欲重出师，“伦敦泰晤士报恶其阴谋”，由此盛赞，“令世界人民不无端而罗战祸者，舍报馆其谁能之？”[③]

对于报刊之于中国乃至世界的意义，《东方杂志》刊文倡议中国创办新报，也以《泰晤士报》为代表的泰西报馆为重点：“泰西各国，以报为养命之源，资生之具，故民智日开，国势日涨，富强之机，不可阻遏”，进而力劝民间多设报馆，宣称：“二十世纪以前，枪炮之世界也；二十世纪以后，报馆之世界也。”[④] 《泰晤士报》由此为认知新世纪提供了一种视野。

从清末到20世纪初，在国人关于“新报”的构想中，“泰晤士报”一直是言说的重心。无论从传统思维视野抑或现实变革层面，新报的概念透过“泰晤士报”的言说获得较为具体而深入的诠释。这种“新”并非停留于器物技术层面，也非传统意义上的清议功能，而是观照到国强、民智，进而扩展到对于时代认知的层面，“泰晤士报”俨然成为近代中国“新报”的基本模型。

---

① 英敛之：《拟仿英国泰晤士日报例各省偏设官报局以开风气说》，《大公报》1902年12月22日。

② 皖北山民尊虞氏：《论报馆与开民智之关系》，《大公报》1902年9月2日。

③ 筑髓：《论欧美报章之势力及其组织》，《浙江潮》1903年第4期，第13~20页。

④《论报馆之有益于国》，《东方杂志》1905年第4期，第55~58页。

二　作为独立报纸的“泰晤士报”

晚清国人主要将“泰晤士报”理解为超越传统邸报的“新报”，而至清末党派政治乃至民初党争政争的激烈化态势下，“泰晤士报”成为“独立报纸”的一面被迅速凸显出来。

实际上，在清末本土报纸刚刚兴起时，报纸的独立问题尚未作为一个重要命题得到重视。如郑观应认为，主持清议之权，应当“据事直书，实事求是，而曲直自分，是非自见”，其意尚指言论的“中立”“客观”，并未有“独立”之指向。[①] 这一点直至清末民初党派渐起才引起众人关注。

如此论述的形成有赖于清末以来中国党派政治之形成，进而影响到报纸的风格。有论者谈及维新运动时提出强学会即中国的政党，这或许不错，但如果说《时务报》即为党报，似有所夸大。不过，20 世纪初年，梁启超主持《清议报》时提出“一人之报”“一党之报”“一国之报”“世界之报”之说法，显然对于党派及政党报纸有了明确印象，由此可知清末党派报刊论争，进至民初政争党争的激烈态势。

首先值得一提的是狄楚青。1904 年 6 月 12 日上海《时报》创刊，狄楚青便在报头上打出了“Eastern Times”字样，寓意“东方《泰晤士报》”。其创刊词也称：“本报论说，以公为主，不偏徇一党制意见。”[②] 该报创办本得到康、梁的资助，在人事上也多受干预，但狄楚青其后对康、梁若即若离，多有抵触，试图从党派之中抽身，种种努力不难发觉《泰晤士报》的影响。

如此态势至民初更为明显。民国甫成，党派林立，报章蜂起。报纸为党派利益而罔顾事实、肆意攻击之现象屡见不鲜，进而演化为党派斗争“大活剧”。对此，时文批评称：“各挟一党同伐异之见，横亘于胸中，其

---

① 郑观应：《日报下》，载夏东元编《郑观应集·盛世危言上册》，中华书局，2013，第 127 页。

② 《〈时报〉发刊词》，引自张之华编《中国新闻事业史文选：公元 724 年—1995 年》，中国人民大学出版社，1999，第 132 页。

真能以正直之眼光，公平之心肠，按脉切理，考求其是者，不数数见；而为是故，激哀之词，一偏之论，利用社会薄弱之心理，以沽庸俗人之谀称”。[①] 身陷党争、政争中的报人反思民初舆论，以期建立健全独立之舆论，“泰晤士报”更是受到人们重视。

对于言论的独立，深受英国政党政治影响的章士钊以为，多党之下的新闻言论，不如两党之下公正，所以中国新闻界应该保持独立，“在政党政治之国，其新闻之言论，恒不期而分为两党”。而中国现实的环境是党派林立，政党报刊也并非真正代表党见，而仅是为了私利，“不足以促进政党政治而转以贼之”。[②] 在其接办《民立报》时提出，“本报不存党见，不立异同，苟所言无私，立论可采，无不顺次刊登报端，公诸天下”。[③]

《民立报》本属党报，章士钊之举很快招致国民党党内讨伐与攻击，特别是他提出“毁党造党”之说，最终导致其离开该报，转而自行创办《独立周报》。不过，章所言的独立主张并未随之散去。1912 年，于右任针对章士钊遭讨伐事件，论及《民立报》的独立问题。他反对将《民立报》作为党同伐异之工具，而是“欲《民立》为东方《太晤士》”，并提出其首要方法，“务在养成立言信用，不作过激之谈，亦不作过偏之论”，进而昌言：“今之《民立》，不欲挂一怒气冲天之招牌，此物此志也。”[④] 身处党内旋涡中，于氏此言，足见“泰晤士报”在其心中分量了。

《民立报》另一篇笔名“说难”的文章也引用“泰晤士报”阐明报刊与党派的关系：“抉择时论之人，同时即为发表意见之人，发表意见者亦然。倘国人能不轻发意见则本篇可以不作。又同业中往往有各为其党拥护，乃至出言无择者。英之泰晤士，非所称统一党之机关报乎？试观其态

① 《新闻界之革命》，载《亚细亚日报》（1913 年 1 月 5 日），引自《民国汇报》第 1 期，第 25~28 页。

② 章士钊：《政党政治与新闻》，载章含之、白吉庵主编《章士钊全集》第 2 卷，文汇出版社，2000，第 409~410 页。

③ 章士钊：《编辑部宣告》，载章含之、白吉庵主编《章士钊全集》第 2 卷，文汇出版社，2000，第 151 页。

④ 于右任：《答某君书》，载傅德华编《于右任辛亥文集》，复旦大学出版社，1986，第 237、241 页。

度如何，可以省悟。吾闻以身殉道矣，未闻以身殉党也。”①

所谓“殉道”，其意并非意味着独立报纸即能代表真道，且显然排除立言前即有立场预设的党见。由此，相对于“殉党”，“殉道”的意境也就更高。民初政党政治破裂，另一位从英国归国的杨端六在回顾此段历史时也有此种意识。他认为，民初党派分立，“彼此大张旗鼓，不相上下”，以党派利益为主，忽视国民利益，解决方法是集合各派中之最优秀分子，超越一党一派。从这一点上，杨端六称，“伦敦泰晤士所以世界有名，因为十九世纪中有一个很好的主笔叫做迭连，议论内政外交，不依党派为标准”。② 显然，杨端六也是站在“殉道”的立场上，进而提出独立报业的“传道”之责。

民初舆论界引入“泰晤士报”，其目的显然是针对两党之争，试图超越其中，实现言论的独立。但要改变此种局面，并非易事。一方面涉及政党制度变革，另一方面报界自身变革也很重要，且并非局限在言论本身上。言论的前提是事实。有论者就此说：“欲造成真正之舆论，不可不准据精确之事实；重论说而轻纪事，此为现在一般新闻之恶习，健全之舆论，末由发生，盖即以此斯。”③ 而事实的收集、整理和把握需要有强大的经济支持。这一点可能是当时政党报纸主持人所应深究的。

对于民初报纸经济问题，政党津贴一直饱受垢议，但并不能就此以为报界缺乏经济独立的观念。章士钊在 1911 年的一篇文章中就指出，报纸想要立于不败之地，并能保证采访的基本要求，有必要组织报业托拉斯：“伦敦《泰晤士报》之特派访员布满全世界，其数乃达六十人之多，薪资及旅费、电费种种”，就是因为有“绝富之财力”，④ 他对中国报业托拉斯的设想是：“合其财力，并其机器字粒，如机器有余，则直由托辣斯购来而搁置之，……裁其执事人员，各社记者通力，而合力派遣国内外之通信员，重其薪资，使专责成整顿广告，使其所登之字数与日数，与价目相

① 说难：《论国民当养成抉择时论之能力》，《民立报》1912 年 9 月 1 日。

② 杨端六：《中国改造的方法》，《东方杂志》1921 年第 18 期，第 7~18 页。

③ 《事实与舆论》，《独立周报》1912 年第 7 期，第 33~34 页。

④ 章士钊：《论吾国当急组织新闻托辣斯》，载章含之、白吉庵主编《章士钊全集》第 1 卷，文汇出版社，2000，第 497 页。

应”，由此“新闻之根基庶乎可稳，而新闻之价值亦日以高”。[①] 其在另一文章中进一步介绍伦敦《泰晤士报》之页数，以示该报刊载事实之丰，实与我国形成巨大对照，以期引起国内对此问题的重视。[②]

上引杨端六谈及报刊“指导舆论”时指出，独立舆论之出现，除了好的主笔，还依靠一个“不党不偏”“热心公益”的报老板。他联系民初以来的中国报业状况指出：“今日的新闻能够养活自己的恐怕很少，一大半都要靠党派或政府的接济。若是真正的主持公论，在急进的看来，固然不满意，在缓进的看来，也不满意；在国民党看来固然不满意，在进步党看来也不满意；并且论调太公正，销路也不容易扩张。所以新办的报，除非是有一二大资本家懂得上面所说的道理的出来维持，决不会办成功的。”[③] 这一观察放在民初政党报纸衰落情形下就更为现实。

其后，邵飘萍以个人力量办报，对于资本对言论独立的重要性更有体验。在其心中，《泰晤士报》似是标杆。他赞叹称，“英之诺斯克利夫，……以资本雄厚、设备完全，足以执世界之牛耳”。[④] 而上海报纸除了《申报》和《新闻报》之外，其余报纸“仍未脱离津贴与机关新闻之苦境”[⑤]。尽管后世评论邵氏接受各方津贴，对《泰晤士报》的经济独立颇为向往。《京报》创刊三年后，邵飘萍宣称：“愚个人既素无党派关系，更不欲以特殊实力为报纸之后盾。”[⑥]

可见，清末民初关于“泰晤士报”的言说，乃是基于此时党派报刊中报界自身的一种纠偏、一种反观。由此可以理解此阶段独立报纸的意义，其不仅包含言论独立，而且延伸到新闻、经济等层面，由此衍生出近

---

① 章士钊：《伦敦泰晤士报之页数》，载章含之、白吉庵主编《章士钊全集》第1卷，文汇出版社，2000，第500页。

② 章士钊：《伦敦泰晤士报之页数》，载章含之、白吉庵主编《章士钊全集》第1卷，文汇出版社，2000，第565页。

③ 杨端六：《中国改造的方法》，《东方杂志》1921年第18期，第7~18页。

④ 邵飘萍：《新闻学总论》，载肖东发、邓绍根编《邵飘萍新闻学论集》，北京大学出版社，2008，第202页。

⑤ 邵飘萍：《新闻学总论》，载肖东发、邓绍根编《邵飘萍新闻学论集》，北京大学出版社，2008，第193页。

⑥ 邵飘萍：《新闻学总论》，载肖东发、邓绍根编《邵飘萍新闻学论集》，北京大学出版社，2008，第216页。

代中国新闻职业化的关键命题。

三　新闻职业化中的“泰晤士报”

关于中国新闻职业化观念之形成，目前学界大致认为，徐宝璜所著《新闻学》一书为根本标志。《新闻学》一书以美国商业化报业为主旨，对近代中国新闻思想之演变产生了关键作用。如有关“新闻”的定义，报业从“政论本位”向“新闻本位”“营业本位”的转变，[①] 并适应了近代中国资本主义“黄金时代”的环境，为中国新闻职业化拓出了一条道路。与此同时，引发的争论与反思也接踵而来。此时，“泰晤士报”成为不可忽视的论述对象。

“泰晤士报”被人引述，源于北岩爵士对于该报的改革。20 世纪初，北岩爵士购入《泰晤士报》，并仿照美国商业化模式改革，在经济上获得巨大成功。这引起了国内报界的普遍关注。特别是 1921 年北岩来华访问，并与京沪等地新闻界交流，国内对其商业化模式有更深的了解。[②] 如任白涛将这一商业化模式称为“美国式”，他指出，“二十世纪之《泰晤士》受美国式之影响，欲赓续 19 世纪之状态，断乎不能。其结果，昨年来华之诺斯克利夫爵士之资力侵入，泰晤士旧来之面目乃大变”。[③] “美国式”报业改变了《泰晤士报》的命运，也深刻影响了国人办报的认知。黄天鹏就认为，北岩访华，给国人办报观念带来了直接刺激，“为新闻事业企业化一种策励”。[④] 钱伯涵、孙恩霖等也强调：“我们可以认定办报的目的第一系要博得商业上的赢利”，于是，“报

---

① 徐宝璜：《新闻事业之将来》，载肖东发、邓绍根编《邵飘萍新闻学论集》，北京大学出版社，2008，第 151~152 页。

② 北岩爵士 1921 年 11 月访华，先后至北京、天津、南京和上海等地参访，与京沪报界交流，并参观了《申报》《新闻报》以及望平街。其行程参阅叶冲、庞荣棣《北岩来华路线及史量才彼时行踪》，《国际新闻界》2010 年第 7 期，第 124~127 页。

③ 任白涛：《应用新闻学》（1922），上海世纪出版股份有限公司，2011，第 116 页。

④ 黄天鹏：《四十年来中国新闻学之演进》，载龙伟等编著《民国新闻教育史料选辑》，北京大学出版社，2010，第 158 页。

纸系商品”“营业本位”等观念蔚为大观。[①] 正是在此背景下，报界人士以《泰晤士报》为对象，对新闻事业商业化模式的利弊进行了深入反思。

如邵飘萍，一方面对这一模式带来的经济收益颇为认同：“盖世界新闻事业之最发达者，首推英国和美国。两国中所称为新闻业之王者，如英之诺斯克利夫、美之哈斯彼脱等，……皆以资本雄厚、设备完全，足以执世界之牛耳；而其收入之富，纯益之多，更可资以扩充，而愈促其进步。故新闻纸应完全作为商品之主张，遂至风靡全球。”但即使承认这一世界风潮，邵对其并不完全认同：“自新闻纸完全商品化而后，以发行为手段，以多揽广告为目的，其种种大规模之设备，不可无巨额之资本，于不知不觉之间，已卷入资本主义之漩涡”，认为此种“营业本位”的观念，“未免为偏于资本主义之见解”，[②] 对其资本主义实则充满警惕。

尽管对于商业化即资本主义化，此间尚有反驳，[③] 但这一反思一直是20世纪二三十年代中国新闻界的一种明显倾向，尤其在中国资本主义的“黄金时代”，这无疑成为新闻界的焦点问题。这一点在成舍我这里体现得尤为明显。在20年代初，成舍我深感言论受制于报老板，提出要创办“大报馆”“大书局”，然资本匮乏是其瓶颈。[④] 1929~1930年成舍我参访伦敦，此时《泰晤士报》已从北岩家族手中转入阿斯特家族，这使其对北岩的做法有更直接也更冷静的旁观。他一方面认同北岩的大众化报纸策略，认为其“兴趣、廉价政策，诚足以贬损报纸之价值，然二十世纪之报纸，其目的绝非仅止于供给一部份知识阶级。欲求报纸销行于一般平民，自非浅显生动之文字及最低之售价，不能奏效”。同时不乏批评：“所惜者，即此种政策，有时行之过当，且其大部份动机，多半出于资本

---

① 钱伯涵、孙恩霖：《报馆管理与组织》，载《申报新闻函授学校讲义之二》，申报馆，1936，第3~4页。

② 邵飘萍：《新闻学总论》，载肖东发、邓绍根编《邵飘萍新闻学论集》，北京大学出版社，2008，第202页。

③ 如燕京大学的马丁富就否认“报纸商业化就一定以赚钱为首要的意思”，并坚称“商业化非特未损害报纸的势力，而反使它更为稳固”。（马丁富：《现代报业的使命》，载方汉奇主编《民国时期新闻史料汇编》第3册，第461页。）

④ 成平：《文化运动的意义与今后大规模的文化运动》，《新人杂志》1920年第1期，第1~7页。

家获利之一念，而非欲供给一般平民以何种善良之知识，此则吾人所不能为此严讳也”。[①] 但重心还是在于后一层意思：“现在的报纸，完全成了资本主义下的产物，所有在主张方面，只顾及到资产阶级的利益，所谓公众福利，实际上全是空话……现代报纸发达的一种不幸的结果”。[②] 后来成舍我基于此构想出一种所谓“资本家出钱，专家办报，老百姓说话，政府认真扶助、依法管制”的新方案。[③]

随着20世纪30年代《申报》与《新闻报》等大报商业化趋势日益加剧，这种批评越发尖锐。袁殊指出：“现在当着上海这些报馆主人的都是商业经纪人的买办阶级，或竟是依附帝国主义而存在的资本家。资本家所经管的报纸的表现就是营利，企业的意识的全部。”[④] 郭箴一在描述30年代上海报业状况时，以中国报业资本受制于帝国主义而称为“奴隶化”，受制于少数人而称之为“独占化”，认为其根源在于“报纸营业化”，此乃“中国报界之死命”。[⑤]

对于报纸商业化之反思还触及有关中国报业托拉斯问题。如上节所述，报业托拉斯在民国成立前后本为独立报业的重要条件而被言说，但随着人们对于商业化危害的了解，遂对其警惕起来。如此自然与《泰晤士报》被纳入北岩报团这一事实相联。上引邵飘萍之言，“其种种大规模之设备，不可无巨额之资本，于不知不觉之间，已卷入资本主义之漩涡，资力薄弱者，有无法竞争不能存在之势”[⑥]，也在说明这一趋势。这种担心随着《申报》主人史量才试图收购《新闻报》之举而加大。黄天鹏以北岩报团为例，说明报业托拉斯蔓延至国中之趋势：“Sir North cliffe 止以泰晤士与密勒之势力，即称为舆论之制造者，其势足以去留内阁，而其无冠

---

① 舍我：《在伦敦所见：英国报界之新活动》，《世界日报》1931年1月14日。

② 成舍我：《世界新闻事业的发达与中国报纸的前途》，《民众周报》1931年第182期，第1~4页。

③ 成舍我：《报纸必如何始真能代表民意》，《中国新闻学会年刊》1944年第2期，第20~30页。

④ 袁殊：《上海报纸之批评》，《新学生》1931年第3期，第39页。

⑤ 郭箴一：《上海报纸改革论》，上海复旦大学新闻学会，1931，第31~43页。

⑥ 邵飘萍：《新闻学总论》，载肖东发、邓绍根编《邵飘萍新闻学论集》，北京大学出版社，2008，第202页。

帝王之威权，而成舆论执论之时代。此种托辣斯之趋势，已由一地而至全城，由一城而至一省，由省而至全国，由欧洲而至美国，而渡海东来，在中国资本主义亦已侵入新闻界。”对其危害，他指出：“由资本主义发达之结果，而新闻事业遂卷入托辣斯之怒潮，以金钱而垄断舆论，操纵报业之形势既成。”① 并且，依其判断，北岩访华“启示了几个中国报业的中心人物此后的作为”，特别是为“中国新闻事业带来托辣斯的发端”，而史量才收购《新闻报》等举措，即“受北岩爵士的影响”。②

报业托拉斯也引起胡政之的担忧。对此他指出，“为免除过度商业化的流弊起见，希望报纸不要办得太大，并希望地方多办各种适合各种环境的报纸，更不希望像外国由报业托辣斯包办舆论，因为那在中国是不可能而在实际是有害的”，提出要打破“新闻纸是资本主义产物”的思想。③如此，报人不再简单地把托拉斯当作灵丹妙药，反而产生了抵触情绪。这和辛亥前后章士钊等人对于报业托拉斯的认识正相反。

《泰晤士报》无疑为民国新闻界理解报纸商业化提供了深入反思的机会，由此有助于明确中国新闻职业化乃至整个新闻业的路向。但中国新闻职业化面临的难局是，一方面担心资本主义对于报业的控制，进而完全被其操控；另一方面又期待自身势力强大，以便在与权力机构的博弈中维护自身。因此，如何理解报纸与政府的关系则是职业化进程中的另一核心问题。在此，《泰晤士报》与英国政府的关系又成为反复引述的内容。

对于《泰晤士报》监督制衡英国政府的地位，报人们多有明确认知。如徐宝璜等对此赞誉有加：“今日《泰晤士报》对英国政府，处于完全监督之地位，其实力足以左右秉政之大佬。”④ 汪英宾指出，报社除了有监督政府的政治责任外，还有维护国家利益的责任：“英伦之《泰晤士报》，……为世界各国最注意之报，对外交问题所发表意见，往往为各国

① 黄天鹏：《中国新闻事业》，上海联合书店，1930，第158~161页。

② 黄天鹏：《四十年来中国新闻学之演进》，载龙伟等编著《民国新闻教育史料选辑》，北京大学出版社，2010，第158、160页。

③ 胡政之：《我的理想中之新闻事业》，载方汉奇主编《民国时期新闻史料汇编》第3册，国家图书馆出版社，2011，第497页。

④ 徐宝璜、胡愈之：《新闻事业》，商务印书馆，1924，第86页。

外交家所采纳……故于编制外交新闻时，宜十分谨慎，务以发扬国光，增进邦交为责任。”[①]

成舍我的认识在此点可能更进一步。在其看来，《泰晤士报》本身具有保守主义色彩，这与我国报纸“一方面环境压迫、不能为自由之表白，一方面报纸自身亦乐以模稜游移之说，博‘中立’、‘不党’之美名也”显然不同，由此才使“符离街（Fleet Street）之势力在英国得一均衡”。虽然他意识到《泰晤士报》的阶级性质难合“民治潮流日见发皇”之中国，但对《泰晤士报》与政府的关系十分羡慕：“惟遇所乐为称道英国新闻事业者，报纸对任何政治问题均有迅速明确之批评，而政府当局及各党领袖，亦能虚心考量，不至以‘反动’或‘废话’目之，吾人固不欲赞美英国之报界巨头，然此种符离街（报馆）支配唐宁街（政府）之精神，在词典上无‘言论自由’之吾辈中国记者视之，自不能不悠然神往耳。”[②]

不论是北洋军阀统治时期，还是南京国民政府时期，如何与政府建立良性的制衡关系，一直是民国时期职业报人思考的问题。这一问题在日本入侵、民族危亡的背景下更加突出而紧迫。此时《泰晤士报》在一战时的表现尤为令人关注。

此时，关于德皇威廉二世将一战失败归结于北岩及其《泰晤士报》的论述频频被引用。张友渔引述称：“第一次世界大战后，德皇威廉第二和兴登堡将军都承认，德国不是失败于军事，而是失败于新闻。假使他们有伦敦《泰晤士报》那样的新闻，他们将不致遭到惨败。”[③]《新闻杂志》的文章也说：“观欧洲大战时，协约国的努力于宣传战，而终于获得胜利可知，……如德废帝威廉第二于大战后所谓：‘此非战之罪，而系德国无泰晤士报之故’”。[④] 任白涛引用此话在于说明，德国战败，“不是败于军事，而是败于宣传”[⑤]。赵占元也以为，战时《泰晤士报》已成为英帝国

---

① 汪英宾：《中国报界应有之觉悟》，载陈桂兰主编《薪继火传：复旦大学新闻传播论文集 1929-1999》，复旦大学出版社，1999，第 86 页。

② 舍我：《在伦敦所见：英国报界之新活动（续）》，《世界日报》1930 年 11 月 18 日。

③ 张友渔：《苏联的新闻和新闻政策》（1932），载王迪整理《张友渔新闻学论文选》，新华出版社，1988，第 66 页。

④ 凌遇选：《非常时期的新闻统制》，《新闻杂志》（创刊号），1937，第 28~33 页。

⑤ 任白涛：《抗战期间的新闻宣传》，新闻研究社，1938，第 7 页。

对内对外的代言人，它“并不是一家报纸，而是一家保护英国国家利益的机关”[1]，以此突出报纸对于政府和国家的责任。

尤有意味的是，一战时期北岩通过在阵前散发传单致使德军军心大乱，进而被人称为“纸弹”“墨弹”，这一比喻也被国内报人借用，以阐发报业之于抗战的作用。成舍我在《“纸弹”亦可歼敌》一文中引用德军一战将领鲁登道夫之语说，“同盟国不是败于协约方面的铁弹，而是败于北岩的‘纸弹’”[2]，进而阐述了战时宣传如何到民间去的问题。马星野联系中国抗战实际认为，中国报纸的作用与其说是用来直接歼灭敌人，不如说是间接推动人力物力；与其说是子弹，不如说是煤油[3]，将此点引入深处。

如此引述，其意并非“符离街”指导“唐宁街”的问题，而是涉及报刊如何调整角色以服务于国家抗战大局。如张季鸾一直想办一份像《泰晤士报》一样的大报，他认为“自从抗战，证明了离开国家就不能存在……所以本来信仰自由主义的报业，到此时乃根本变更了性质”。他提出，报纸要做“严格受政府统治的公共宣传机关”，“贡献一张报纸于国家，听其统治使用”。[4]

张季鸾反映的是自由职业报人在国难面前的自我认知。这种认知对于国民党报人而言就更自然不过了。在詹文浒眼中，北岩和他的《泰晤士报》在一战中的表现可圈可点，其因在于报纸和国家保持了如此关系：“它只是在少数极端场合反对政府，大体都拥护政府。”因此，报纸评判事情就应该像《泰晤士报》一样，“仅从该事本身的功过着想，凡有利于国族者，他全力支持，否则他就毫不迟疑，予以断然的批评和挞伐”。[5]

综上观之，在民国新闻职业化观念的推进中，不论是出于对中国报纸商业化的利弊反思，抑或政府与报业关系的探究，甚或抗战时期报纸角色

① 赵占元：《国防新闻事业之统制》，汗血书店，1937，第39页。

② 成舍我：《“纸弹”亦可歼敌》，载中国青年记者学会编《战时新闻工作入门》，生活书店，1939，第91页。

③ 马星野：《战时民意与新闻纸》，《民意周刊》1938年第49期，第4页。

④ 张季鸾：《季鸾文存》（第二册），大公报馆，1946，第151~152页。

⑤ 詹文浒：《报业经营与管理》，正中书局，1946，第37~38页。

的认知，“泰晤士报”均占据了不可忽视的位置。也因由关于“泰晤士报”的诸多认知和探讨，推进了近代有关中国新闻职业化问题的探讨。

四　结语

本文无意探寻“泰晤士报”对于中国新闻业的现实影响究竟如何，而主要从思想史层面，以一种长程视野，分析“泰晤士报”这一思想资源在中国近代新闻思想史上的地位和价值。通过本文的梳理可知，百余年来，国人对于“泰晤士报”的言说用意及重心存在一个明显的转移过程。在晚清时期，国人对于“泰晤士报”的使用主要集中在其舆论功能上，由此成为“新报”构想之模板；在民初党争之下，主要突出其言论独立、经济独立的价值；20 世纪 20 年代后期，“泰晤士报”则成为人们反思新闻商业化、报纸与政府关系等问题的对象；究其原因，虽有《泰晤士报》本身变动之因素，最为根本的是国人对于“泰晤士报”的运用，往往从现实新闻实践的关键议题出发，对其加以使用，以此明晰中国新闻事业之进路。“泰晤士报”由此承担着为中国新闻事业之演进进行合法性论证的功能。

这一转移过程大致反映了近代西方报业思想在近代中国的命运。如上可知，国人对于“泰晤士报”的运用，并非完全依照其本来面目做一简单的移植，而是依照近代中国新闻实践具体情景和议题出发加以理解，其中存在着模仿、辨析、反思进而批判的流变过程。由此我们可以进一步体会西方思想资源与近代中国新闻实践交织于一体所具有的复杂性和动态性。

由此过程我们也能觉察到“泰晤士报”参与近代中国新闻思想建构的积极意义。一方面，“泰晤士报”的言说，拓展了思想史的视野。借助“泰晤士报”的言说，国人能够将西方自由报业之诸多议题较为全面地展示出来。正是借此，国人逐步明确了“新报”的内涵和样态，提出对于事实的重视、经济独立的问题；另一方面，也许更为重要的是，通过对“泰晤士报”的商业化问题、阶级性问题等的反思和批判，有利于推进国人对于中国新闻事业的理解深度，把握其中的复杂内涵，进而明确中国新闻事业之进路。

这一效力的形成可能还要归结于“泰晤士报”这一思想资源的独特性质。相对于某种系统的西方新闻理论或“模式”，有关“泰晤士报”的言说并非那么系统和合乎逻辑，甚至存在某种“误读”。但是，“泰晤士报”因其简约而有力，已经具有某种符号性价值。从本文引述的文献可见，当时无论是在专业的期刊上还是在大众化的读物中，在人们的书信，抑或聚会交流中，人们对于“泰晤士报”的想象，已经化为某种象征，积淀成为中国新闻界的一种集体意识。这一点是我们理解中国近代新闻思想史时不可忽视的面向。

转向媒介

新中国成立初期湖南建设宣传网的历史过程考察*

新中国成立后，为充分运用党掌握的上层建筑及意识形态的力量，确立马克思主义的国家意识形态地位，构建适应新中国政治、经济和思想文化需要的思想宣传工作制度，是摆在党的思想宣传战线前面一项紧迫而现实的任务。同时，为改变对人民群众的宣传工作缺乏经常性和组织性的现象，1951 年 1 月，《中共中央关于在全党建立对人民群众的宣传网的决定》要求："在党的每个支部设立宣传员，在党的各级领导机关设立报告员，并建立关于宣传员报告员工作的一定制度。"① 我国由此进入为期 5 年之久的学习苏联建设宣传网运动时期。宣传网作为党的组织传播体制，在苏联社会主义建设和第二次世界大战中发挥了重要作用。

对于宣传网这一"苏联版本"之于新中国建设的意义，学术界已有研究做了初步评估。② 但是对其移植到新中国特殊政治社会语境过程中产生的具体反应及其历史进程，尚未细致梳理。本文以湖南省档案馆已公开的相关档案（湘档 143 号）为依托，希图借助湖南的个案，具体分析新中国成立初期湖南宣传网建立的历史过程以及存在的问题，并希由此对当

---

* 此文发表于《中共党史研究》2011 年第 4 期，合作者为朱习文。

① 《党的宣传工作文件选编（1949—1956）》，中共中央党校出版社，1994，第 65~66 页。

② 王炎：《新中国宣传网制度的建立及其历史经验》，《北京党史》2004 年第 2 期；吴继平：《建国初期政治社会化述评》，《理论学刊》2005 年第 11 期。

代中国宣传组织和体制建设提供某种参照。

一　队伍“草创”

1950 年 2 月，我国与苏联签订《中苏友好同盟互助条约》，中国进入全面学习苏联时期。考虑到新中国成立初期思想元素多元并存，党的宣传工作非常薄弱，中央提出学习苏联宣传组织模式，在全国试点建设宣传网。其中湖南所隶属的中南区也是试点对象。

1950 年 11 月，中南局发出《关于建立宣传员组织的指示》，要求各省打破过去“小手小脚”的局面，建立和形成规模较大的群众性的宣传力量，中南局宣传网工作进入全面试建时期。① 在上级指示下，湖南省委宣传部选择了长沙和零陵等地“重点试办”，探寻在湖南厂矿、农村建立宣传网的途径。12 月上旬，长沙地委宣传部派员赴湖南机械厂、裕湘纱厂和长郡中学等单位试建宣传员队伍。之前，湖南机械厂、裕湘纱厂并无固定的宣传队伍。试建中，工作人员遇到诸多实际问题。如工厂生产任务重、干部少、单位负责人忙；干部职工对宣传工作认识有问题，有的担心犯错误，有的干部怀疑做宣传员耽误生产，有的看不起宣传员。因此，在试建初期，基层的群众宣传和鼓动工作没有真正展开。② 长沙在试点中碰到的问题带有普遍性。与老解放区相比，湖南作为新区，党委任务重，难以分身做宣传工作；群众中党员比例非常低，党的基础薄弱，不仅非党的宣传员队伍发展有困难，就是党员在认识宣传员工作时也出现了这样或那样的偏差。

1951 年，全国宣传网从试点进入正式建设阶段。湖南省委随后发出在全省建立宣传网的草案，全省包括湘西、长沙、零陵等 7 个地委以及郴县、湘阴、常德市、湘潭市等 33 个县市党委对上级指示进行了讨论，做出了建立宣传网的工作计划。但是，在区委一级应者寥寥。有的区委将党

---

① 中南局宣传部：《关于建立宣传员组织的指示》（1950 年 11 月 22 日），湖南省档案馆藏，档案号：143-1-4。（本文以下档案均藏于湖南省档案馆）

② 《转发长沙市委宣传部重点试建宣传员的工作简报》（1951 年 1 月 21 日），档案号：143-1-9。

的这一决定“一直压在抽屉里，直到过了半年才拿出来”[①]；也有的区委认为宣传网不是自己的“分内之事”，甚至认为无须“再搞一套宣传员”。部分党委，在宣传网建设中也有意无意降低党委在宣传网中的地位。如衡阳市委出台的有关文件规定：“凡没有建立支部组织，其宣传员工作一律由青年团领导。在各行业工会中，宣传员工作一般由工会领导。”郴县地委则规定宣传员受“双重领导”，一方面受所在地党委领导，另一方面又受地委宣传部直接领导。[②] 这些政策明显与中央精神相违背，在实际工作中势必模糊党委在宣传网中的中心位置，为地方党委推卸在宣传网建设上的责任提供借口。

党委对宣传网建设认知上的偏差，甚至放任自流，只是问题的一方面。同时，宣传干部自身存在的问题在宣传网的建设中也凸显出来。首先，宣传干部短缺，宣传机构不健全，这是在新中国成立初期的建设宣传网中存在的普遍性问题。在作为新区的湖南尤为突出（据调查，当时全省缺干部5万至6万人[③]）。1951年初，中南局根据中央《关于健全各级宣传机构和加强党的宣传教育工作的指示》，对全区各级宣传部门的编制人数规定了明确数目和完成期限。[④] 但定了编，并不一定能够配齐人员。据湖南省委宣传部在1951年7月的统计，全省县级以上党委宣传部门配备干部288人，仅相当于中央定编数的25%。[⑤] 其次，宣传干部对工作缺乏信心，业务水平普遍有限。从1951年3月至7月，湖南省委连续组织了三次宣传干部短训班。在培训过程中发现，学员中绝大多数“不安心

---

① 《李锐关于加强宣传工作的几个问题的报告提纲》（1951年8月12日），档案号：143-1-7。

② 《湖南省建立宣传网工作的概况》（1951年3月31日），档案号：143-1-9。

③ 参见湖南省地方志编纂委员会编《湖南省志·第3卷：共产党志》，湖南人民出版社，1998，第135页。

④ 当时中央对于宣传部编制规定：中央局宣传部为60~100人，分局宣传部30~60人，省委、大市委、区党委宣传部25~50人，地委宣传部15~20人，县委宣传部10人左右。中南局则规定，中南局下省委宣传部应于1952年下半年配备40~50人；1951年底之前，地委宣传部，在土改完成区应配足28人，土改未完成区应配足18人，县委宣传部于1951年底，在土改完成区配足18人，土改未完成区配足8人。

⑤ 参见《省委关于举办宣传干部训练班第三期的通知》（1951年7月16日），档案号：143-1-12。

宣传工作”，缺乏搞宣传的思想准备。如有学员认为，“搞宣传工作没出息”“第三流干部才搞宣传”；对宣传工作，不少学员认为是“多它不多，去它不少”[①]。在1951年8月举行的全省第一次宣传工作会议上，与会的宣传干部代表对于宣传工作仍显得相当“模糊”和“狭隘”。他们或者党政不分，将党的宣传工作简单地看作行政事务性工作；或者对搞宣传工作缺乏信心。[②]

地方党委对于宣传网的反应迟滞，宣传干部的顾虑重重，这在一定程度上限制了宣传员队伍的发展速度。据湖南省委宣传部统计，至1951年3月底，全省仅仅发展宣传员2073名、报告员300人。为了改变这一局面，中南局发出《关于建立与巩固党对人民群众的宣传网的指示》以及《中南局关于执行中央的加强党的宣传部门工作的指示的具体规定》，在批评地方党委不重视宣传网工作的同时，要求宣传部门改变作风，主动与党委取得联系。湖南省委组织部和宣传部也随后联合发出指示，要求各级党委在宣传队伍配备、宣传网建设等方面全力支持。[③] 在此压力下，湖南省的宣传员队伍才逐步扩展。至5月底，全省宣传员达5692人，7月底达15539人。[④]

但如此增速仍落后于中南局总体形势的发展（至5月底，河南宣传员为48600人，湖北为28169人[⑤]）。湖南省委宣传部在8月中旬给中南局的一份报告中认为，湖南发展宣传员工作迟滞的直接原因有二：一是出于慎重考虑，先孤立地试点，忽视了面的开展，使得宣传网发展迟滞；二是在发展宣传员时，提出过苛的条件，导致许多干部群众望而却步。这种

① 《湖南省委宣传部宣干短训班工作经验简报》（1951年7月10日），档案号：143-1-12。

② 参见《关于湖南省委第一次宣传工作会议的报告》（1951年9月27日），档案号：143-1-7。

③ 参见《通报湖南省委组织部宣传部要求各级党委重视宣传工作的指示》（1951年4月6日），档案：143-1-8。

④ 参见《关于我省宣传网情况向中南局宣传部的报告》（1951年8月30日），档案号：143-1-9。

⑤ 参见《中南局给中央的关于宣传网工作的报告》（1951年8月6日），档案号：143-1-6。

“关门主义”的倾向也影响了宣传员队伍的发展速度。[①] 不过，“关门主义”的标签也并非适应全省整体情形。中央在文件中提出宣传员必须符合三个条件：具有必要的政治觉悟、联系群众和有担任宣传工作的适当能力。从当时发展的情况看，各地并非完全遵照这些要求发展宣传员，有的地方专门找知识分子做宣传员，工农群众被排除在外；有的只要“清一色”的贫雇农；有的甚至强调只要人“老实”即可。[②] 甚至在随后的发展中因放任自流导致整个宣传员队伍处于“极度严重的混乱状态”[③]。

1952 年 1 月，湖南省委出于上级压力，决定本年内将全省宣传员数目扩至 15 万人，并给各地委定下了硬性指标。[④] 此后，各地宣传员队伍发展迅猛。5 月，全省宣传员达 82846 人，[⑤] 9 月达 12 万余人。[⑥] 如此情势下，各地“拉夫交差”的现象更是层出不穷。1952 年 5 月，省委宣传部发现，常德县委宣传部上报的宣传员名单中，出现了一名少儿队员。[⑦] 在地处偏僻的保靖、大庸和永顺等地，许多宣传员只是挂个名，有的甚至否认自己是宣传员。宣传员政治成分不纯的现象也比比皆是。怀化七区的 202 名宣传员中，有 5 名是和尚、道士，有 11 人当过土匪、犯过法，历史背景复杂的有 16 人[⑧]。

如此情形反映出湖南在执行中央宣传网建设任务初期的尴尬：一方面，在党的工作基础薄弱、群众条件不够、宣传机构不健全的情况下，要完全掌握上级关于宣传网建设的精神，真正稳妥地推进宣传员队伍建设，无疑需要一个逐步培养和磨合的过程；另一方面，迫于上级的指标压力，

---

① 参见中共湖南省委《中共湖南省委对中央建立宣传网决定执行情况的报告》（1951 年 6 月 6 日），档案号：143-1-9。

② 参见《湖南省建立宣传网工作的概况》（1951 年 3 月 31 日），档案号：143-1-9。

③ 参见《湖南省整顿宣传员队伍的初步经验》（1952 年），档案号：143-1-9。

④ 参见《关于今年内所要达到宣传员数量的意见》（1952 年 1 月 21 日），档案号：143-1-15。

⑤ 参见《湖南宣传网工作近况》（1952 年 7 月 8 日），档案号：143-1-15。

⑥ 参见《湖南两年来的宣传员工作和今后意见》（1952 年 9 月 19 日），档案号：143-1-15。

⑦ 参见《对常德县委宣传部在宣传员中有少儿队员一名应即纠正的意见》（1952 年 6 月 11 日），档案号：143-1-15。

⑧ 参见《湖南省整顿宣传员队伍的初步经验》（1952 年），档案号：143-1-9。

依托如此条件，要大规模、迅速地建设宣传员队伍，势必造成队伍质量的参差不齐甚至流于形式。

二 制度“整顿”

湖南宣传网建设过程中出现的问题，一方面与新中国成立初期湖南政治和社会等条件的限制有关，另一方面也与宣传网建设中制度缺失导致的队伍不够巩固有密切关联。关于宣传网的制度问题，中南局在湖南试建宣传网时就特别提出来。1950 年下半年，中南局根据中央对于宣传网的精神，确定宣传员是在党的领导下不脱离生产的群众性的宣传队伍。对于作为“兼职”性质、“经常分散”的宣传员，如何进行集中管理，中南局提出了建立一套可行的会议制度（如汇报情况、总结工作和定期领导传达）、支部领导制度（有支部的地方由支部领导，无支部或支部不健全的地区由区委领导）等初步设想。[①] 1951 年，中央的指示进一步明确宣传网的制度建设范畴，包括党的领导制度、宣传员会议制度、宣传员代表会和传授站制度等学习和工作制度。不过，中南局在调查该局全面建网初期的情况时发现，中南局各地“普遍缺乏经常性的工作制度”[②]，其中，湖南表现得相当明显。在长沙，不少支部对宣传员的领导也没有建立经常的制度，“需要时就抓一把，工作做过了就不闻不问”，宣传员组织难以巩固。南县在建宣传网时着手最晚，一下子在县城发展 90 多个宣传员，但热闹一阵后，“很快就没有人管了”[③]。

对于这些问题，中南局于 1951 年 5 月指示，要求在当月对该局宣传网进行一次全面的检查，提出在发展宣传网的同时，注重“巩固”宣传网，并制定了“巩固”宣传网的一些规定。考虑到党委以“中心工作”为由忽视宣传工作的状况，中南局在该指示中进一步明确了党委及相关部

---

① 参见《关于建立宣传员组织的指示》（1950 年 11 月 22 日），档案号：143-1-4。

② 《中南局关于执行中央的加强党的宣传部门工作的指示的具体规定》（1951 年 5 月 4 日），档案号：143-1-6。

③ 《中共湖南省委对中央建立宣传网决定执行情况的报告》（1951 年 6 月 6 日），档案号：143-1-9。

门在宣传员和报告员工作中的领导职责和分工。在宣传员方面，进一步细分了支部、区委等各级党委，以及宣传部门在具体领导上（包括宣传员培训班、典型材料的供给、非党宣传网的领导等方面）的职责和任务。在报告员工作上，提出按照地区或所讲对象进行分工，实行“包干制”；针对不同性质的报告任务、报告要点及其审查，报告员工作计划的撰写等诸多环节进行了规定[①]。

不过，这些具体制度能否真正落实还是问题。如对于宣传员队伍的巩固和提高具有支撑意义的工作和学习制度，大多并未建立或未能得到有效实施。传授站制度是农村区委对支部的宣传员或宣传员的代表进行训练的组织形式，是基层宣传员接受教育和培训的重要途径。这一工作在湖南进展不顺畅。在中央发出建立宣传网指示一周年时，湖南全省建立传授站仅216个，且大多“徒见形式”。有些地区的宣传网，如岳阳某区的全部7个传授站，“几乎全未起作用”[②]，更不要说按照规定“按期”传授。又如宣传员训练班，作为提高宣传员技能和素质的一种常规制度，也未能得到有效执行。至1951年底，全省只有湘潭地委组织开办了两期宣传员业余培训班，其他地方迟迟未有动作。[③] 作为培养宣传员素质的宣传员代表大会，此时也只有长沙、湘潭和常德等市委以及部分县委召开过。[④] 此外，宣传材料的编写和供给，也因上下沟通的问题，未能贯彻执行，使得地方宣传打了折扣。这也是省委宣传部后来招致地方批评的焦点。

1952年初，湖南进入土改复查和“三反”“五反”运动的高潮。运动过程中，原本就不牢固的宣传网制度几近废弛。在此背景下，整顿宣传网组织，建立和健全宣传网的各项制度已成为一件“迫切的任务”。1952年9月13日，湖南省委宣传部正式发出通知，要求各地坚持“发展与巩固兼顾”的方针，在全省范围内集中开展一场“检查”“整顿”“总结”

① 参见《中南局关于建立与巩固党对人民群众的宣传网的指示》（1951年5月4日），档案号：143-1-6。

② 《湖南省宣传网工作近况》（1952年7月8日），档案号：143-1-15。

③ 参见《中南局关于宣传网工作的报告》（1951年12月30日），档案号：143-1-6。

④ 参见《中共湖南省委对中央建立宣传网决定执行情况的报告》（1951年6月6日），档案号：143-1-9。

宣传网的工作。①

检查和整顿工作围绕两个核心环节进行。

一是对报告员和宣传员队伍进行检查、重新登记和整理。针对队伍不纯的状况，在检查过程中，全省一律将在“三反”运动中犯过严重错误而受到撤职以上处分的报告员全部清除出队伍，一些不合格的报告员也被清除掉。同时，全省各地对宣传员普遍进行了一次填表登记。全省以区委为负责单位，对各区已有的宣传员队伍进行了全面审查，一批反革命分子、阶级异己分子、帮会成员、流氓地痞以及其他历史不清、成分不纯的人被清除出宣传员队伍。如在湘潭专区，清查出“不良分子”41 人，邵东县清查出 24 人。② 与此同时，对于那些不够条件或完全不够条件的宣传员，则以区、乡及传授站为单位，召开宣传员大会或者举办培训班，提高其业务素质和思想素养，进而发展成为合格的宣传员。

二是建立和健全全省宣传网的领导制度。这是整顿的核心。在检查和整顿的过程中，党委主动参与，为健全党对宣传网的领导制度提供了基础。例如，岳阳县各区委针对自身领导宣传员中存在的问题进行了自我检讨，打消了许多宣传员对整顿工作的顾虑。同时，全省大部分县委召开了区委宣传干部会、党支部会或团支部会，对整顿工作进行动员。这一做法不仅可以引起党委对于宣传网工作的重视，而且能够使其较为全面地了解宣传员的状况，听取宣传员对于党委领导制度的意见和建议，有助于领导制度的改善。永兴县委在此基础上还提出了结合生产整顿宣传员的办法，成为整顿中的典型。③

1952 年底，湖南省委提出来年发展宣传员和报告员的目标分别是 35 万人和 1 万人。④ 为了避免初建时的问题，省委进一步整理了宣传网工作中的各种制度。如在支部领导制上，省委要求所有的党支部都必须建立宣

---

① 参见《关于检查、整顿和总结宣传网的通知》（1952 年 9 月 13 日），档案号：143-1-15。

② 参见《湖南省整顿宣传员队伍的初步经验》（1952 年），档案号：143-1-9。

③ 参见《湖南省整顿宣传员队伍的初步经验》（1952 年），档案号：143-1-9。

④ 参见《中共湖南省委关于继续发展与巩固宣传网组织的计划》（1952 年），档案号：143-1-15。

传员队伍，党支部书记和委员都必须成为宣传员，并将建立宣传员队伍作为党支部的一项“经常任务”。同时，省委借鉴了宣传员队伍整理的经验，规定今后凡发展宣传员，必须经过培养的过程和短期的训练，而非简单的登记、填表了事。更富实际操作意义的是，为了保障这些制度运转的效果，省委给出了基本的量化指标。例如，传授站的制度，省委规定，农村各区至少要建立 4~5 个传授站，每半个月举行一次传授活动。关于宣传员代表大会，要求区委每 3 个月召开一次，每月召开一次传授站长和宣传员小组长的联席会议。而专辖市、县则要求每半年召开一次传授站长会议。同时，省委结合各地不同情况，对各级党委的领导任务进行了不同的量化①。

湖南省委对于宣传网的整顿显然是初具成效的，并且不少制度的调整也适应了具体形势，因而有助于宣传网组织的完善。这一整顿工作继续推进的过程中，国内和省内的主要任务从土改和政治改革转入大规模的经济建设之中。原来在政治运动中成长起来的宣传员和报告员，能否适应生产建设的新环境和新任务，无疑成了一个新的问题。

三　思想领导

1953 年，国家的中心工作从政治民主改革转入经济建设后，引起群众思想的巨大变动。这一时期，工业和农业生产宣传中的思想性问题变得更为严重。主要是在政治运动中建立的宣传网，受到新的挑战。厂矿宣传工作中的思想性问题较早引起省委注意。1952 年底，裕湘纱厂在全厂推广中央倡导的“郝建秀工作法”，但是该厂只注意了对其中的技术的介绍而忽视了对其思想的介绍，效果不够明显。株洲铁路工厂、宁乡矿区局、安江纱厂等单位也面临这样的问题。在安江纱厂，宣传部门采用“斗穷”的方式，提出“找穷斗顶呱呱，红旗奖金就拿到”等经济主义口号来提升工人生产的积极性。有的甚至发动保卫部门，采用“登黑旗”“插蓝

① 参见《中共湖南省委关于继续发展与巩固宣传网组织的计划》（1952 年），档案号：143-1-15。

旗”的方式来嘲笑和讽刺生产落后工人。[①]

这些问题在农村社会主义改造中表现得更为突出。湖南农村的社会主义改造从 1951 年试办临时互助组开始，经过了常年互助组、初级合作社、高级合作社等发展阶段。社会主义改造是一场生产关系的根本变革，触及改变农民长期以来形成的私有观念，必然给农民带来思想上的巨大震动甚至混乱。如何在思想上引导或提高农民的生产积极性，形成对社会主义的自觉行动，成为事关改造成败的关键因素，势必对农村宣传网提出新的挑战。

总体来看，在农业合作社的建设过程中，许多干部对今后农村宣传工作的方向还模糊不清，又缺乏生产宣传的知识和经验，在新任务面前往往“束手无策”，“无能为力”。同时，在宣传中概念化、言不及义甚至简单粗暴的倾向纷纷暴露出来。“概念化”的问题，在建立合作社（简称建社）宣传工作中体现得很明显。如永明等县在发动农民建社的宣传过程中，存在“空喊口号”“夸夸其谈”的现象。有的宣传干部按报告照本宣科，有的只讲到社会主义如何好，没有将这些概念或口号与农民的亲身经历结合起来讲，导致在建社的思想发动上遇到困难。[②] 邵阳地委宣传部在检查湘乡县的宣传工作时，发现部分宣传干部总是停留在“三个支援”“总路线”“工业化”“走互助合作道路”等概念和名词上，使农民感到千篇一律，枯燥乏味，“讲来讲去，几句现话”，缺乏思想的针对性。在对农民进行农村“统购统销”和“三大支援”政策的宣传时，只是从抽象的层面谈集体利益，而忽视了农民特别是中农的个人利益，难以消除农民的思想顾虑。[③]

更多的现象是在宣传中就事论事，“言不及义”。当时一个普遍问题是缺乏理解经济政策背后的思想意义，使政策宣传存有偏颇。省委宣传部

---

① 参见《国营厂矿宣传工作向省委和中南的报告》（1953 年 4 月 17 日），档案号：143-1-23。

② 参见《中共永明县委关于半年来加强宣传工作领导的报告》（1955 年 8 月 7 日），档案号：143-1-60。

③ 参见《关于今年第一季度宣传工作的综合报告》（1955 年 4 月 20 日），档案号：143-1-62。

检查全省1954年冬至1955年春的建社宣传工作时就发现，当时建社宣传一般是对建社对象宣传得多，对不建社的群众则宣传得少，这使得对社外群众的入社教育变得非常困难。[①] 在统购统销运动中，经济工作和思想政治工作“不相衔接”的问题也广泛存在。很多地方只讲统购统销价钱公道，对个人收入有什么好处，而没有从社会主义这一个“义”上阐述统购统销对于工农联盟的作用。[②] 此类情况在阶级政策、“三定”政策宣传中也不同程度地存在。

关于在合作化宣传中“简单粗暴”的问题。有的地方在进行“入社”宣传时，有些宣传员就说：“不入社不光荣，先入社先光荣”“三年合作化，今年不入明年也要入”，甚至打出“不入社就是走资本主义道路”的标语。[③] 在宣传生产竞赛时，只说：“竞赛就是爱国，不竞赛就不爱国”；宣传互助合作组时则说“参加互助组就是走社会主义道路，不参加就是走资本主义道路”。[④] 湘乡等地在宣传阶级政策时，片面地强调“依靠贫农”，忽视了“巩固地团结中农”和“限制富农剥削”这一面。

分析这一时期宣传网建设中思想性缺乏的原因，有客观的因素，也有主观的因素。

就客观因素而言，主要是机构不健全、制度不完善等宣传网建设过程中一些历史遗留问题未得到根本有效解决，影响了思想的统一。在国营厂矿企业的宣传机构方面，据1953年全省180个国营厂矿企业中20个较大企业的宣传干部的统计，专职宣传干部总计只有39人，且业务技能“很差”，宣传骨干力量“非常缺乏”，厂矿宣传部几乎处于一种“无人负责”或“有名无实”的境况。[⑤] 就全省的宣传部门而言，1953年4月，全省进

① 参见《关于今年第一季度宣传工作的综合报告》（1955年4月20日），档案号：143-1-62。

② 参见《朱凡论宣传和宣传的思想性》（1955年8月），档案号：143-1-60。

③ 参见《中共永明县委关于半年来加强宣传工作领导的报告》（1955年8月7日），档案号：143-1-60。

④ 《唐麟同志在中国共产党湖南省第二次宣传工作会议上的工作报告》（1953年7月10日），档案号：143-1-23。

⑤ 参见《国营厂矿宣传工作向省委和中南的报告》（1953年4月17日），档案号：143-1-23。

行了一次较大规模的干部调整，原有的经过宣干班培训的骨干分子纷纷转任他职，绝大多数宣传干部是“新班子”。因其“业务生疏”“交接不暇”，省委不得不将当年 7 月召开的全省第二次宣传工作会议赋予“培训”的色彩，[①] 并立即着手新一轮的宣传干部训练。[②]

宣传网本身固有的制度缺陷也是重要因素。就建“网”的整个运行机制而言，其制度的创建，均是为了实现党的政策和精神“自上而下”的传达或贯彻，但是，“由下至上”的反馈过程未能形成完善的机制。这一特点在“由上至下”的政治运动的传播中容易被遮蔽，但遇到需要经过上、下反复“通气”“再教育”，要求做细致的思想工作时，其缺点就暴露无遗。在宣传网“上下通气”的整个运行体系中处于决策地位的省委宣传部因此必然面临巨大的压力。1953 年召开的全省宣传工作会议上，各地委和县委宣传干部代表将宣传中出现的问题推到了省委宣传部头上，批评省委宣传部“没有直接掌握重点创造经验”，“对下面的宣传工作情况和中心工作进行情况，都不够了解”，“对群众的生活和思想情况相当隔膜”，等等。[③] 会后，省委宣传部建立了各级宣传部门之间的思想汇报制度，并与相关部门成立农村工作组，掌握农村干群思想动态，[④] 反馈机制的问题才有了进一步完善。

就主观因素而言，基层干部的理论水平过低，对于现实中的具体问题缺乏从理论和思想上进行诠释的能力，也是影响农村宣传思想性的直接原因。基层干部是整个宣传网中直接面对群众的关键环节，对于正确执行党对于农民的宣传工作具有决定性意义。但是由于各种历史原因和现实条件的限制，其理论水平是很低的。1953 年，湖南根据《中央关于 1953—1954 年干部理论教育的指示》，在区乡推行干部学制。但基层干部对于理

① 参见《湖南省委召开第二次宣传工作会议向中央和中南的报告》（1953 年 9 月 9 日），档案号：143-1-23。

② 参见《在 1953 年训练宣传干部的意见》（1953 年 4 月 30 日），档案号：143-1-29。

③ 《对省委宣传部的意见》（1953 年 7 月 21 日），档案号：143-1-23。

④ 参见《中共湖南省委宣传部 1955 年第一季度工作计划要点》（1955 年 1 月 20 日），档案号：143-1-62。

论学习“未养成习惯”，且由于各地重视程度不一样，“发展极不平衡”。[①] 支部教育也远远落后于形势需要。1954 年，省委宣传部联合党的组织部门在全省农村支部推行党课制，[②] 各地县区委组织部和宣传部此时也纷纷制订训练农村支部书记的计划。[③] 1955 年，省委宣传部总结和推广“茶陵支部党课制”和“何家垅农业社的政治思想教育工作”等典型经验。[④]

当然，对于基层干部的思想政治教育远非短期能够实现。1955 年春，省委宣传部在检查时发现，当前县区级干部的学习仍缺乏严格管理，县级机关干部的理论学习“坚持不够”，“时断时续”，区干部的理论学习基本是处于“自流”状态。[⑤] 支部的党课制也未真正抓起来。例如在支部教育做得较好的临湘，在全县 116 个农村支部中，只有 70 个支部党课制坚持得较好，40 个不起作用，还有 6 个支部根本没有建立制度。在邵阳等地，支部党课制虽在诸多县市的大部分乡建立了，但“很不健全”，或“流于形式”。[⑥] 1955 年 8 月召开的全省第四次宣传工作会议上，省委宣传部将此等问题列为全省农村宣传中“重大的缺点”，并要求各地以“重大的努力和斗争”，在全省农村支部普遍建立党课制，改变农村支部教育薄弱的现象。[⑦]

然而，随着在 1955 年秋湖南合作化运动冒进倾向的出现，这种从基层“培力”的方式很快被打断。1955 年下半年，省委召开全省第一次区委书记会议，将先前制定的合作化方针定为“右倾”而展开批判，大幅

---

① 《唐麟同志在中国共产党湖南省第二次宣传工作会议上的工作报告》（1953 年 7 月 10 日），档案号：143-1-23。

② 参见《湖南省委 1954 年支部教育工作计划》（1954 年 3 月），档案号：143-1-45。

③ 参见《批转长沙县委组织部宣传部关于训练农村支部书记的计划》（1954 年 4 月 19 日），档案号：143-1-45。

④ 参见《中共湖南省委宣传部 1955 年第二季度工作计划纲要》（1955 年 5 月 5 日），档案号：143-1-66；《茶陵县组织部宣传部的党课制的情况与体会》（1955 年 5 月 16），档案号：143-1-66。

⑤ 参见《中共湖南省委宣传部关于去冬以来农村宣传工作的检查报告》（1955 年 5 月 16 日），档案号：143-1-61。

⑥ 《中共邵阳地委宣传部关于湘乡县宣传工作的检查报告》（第四次全省宣传工作会议资料）（1955 年 8 月），档案号：143-1-60。

⑦ 参见《朱凡在全省第四次全国宣传工作会议上的报告》（1955 年 8 月 15 日），档案号：143-1-60。

缩减湖南农村合作化运动的周期，扩充建社的数量。为了推动和迎接全省合作化运动“高潮”的到来，省委宣传部号召各地大力宣传群众和干部建设社会主义的“积极情绪”，制造“声势浩大的宣传运动”。对于这场宣传运动，省委宣传部分运动初起、运动开展后以及运动结束等三个阶段明确规定了具体的完成日期、宣传运动的具体内容。[①] 运动式的宣传重新成为全省宣传工作的基调。

四　宣传网的取舍

苏联的宣传网建设采取设立宣传员、报告员制度，建立自上而下的群众动员网络机制和渠道。在中国共产党历史上，宣传上“以俄为师”的做法，在建党初期就有范例，宣传网的建设也不例外。效法形成于战争时代的苏联的思想宣传工作体制，对于中共发动民众夺取政权、取得革命的胜利功莫大焉。但是，通过湖南的事例可以看出，新中国成立初期学习苏联宣传网的做法遭遇种种困难，致使其最终结果与原来的设想迥异。

宣传网本是一个组织较为严密、任务较为单纯的工作体系，这是其特点，也是其缺点。1956 年 2 月，中共中央先后组织两次会议讨论宣传网问题，认为宣传网不仅增加了部分党团员的工作负担，也增加了支部的领导困难，现实中往往形成自流、停顿的状态。中央为此要求各地“权衡利弊”，研究宣传网取舍和改进问题。湖南省委遵照中央精神，要求各地依据实情进行取舍。对于保留宣传员的地方，则要求各地“简化手续”，如发展宣传员时不必填表，也不必上报上级党委批准，同时取消了以往的一整套传授制度。[②] 随后的 1957 年，湖南省委宣传部提出建立“农村社会主义宣传网”的方案，希望以此配合全省“生产大跃进”的革命形势，推动宣传工作的“大跃进”。

相较于中共中央在 1951 年的宣传网设想，“农村社会主义宣传网”

---

① 参见《关于省级各宣传部门在今冬农业合作化运动中宣传工作的安排》（1955 年 11 月 21 日），档案号：143-1-62。

② 参见《关于改进宣传网工作的意见》（1956 年 11 月），档案号：143-1-80。

在组织队伍、制度规范和核心任务上均有明显差别。在组织队伍上，后者已取消了严格的资格审查和政治纯洁等方面的严格限制。依其方案，“农村社会主义宣传网”的核心成员除了原有宣传网中的支部宣传委员之外，还将俱乐部、剧团、小学、民校、青年团、妇联等基层团体组织的负责人，以及企业单位的副职纳入其中。同时，其外围组织——社会主义宣传大队的成员更为宽泛，包括小学教员、知识青年、学生、转业军人、团员、演员等各种具有一定知识文化水平的人员。① 在制度规范方面，除了传授站制度被取消，原有的党的宣传网领导制度、宣传员代表会制度等也在新“网”的建设中废之于无形，而这对于中央宣传网的建设是至为关键的。更为重要的是，“农村社会主义宣传网”在其任务上也脱离了纯粹的“思想政治教育”，并非集中于群众的“思想领导”方面。该方案规定，该宣传网的作用除了“宣传”之外，还包括组织群众的“文化娱乐活动”，因此具有满足群众的精神文化需求的功能。② 失却了纯洁的队伍支撑和严格系统的制度内涵，其任务也相对更为繁杂和多样，相较于1951 年的宣传网设想，不能不说，此时的“农村社会主义宣传网”，已是“形”似而“神”异了。

透过新中国成立初期湖南试建宣传网的过程不难发现，作为一种自上而下的推行过程，湖南建设宣传网具有明显的“移植”或“外生”的特征。面对新中国成立初期湖南干群成分和思想复杂、党的基础薄弱和政治运动较为频繁而激烈等政治社会背景，这一“移植”过程所遭遇的种种不适并非意外，而其后来的取舍则是对“移植”过程的一种矫正。这也在一定程度上说明，新中国成立初期湖南建设宣传网，在某种程度上契合了当时湖南政治社会改革和社会主义改造的诸多需要，其中的一些做法仍然具有某种历史的延续性和价值。湖南的个案在某种程度上展示出宣传网在全国由上至下推行过程中所面临的复杂状况，对当代中国宣传组织体制建设不无借鉴和启示作用。

---

① 《关于全面开展农业生产大跃进宣传运动的具体意见》（1957 年 12 月 10 日），档案号：143-1-101。

② 《关于建立农村社会主义宣传网的方案》（1957 年 12 月 10 日），档案号：143-1-101。

互联网革命与新闻传播学科重构之反思*

——一种技术自主性的观点

对于当下卷入其中并充满不确定的互联网变革，人们往往用“第四次传播革命”一词来概括。学界在关注这场变革对于社会结构及权力关系作用的同时，也开始反思其对于整个新闻传播学科及新闻教育的意义。近年来，相关讨论和研讨会日渐增多，如对互联网背景下新闻传播职业教育的反思，对于媒介技术与人文传统矛盾的分析等，[①] 其中不乏真知灼见，但也存在不少迷思，亟待澄清。本文主要从技术层面对互联网革命下新闻传播知识体系的建构做一初步反思，且作“一孔之见”，以供批评。知识技术论或许可视作知识社会学的一个领域，但是其取向不再强调权力之于学科之意义与作用，而将技术作为知识体系和学科的考察起点，重新理解学科的形成及其变化。本文的一个判断是，对于互联网技术引发的第四次传播革命，互联网技术具有的复杂性及自主性已经得到显现。技术自主性是最近技术哲学中出现的一个重要观念，它较早可以追溯到马克思的

* 本文发表于《社会科学战线》2016 年第 7 期。

① 近几年来，围绕新闻传播学科建设，包括中国人民大学、清华大学、复旦大学、北京大学、华中科技大学在内的国内诸多知名大学的新闻传播学院纷纷进行专题研讨。其观点可参阅：周婷婷、张昆、唐海江：《科技革命与社会转型中的中国新闻传播学科建设：华中科技大学新闻传播学科建设研讨会综述》，《新闻记者》2014 年第 10 期；张昆：《一流大学传媒教育定位的困惑和思考》，《新闻记者》2016 年第 2 期；黄旦：《整体转型：关于当前中国新闻传播学科建设的一点想法》，《新闻大学》2014 年第 6 期。

异化理论，在法兰克福学派成员马尔库塞那里获得发展，“技术自主性”一词是雅克·埃吕尔在《技术社会》一书中提出并做出系统分析的。在该书中，雅克·埃吕尔指出：“技术已成为自主的；它已经塑造了一个技术无孔不入的世界，这个世界遵从技术自身的规律，并已抛弃了所有的传统。”兰登·温纳在其基础上对技术自主性做了全面分析。其中提到，目前包括“新闻学”在内的诸多学科已经开始将技术自主性作为一个重要的假说而加以运用，这是直接促发本文写作的原因。[①] 关于兰登·温纳的技术自主性含义可以包括三个方面：从历史方面，它可看做一切社会变化的根本原因，它逐渐改变和覆盖着整个社会；就政治层面而言，大规模技术系统似乎可以自行运转，无须人的介入；认识论上，个人似乎被技术的复杂性所征服和吞没。[②] 随着不断加速的技术创新，互联网技术的自主性特征将更为明显，本文即集中于此层面展开分析。

一　技术与知识：重审新闻传播学科史

“凡事先有术而后有学”，这一套话往往被用来描绘新闻传播学科的起源与发展，而常挂口头的“术”究竟为何，又有待深究。马克思在理解人类生产实践时就指出，生产劳动过程的关键不在于所制造的商品，而在于如何制造它们以及用什么工具来制造，其对于劳动工具的强调后来逐步发展为机器是如何成为生产组织的“机器体系”。“术”在马克思那里落脚到一种新的技术体系。这一卓见后来成为诸多传播学理论的思想源头。最经典的莫过于哈罗德·伊尼斯的说法：“技术是整个文化结构的动因和塑造力量。一种新媒介的长处，将导致一种新文明的诞生。”[③] 内含于“新文明”中的新闻传播知识体系，或可从技术的演变中获得其形成

---

① 〔美〕兰登·温纳：《自主性技术：作为政治思想主题的失控技术》，杨海燕译，北京大学出版社，2014，第 15 页。

② 〔美〕卡尔·米切姆：《技术哲学》，载吴国盛编《技术哲学经典读本》，上海交通大学出版社，2008，第 47 页。

③ 〔加〕哈罗德·伊尼斯：《传播的偏向》，何道宽译，中国人民大学出版社，2003，第 5 页。

发展的脉络。于是有关新闻传播知识体系之把握，就有了从“术”转移到“技术”的基础。

有关“技术”的含义已是争讼不断，本文倒不必纠缠其中。在这里，我们引用兰登·温纳对于技术的划分，来考察媒介技术的现实表征及其知识意涵。依兰登·温纳之见，技术首先意味着一种“装置”（apparatus），即“技术运用的物理装置”，如工具、仪器、用具、器件等；技术需要“技法”（technique），亦即包括技巧、方法、步骤、程序等为完成任务的技术活动；技术也指称某一种社会组织（organization），表示所有技术性（理性—生产性）的社会安排，与组织相关的是“网络”（network），用以指涉那些大规模的运作系统，“是它们跨越遥远距离将人与装置加以组合、联系在一起”。[①] 如果借用现象学的理解，“装置”作为人们的对象，涉及有关技术的客观知识，“技法”是有关从业者实践的经验性知识，而“组织”主要关涉媒介实践的社会性知识。目前我们一般将新闻传播知识分为两类：一是关于媒介本身的研究，二是这种媒介对于社会的影响。前者即上述有关“装置”的客观知识和有关“技法”的从业者的经验性知识，后者也即“组织”层面的社会性知识。

在此，本文无法从技术层面对新闻传播学科形成史做一细致的梳理，暂且借助若干关键节点做一概述。最早似可追溯到语言、文字等“装置”的出现，口语、诗歌、辩论等相关“技法”由此而来，由此我们去审视亚里士多德当时的相关著述，如修辞学、诗学等与“技法”有关，进而扩展到“组织”的社会性知识方法，如伦理学。[②] 另一个更为明显的现象是古希腊罗马时期纸草的运用、卷轴和小册子出现。L. D. 雷诺兹等人在考察古希腊罗马时期古典文献传播史时揭示，纸草的出现带来知识的流通，引发知识储存技术、版本辨别以及阅读方面的问题，由此图书编目、

① 〔美〕兰登·温纳：《自主性技术：作为政治思想主题的失控技术》，杨海燕译，北京大学出版社，2014，第8~9页。

② 关于修辞术的起源，参见〔英〕罗伯特·沃迪《修辞术的诞生：高尔吉亚、柏拉图及其传人》，何博超译，译林出版社，2015。

版本考据成为当时新的知识现象。[①]

相对于纸草以及随之而来的卷轴、小册子等技术形态，印刷术及随后的电报、广播、电视技术无论在装置、技法和组织层面，均更为复杂，更具规模性。这种趋势反映出因技术性质变化而在知识建构上的力量。卡尔·米切姆在此意义上将技术分为古代技术和现代技术。古代技术是基于人的直觉知识用天然材料制作而成的，在各种活动中以有限的使用和娱乐为目的，现代技术旨在根据科学理论对抽象的能量和人造材料加以利用，从而获得效益、动力或利润。[②] 对于认知媒介技术发展而言，这种分类或许嫌于粗略，但它有助于从纵向的层面厘清新闻传播知识形成过程中技术的作用。

揆诸新闻学科史，早期知识主要停留在“装置”和“技法”层次，以用作社会分工背景下的职业所需。这大致包括基于印刷术而形成的书籍出版技能以及报学体系。仅就明清时期中国雕版印刷而言，所谓“装置”，包括如印刷机、纸张、油墨等，“技法”则包括诸如造纸术、制墨术、刻工、制版、装帧等，是早期书籍出版者的技能。[③] 同时涉及组织和网络的问题。罗伯特·达恩顿对于古代书史的研究，揭示了书籍具有的“传播环流”（communication circuit）的特征，在此环流中，作者、制作出版者、商人、藏书家以及读者共同参与到这一过程中。[④]

“装置”的演化，带来有关“技法”方面知识之进化。由印刷术推动的报学，知识的重心转移到有关“技法”和“组织”方面，特别是“技法”。以最早系统教授新闻学课程的宾夕法尼亚大学为例，1893~1901 年间开设的课程就有：“制作报纸的历史和艺术”“新闻采访与编

---

① 相关论述参见〔英〕L. D. 雷诺兹、N. G. 威尔逊：《抄工与学者：希腊、拉丁文献传播史》，苏杰译，北京大学出版社，2015，第 2~15 页。

② 〔美〕卡尔·米切姆：《技术哲学》，载吴国盛编《技术哲学经典读本》，上海交通大学出版社，2008，第 35 页。

③ 张秀民：《中国印刷史》，浙江古籍出版社，2007；孙毓修、陈彬龢、查猛济：《中国雕版源流考中国书史》，上海古籍出版社，2008。

④ Robert Darnton, “What is the History of Books?” *Daedalus*, Vol. 111, No. 3, Summer, 1982, pp. 65–83.

辑”“诽谤法和商业管理”“当前事务专题讲座”等①，前二者主要是由于“技法”而产生的知识，另两门则是涉及“组织”方面的知识。随后伊利诺伊大学及密苏里大学开设系统课程，初期的新闻教育，重点在于技术性课程，即“技法”层面，然后才扩展至作为一种社会体制的新闻事业，② 也就是作为“组织”的技术与社会关系的问题。1908 年，沃尔特·威廉姆斯在密苏里大学新闻学院的课程模式，其重心放在报道、写作和编辑课程上。③ 此点也可从徐宝璜所著《新闻学》的知识架构略知梗概。该书既介绍了新闻的性质、职责、定义、价值等学理部分，也将新闻的采、写、编、评、广告、营销、管理等各方面囊括其中。延安时期及以后兴起的党报理论，突出报刊技术在“组织”层面的政治含义及社会影响。

广播、电视等电子媒介出现后，其所需依托的“装置”更为复杂，围绕电子媒介的物理形态和运作的“技法”成为学科架构的增值部分。以国内最早创建广播电视人才培养和科研机构的北京广播学院为例，广电新闻学专业的课程设置在传统报学基础上推出大量细分的技法性课程，如电视采访、电视写作、电视编辑、电视节目制作、栏目设置与编排、节目企划、广播新闻业务等，目前已经建构起较为成熟的知识体系。④ 与此同时，随着电子媒介技术在空间扩展性上的增强，其在组织层面的知识被重视起来，即强调技术对于社会的影响和效果。这就是传播学得以确立的技术背景。

回顾新闻传播学科的成长史，媒介技术无疑成为整个学科成长的关键因素。正是依托于技术的发展，关于“装置”的客观性知识不断丰富，有关“技法”的经验性知识也日趋多元，媒介实践的社会性影响因而变得至关重要，由此确立了该学科区别于其他学科的合法性基础。近年来，学界对于新闻传播学科架构问题诟病不断，批评以媒介形态为依据的学科框架，这一“后见之明”看似颇觉有理，但是抽除媒介技术来谈新闻传

---

① 吴信训：《世界新闻传播教育百年流变》，《新闻与传播研究》2009 年第 6 期。

② 黄旦：《重造新闻学：网络化关系的视角》，《国际新闻界》2015 年第 1 期。

③ 林牧茵：《移植与流变——密苏里大学新闻教育模式在中国（1921—1952）》，复旦大学出版社，2013。

④ 石长顺、柴巧霞：《广播电视学：作为学科的内涵与知识体系》，《现代传播》2013 年第 7 期。

播学科，必然是“无源之水”。同时，新闻传播学科发展的历程也在提示，不同性质的媒介技术具有不同的知识效应。“每一次新的媒介出现，也就自然而然意味着新闻学外延上的又一次扩展”①，不只如此，媒介技术的出现意味着学科内涵、定位及其架构的整体变化。因此，问题的本质也许不在于既有知识体系所依托的技术基础，而在于不同媒介技术（形态）的性质形成和引发的知识效应之变化。

二 互联网技术与新闻传播学科重建的张力

那么，互联网是什么？确切地说，互联网技术有什么属性？对于新闻传播知识体系又意味着什么？如果仅仅将互联网革命与以往由文字、印刷术及电子媒介等技术引发的前三次传播革命等量齐观，也许难以真正理解其在知识建构中的特殊意味。

从媒介技术自身层面而言，互联网技术是一个不断创新、完成的过程。相较于以往的文字、印刷术及电子革命，其技术“装置”的规模、“技法”的复杂性以及“组织”方面的社会影响力，可以说远超以往。对于互联网技术自身的特征，埃里克·布莱恩约弗森和安德鲁·麦卡菲在《第二次机器革命：数字化技术将如何改变我们的经济与社会》中有着非常精当的概括，他们用“指数化”“数字化”“组合化”来总结当前这场革命的特征，以此与蒸汽机为代表的第一次机器革命相区别。这为我们理解当前新闻传播学科建构提供了进一步讨论的基础。

指数化建立在摩尔定律的基础上，指的是技术本身的结构容量以指数级速度持续扩展。对于传播而言，也就是在互联网世界中，原来受到的物质世界的种种限制业已被突破或趋于被突破，现在，“这些限制只是与每秒钟有多少电子在集成电路里移动有关或者与光束在光缆中穿梭的速度有多快有关”②。这使其与传统媒介形态之

① 黄旦：《整体转型：关于当前中国新闻传播学科建设的一点想法》，《新闻大学》2014 年第 6 期。

② 〔美〕埃里克·布莱恩约弗森、安德鲁·麦卡菲：《第二次机器革命：数字化技术将如何改变我们的经济与社会》，蒋永军译，中信出版社，2014，第 49 页。

活动有了根本区别。如相较传统的印刷版面或者有限时空频道资源的广播电视容量，指数化意味着互联网中信息储存和流通的海量。另一个重要后果是，计算机具有强大的计算功能和数据分析能力，进而有了能够形成有关世界的整体性知识的可能。当下的大数据研究已反映这一特征。

数字化就是对信息流进行编码，即把所有的各种各样的信息和媒体形式——包括文本、声音、图像、视频记忆工具、设备和传感器里的数据等，转化成无数的“1”和“0”，以便传输与识别。[①] 对于数字化技术的意义，传播历史学家詹姆斯·贝尼格指出，计算机具有把其他传播媒体和信息媒体的所有输出内容变为数字形式的能力，这将使它在21世纪成为新的“全面媒体”。数字化技术在传播上的意义主要从两种途径表达出来，一是它将信息组合加工的能力，能够将人类生产生活的时空场景转化为其加工的对象，原来无法用以传通的对象如今借助数字编码而输送到各种接收平台。这样一种转化及其接收成为我们面对的普遍景观。二是改变了信息流动的空间规模，由此带来人们信息接受交换的新的体验和社会关系。

组合化是指数字创新是“一种纯粹的组合式创新”，每一步的发展都成为未来创新的一块“积木”，进而导致技术创新和知识的“无穷无尽”[②]。这一点与保罗·莱文森的“补偿性媒介”观点有相通之处。[③] 从组合化的视角看，互联网技术内部存在一个功能不断补救和补偿的过程，媒介形态的创新也将难以穷尽。每一种媒介形态即可视为一块“积木”，由于其间各种“积木”的相互搭建和组合，不断扩展的复杂性推动互联网装置和由此形成的技法不断更新。现实中，纸质媒体、广播电视、互联网所依赖的技术越来越趋同，“0”和“1”的组合诞生新的传播形态，报纸与网络融合产生电子报，电视与网络融合产生IPTV，等等。技术创新

① 〔美〕埃里克·布莱恩约弗森、安德鲁·麦卡菲：《第二次机器革命：数字化技术将如何改变我们的经济与社会》，蒋永军译，中信出版社，2014，第71页。

② 〔美〕埃里克·布莱恩约弗森、安德鲁·麦卡菲：《第二次机器革命：数字化技术将如何改变我们的经济与社会》，蒋永军译，中信出版社，2014，第92~93页。

③ 何道宽：《译者前言》，载保罗·莱文森《软利器：信息革命的自然历史与未来》，何道宽译，复旦大学出版社，2011，第3页。

的空间有多大，意味着关于这一技术自身的知识与技法也就有多专门化。

总体来看，尽管无法预估未来互联网技术的具体图景，但从上述特点我们可以看出，无论是从“装置”“技法”层面，还是从“组织”层面，互联网技术呈现复杂化、规模化的趋势，为新闻传播学科的知识建构带来诸多张力。

首先，伴随着新闻传播知识的海量化和复杂化的，是研究者“无知”的增长。指数化的结构容量，使互联网充满着海量的信息，对于新闻传播学科而言，要获得自身确切的知识，无疑将是巨大的挑战。就媒介形态的技法层面而言，组合化带来变化多端的数字媒介形态，要掌握其中的复杂技法，无疑极为艰难。更深一层含义是，如此复杂的媒介形态与社会的关系，也会带来更为复杂、分散的关系，这些都需通过大量的经验数据来获知。因此，相对于新闻传播自身知识的大量增加及其复杂化，研究者“无知”的领域势必也将增加。

与上述相关的是新闻传播知识性质的问题。我们当前的新闻传播学知识体系总体是规范性知识，或者出于职业需要，或者出于权力需要。互联网技术下，知识的海量带来非常复杂的效应。如数字媒介如何影响社会，要求研究者突破既有的知识范畴，从复杂多变的接受经历中获得经验性的数据，将新闻传播研究从规范性研究转化为经验性研究。规范研究和经验研究也是未来学科建设和研究中的一种张力。

更值得注意的是，互联网技术所带来的学科融合与碎片化同步发展的局面。依托于互联网技术指数化、数字化和组合化特征，互联网将带来全球范围内的信息流通与重组，将预示着一个关于世界的总体性知识的形成。对于技术社会的整体性图景，人们有各种形象的比喻。如芒福德以为，技术社会将是一个“巨型机器”，需要集中和组织知识，“一定要把知识，包括自然科学知识和超自然的知识都可靠地组合起来形成整体”。①约翰·厄里将其描述成一个“根茎状全球结构模型”。相对而言，埃里

① 〔美〕刘易斯·芒福德：《刘易斯·芒福德著作精粹》，宋俊岭、宋一然译，中国建筑工业出版社，2010，第418页。

克·布莱恩约弗森和安德鲁·麦卡菲将其描述成“一个超级计算机的世界”，[①] 在此世界，不仅原有学科内部的信息将被进一步挖掘和细分，而且不同学科之间的边界均有可能被打破，借助携带知识信息的电子海量、快速地移动，各类、各领域、各学科的知识有了相互连接碰撞的机会，互联网技术将原本分割的知识领地重新进行了连接。

与此同时，在知识的融合中，“既有世界中的那些部分被打破，按照新的和更有成效的方式得以重新组合”，其结果是，技术只是少数专家的专属领地。按照兰登·温纳的说法，专家所据的知识“通常没有成为广泛共有的社会经验的一部分”，也就是说，“一项特定技法、装置或组织所涉及的详细信息和理论成了那个领域专家的专属领地”，其他人对此不仅无知，即使想去了解也很难实现，进而导致整个社会的知识“支离破碎”。[②] 因此，人类将陷入总体性知识的包围之中，却无法将其组织成可以理解的整体，这也是我们必须面对的知识处境。

三　互联网自主性与新闻传播学科重构的“迷思”

正是基于指数化、数字化和组合化的发展趋势，互联网表现出明显的技术自主性趋向。依照兰登·温纳对技术自主性的理解，当技术发展超过一定水平之后，便形成了“自我生成、自我维持和自我规划的机制之统治”，在此状况下，人类对于技术既未能控制，对其结果也无法预料，“由不受限制、明确表达、强烈主张的目的来施行统治就成了一种奢望”。[③] 兰登·温纳虽然没有明确说明这种自主性所需技术条件的界限在哪，但明确意识到互联网自主性问题，“这一理论感兴趣的是高级先进的

---

① 〔美〕埃里克·布莱恩约弗森、安德鲁·麦卡菲：《第二次机器革命：数字化技术将如何改变我们的经济与社会》，蒋永军译，中信出版社，2014，第 64 页。

② 〔美〕兰登·温纳：《自主性技术：作为政治思想主题的失控技术》，杨海燕译，北京大学出版社，2014，第 242 页。

③ 〔美〕兰登·温纳：《自主性技术：作为政治思想主题的失控技术》，杨海燕译，北京大学出版社，2014，第 203 页。

系统或网络”。[①] 在这里，我们无法评价互联网社会技术自主性的程度高下，但如前所述，其所言的技术自主性条件，在互联网中业已具备，如规模性、复杂性以及相互联系、相互依赖等。并且，这种趋向在现实中已经获得呈现。

依此来审视近年技术创新对于传播领域的操控，其中最鲜明的例子就是最近非常流行的机器写作、VR（Virtual Reality）新闻报道。[②] 毋庸讳言，机器写作和VR新闻，为人类提供了新的知识或体验形式，但它们是否出于人们自主性的需求，则又令人怀疑。如机器新闻，这种程式化的新闻写作，只是技术研发人员的作品，并非导源于人类所需，也并没有考虑这种技术之于人类社会的影响。目前的VR新闻报道也是如此，视频技术的创新运用于新闻报道，而人类是否真正需要这种虚拟的现实场景却不得而知。其结果是，互联网技术的创新引发、引导人类新闻需求，进而可能塑造人类的新闻需求。人们使用机器以服务于自身的状况被颠倒过来了，“一个需求之所以成为一个需求，主要是由于人之外的一个大规模技术系统需要那个需求成为人的需求”。[③]

与此同时，互联网自主性的视野有助于我们破除目前新闻传播学科重建中的诸种迷思。

一种可以称为“立法”迷思，即认为权力部门能够为新闻传播学科确立一种规范性的知识或价值。这种思维具有长久的历史。学科本身就是一种社会权力的产物，权力往往以自身的命令来规范学科的价值、边界以及方向，赋予其规定的价值。依照传统的技术观念，不论是报刊、广播电视还是互联网，都是权力利用和使用的工具，因此在新闻传播领域，权力就是知识的立法者，这也就理所当然了。这种迷思牢固地统治着人们，并延伸至对互联网的理解，我们依此将理想的愿景赋予到互联网社会之中，认为互联网会帮我们实现这一切。互联网的自主性特征有助于打破这一迷

---

① 〔美〕兰登·温纳：《自主性技术：作为政治思想主题的失控技术》，杨海燕译，北京大学出版社，2014，第203页。

② 彭兰：《移动化、智能化技术趋势下新闻生产的再定义》，《新闻记者》2016年第1期。

③ 〔美〕兰登·温纳：《自主性技术：作为政治思想主题的失控技术》，杨海燕译，北京大学出版社，2014，第212页。

思。汉娜·阿伦特指出，技术的发展粉碎了一个重要的假说，即我们周围的世界万物都依赖于人的设计，而且是按照人的实用或审美标准建造而成的。也就是说，为机器的操作能力而设计客体，而不是为生产某些客体而设计机器。她将这种状况描述为“范畴的完全颠倒”。[①] 保罗·莱文森用“无心插柳的革命”揭示技术创新往往带来革新者不能预估的效果，[②] 也是说明这一点。兰登·温纳进一步指出，技术自身有其政治性和律令，“不管掌握权力的人最初的动机是什么——无产者的或是资本家的目的，关于社会如何运转以及它造就了什么，其最终的结果大致都是相同的”[③]。其原因是技术系统自身的逻辑和偏向。雅克·埃吕尔这样描述技术自主性状态下的人类地位：

> 大多数人都被当作一个客体的集合……他们从精神上就被技术社会接管了，他们相信自己的行为，他们是那个社会最热情的行家。他们本身已深深技术化了。他们绝不愿意轻视技术，对他们来说，技术本质上是好的。他们绝不假装把各种价值赋予技术，对他们来说，技术自身就是一个产生自身目的的实体。他们绝不会要求它从属于任何价值。因为对他们而言，技术就是价值（Technique is value）。[④]

技术就是价值，这是技术正当性的根由。自主性技术的生成、发展与维持，并不会必然地考虑其他价值。这一情形我们从目前不断推向市场的互联网产品就可以知道，技术追求的是效率，自由、幸福、真实等价值并不是其考虑的范畴，至少不是首要范畴，或者来不及去思考。

---

① 〔德〕汉娜·阿伦特：《制作的本质》，载吴国盛编《技术哲学经典读本》，上海交通大学出版社，2008，第113页。

② 〔美〕保罗·莱文森：《软利器：信息革命的自然历史与未来》，何道宽译，复旦大学出版社，2011，第6~8页。

③ 〔美〕兰登·温纳：《自主性技术：作为政治思想主题的失控技术》，杨海燕译，北京大学出版社，2014，第225页。

④ 〔法〕雅克·埃吕尔：《技术秩序》，载吴国盛编《技术哲学经典读本》，上海交通大学出版社，2008，第123页。

另一种可以称为“专家”迷思，即相信专家可以掌控互联网世界。这种迷思在现实中以各种方式表达出来。最浅层次的，如强调新闻传播教育需要培养复合型人才。“复合型人才”的提法反映了我们对于互联网背景下新闻传播专业人才的一种定位，不能说毫无价值。但仔细分析，所谓“复合型”，目前主要从两方面理解：一是掌握多种媒体技能（技法），这主要是报纸、广电以及所谓的新媒体传播技能；二是掌握多学科知识。就前者，所谓的新媒体技能本身就是一个黑洞。正如上所述，互联网的组合化创新使得媒体形态层出不穷，技法的掌握已经是难以跟上，盲目跟从这种技法已经不太现实。就后者，知识的细分本已使知识难以穷尽，而总体化趋势更是意味着多学科、跨学科知识也难以应对。因此，所谓复合型人才，就变成了一个看似新颖却又自相矛盾的命题。

“专家”迷思的另一层含义是，面对如此复杂和庞大的技术系统，新闻传播学者无法掌握，也无须掌握，索性将这个“黑匣子”交给少数技术专家处理，新闻传播学只需关注人们如何使用媒介，以及产生何种效果就够了。这种迷思一方面源于对于技术专家的过度依赖和信任，认为少数专家可以掌控甚至操纵技术的发展，这一点上文已做了辨析。同时也与新闻传播学科长期以来形成的思维定式有关，即将媒介技术当成一个已知之物或既成之物，并不明了技术本身的性质及其知识上的偏向。这种迷思唯一的好处是为自身的无知进行辩护，其害处则非常明显，它促使研究者成为技术系统的服从者，完全接受，毫无质疑，完全作为技术的奴仆而不自知。

尽管互联网的自主性特征为未来新闻传播学知识体系带来了太多不确定的内容，但是从对技术与知识关系的梳理以及互联网技术自主性的趋向来看，我们大致能够明白未来新闻传播学科重构中应该注意的核心问题，即如何平衡人与技术的关系问题，如何使研究者从沉浸其中的技术系统中跳脱出来，以一种批判的眼光对待技术体系，避免成为互联网自主性导致社会失序的推手。

对此，唐·伊德指出，“正是因为太熟悉，我们就不仅忽视了对这种我们生活在其中的、由技术系统进行批判性反思的需要，而且也忽视了从这种批判性反思中获得的结果”[1]。因此需要从一个超越的角度来对待我们所面对的围困我们的技术社会。为此，唐·伊德借用克尔凯郭尔在《恐惧与战栗》中的段落，用一种航海的视角来看待研究者在技术社会中的观察点：领航员置身大海中，船和大海都处于运动中，他必须测定方位、找到方向、确定自己的位置和目的地。在互联网的海洋中，我们能否成为漂浮其上的“领航员”，这也许是未来新闻传播学重建中最为关键的命题。

① 〔美〕唐·伊德：《技术与生活世界：从伊甸园到尘世》，韩连庆译，北京大学出版社，2012，第 3 页。

新闻摄影如何变成常规：近代中国新闻界对摄影术的认知与运用*

中国史家素有“左图右史”的传统，“古之学者为学有要，置图于左，置书于右；素像于图，素理于书”,[①] 说的是图对于历史研究大有裨益。而所谓“一图胜千言”“图画乃无音之新闻”，则特别聚焦于图像在承载并传播信息方面的功能。若将此“图像”具体为“照片”，便是当今媒介空间不可或缺的“新闻摄影”。

不过，身处“读图时代”的我们，对于“新闻摄影”这一新闻界之常规，似乎习以为常，甚至熟视无睹，容易忽视这样一种历史问题：摄影术进入中国后，这种曾被国人称为“奇技淫巧”之术在中国新闻场域中如何被接受并发展为一种根深蒂固的普遍观念，以至于20世纪二三十年代，时人竟生发“时至今日，摄影与报纸杂志之关系成为手足，不能相离，尤以吾国为甚”[②] 的感慨？近年来不少学者从技术以及文化层面切入对摄影术进入中国所带来的现实建构及现代性问题,[③] 为此题提供了颇多启示，但对此发展脉络的系统梳理和清晰认识还有待完善。

---

* 本文以《近代中国新闻界对摄影术的认知与运用考》为题发表在《现代传播》2018年第5期，合作者为刘欣，此处标题有改动。

① 郑樵：《通志略》，上海古籍出版社，1990，第929页。

② 林泽苍：《摄影记者指南（一）》，《中国摄影学会画报》1927年第83期。

③ 孙藜：《真实性的媒介化生成：近代中国都市现代性中的图像实践——以报刊新闻摄影为中心》，《学术研究》2017年第6期；陈阳：《〈真相画报〉与“视觉现代性”》，博士学位论文，复旦大学，2014；等等。

有鉴于此，本文以一种“陌生化”的姿态，将目光集中于清末民初摄影术最初进入新闻界的历史场景，借助报人各抒己见的言论和具体实践，梳理我国早期“新闻摄影”从无到有、从偶然到常态的历史脉络。其中涉及两个紧密关联的问题。一是以“图”表现新闻、传递时事的做法如何得到认可。文字在中国早期新闻界同样占据着绝对统领地位，同治年间文字报纸“日售万纸，犹不暇给，而画独阙如”，可见“华人之好尚皆喜因文见事，不必拘形迹以求之也。”① 只有图画新闻被广泛认可，新闻照片才有被接受的根基。另一问题则是，在图画新闻一时大热的背景下，照相机如何取代画笔，摄影师如何取代画师，新闻照片得以超越手绘图画而成为报刊“标配”，承担起与文字并驾齐驱的传播功能，并从一门单纯的“技术”上升为一种新闻学的“知识”。

一　石印新闻画异军突起：“图”在新闻报道地位的抬头

摄影术在20世纪40年代伴随西方列强的坚船利炮传入中国，和世界各国一样，“机械复制”能力使其与绘画有着与生俱来的联结。诚如苏珊·桑塔格所言，“绘画是遭摄影持续地蚕食和热情地剽窃，并仍在火热敌对中与摄影共存的艺术”。② 但在近代中国的新闻报道领域，摄影被接受及应用首先要得益于绘画。

虽然泰西照相法在清末已“风行中国”，《照相新编》书序中更提及“吾华人业此者，日益繁夥，荒陬僻壤，亦习见不之异”。③ 但受到印刷技术的限制，摄影照片多以折中形式见诸报端。该时期对于“新闻摄影”而言最具意义之处在于，写实图像借助时事画及石印画报的热潮在新闻叙事中地位突飞猛进，得以成为一则新闻故事的主体部分，为新闻界乃至社会对于图像新闻的认可打下基础。

从1884年《点石斋画报》创刊至1912年第一份摄影画报《真相画

① 《点石斋画报缘起》，《点石斋画报》1884年5月8日。

② 〔美〕苏珊·桑塔格：《论摄影》，黄灿然译，上海译文出版社，2008，第96页。

③ 吴群：《中国摄影发展历程》，新华出版社，1986，第97页。

报》出现将近三十年的时间，为我国石印画报的高潮。石印技术应用后能使书画“与元本不爽锱铢，且神采更觉焕发”，[①] 同时增强了画报对绘画印制的本真性与及时性，以至于此类画报“通都大邑，几于无地无之”。[②] 由此，一方面诞生了中国最早的读图时代，画报凭借图像喜闻乐见的传播式样“开愚”“启蒙”，扩大报刊读者范围，培养民众读图阅报习惯，新闻纸附送画报单页之风也随之盛行；[③] 另一方面，石印画在力求写实的欲望刺激下开始临摹照片，推动着摄影术在技术征服之外无声无息地影响着国人记录和观看世界的方式。

《点石斋画报》为报道中法战事而创刊的缘起体现出强烈的时事关注性，“爰倩精于绘事者，择新奇可喜之事，摹而为图。”[④] “摹”即写真，而“肖物像形”的写真画从宋代以来便为文人所轻，“工匠应事实之制作，未免板重，故近俗；士夫随性灵而描写，兢兢于兴趣，故近雅。”[⑤] 对此，其发刊词则果断申明“本馆印行画报，非徒以笔墨供人玩好”，又特别指出中画与西画相比在记录信息上的劣势：“西画以能肖为上，中画以能工为贵，肖者真，工者不必真也，既不皆真，则记其事又胡取其有形乎哉。”[⑥] 同时期画报亦遵循点石斋传统，反复强调绘画的实用性：“画报创自泰西，非徒资悦目赏心矜奇炫异也。”[⑦] “图有未工，器必不精，此皆实事求是之功，非挥洒烟云之仅供玩好也。”[⑧] 此种对于信息承载功能的强调显现出图画在叙事地位上的上升，现代插图“强调转变、创新和特殊，客观而写实的展现现实，并被假定为向读者提供关于世界的第一手知识”，[⑨] 进入新闻界的图画不是“玩物”，而要“实事求是”。

伴随晚清中国内忧外患、风雨飘摇的时局，图像更与报刊一同承担起

---

① 美查：《点石斋印售书籍图画碑帖楹联价目》，《申报》1879年7月27日。

② 武越：《画报谈（上）》，《北洋画报》1926年第18期。

③ 吴果中：《左图右史与画中有话：中国近现代画报研究（1874—1949）》，北京大学出版社，2017，第33页。

④ 《点石斋画报缘起》，《点石斋画报》1884年5月8日。

⑤ 曹意强等：《艺术史的视野》，中国美术学院出版社，2007，第457页。

⑥ 《点石斋画报缘起》，《点石斋画报》1884年5月8日。

⑦ 苍山旧主：《叙》，《新闻报馆画报》1893年第1期。

⑧ 《论画报可以启蒙》，《申报》1895年8月29日。

⑨ 彭丽君：《哈哈镜：中国视觉现代性》，上海书店出版社，2013，第39页。

“开愚”“启蒙”“救亡图存”的社会责任。戊戌变法时期维新派为广开民智，创办了农、工、商“人人能阅之”的白话报，而画报图像视觉效果和解读的直观性，使启蒙的传播宗旨和办刊意向更为突出。从《点石斋画报》对西学东渐的关注可见一斑，图画论域“既包括涉及国家利益的声光电化、坚船利炮，也包括落实在日常生活中的医院、学堂以及文化娱乐设施”；1905 年《时事画报》创刊号即指出：“仿西洋各画报规则办法，考物及记事，俱用图画，以开通群智，振发精神为宗旨。”1906 年《开通画报》称：“有开愚之故事，特别感化社会之演说，惟望写文寄信本馆，必能说明图画，以扩充耳目。”面对不识字者、妇孺之辈，图画以直白易懂的优势成为启蒙良方。1908 年《北京当日画报》便直言：“画报的文理浅白，与社会中最容易晓得，画出图来，使人一见者能够触目惊心，感人足能颇易，所以我们的用意，就是先开通妇孺的见识，趁着脑气清洁，能以知道，合群保重，知时达务，能够振起爱国之心。”[①] 1911 年《时事画报》同样强调图画能侵入文字未能触及的社会：“报纸在我国虽有数十年之历史，而未尝侵入某部分社会，如以妇女为主体之家庭，亟待启发者二也，发抒情感，灌输智识……而图画者，有最高之普遍性，有最强之刺激性，最可调节悲愤疲劳，而诱发情感者也。”[②]

正是在画报的努力下，报刊受众范围大大拓度，“下而贩夫牧竖，亦可助科头跣足之倾谈；内而螓首娥眉，自必添妆罢针余之雅谑。”[③] 甚而新闻纸也开始随报逐日附送画报单页。1893 年 1 月，《新闻报》率先开创这一局面，之后包括《申报》《民立报》《神州日报》等在内的沪上各大报竞相跟进。正如竹枝词所描述：“各家画报售纷纷，销路争夺最出群。纵使花丛不识字，亦持一纸说新闻。”[④] 由此开始，以“记事之真”为目的的时事画首次对图像传播价值等级发起了挑战，通过“绘图缀说，以

---

① 《演说：本报出版刊辞》，《北京当日画报》1908 年第 1 期。

② 《编者敬白》，《时事画报》1911 年第 1 期。

③ 吴果中：《左图右史与画中有话：中国近现代画报研究（1874—1949）》，北京大学出版社，2017，第 50 页。

④ 兰陵忧患生：《京华百二竹枝词》，载《中华竹枝词》，北京古籍出版社，1997，第 277 页。

征阅者之信”来传递信息的画报则对阅读方式带来了冲击，培养出大批文化层次较低的受众群体，图像在中国人的公共交流领域的中心地位凸显。因此，有学者进一步断言：“画面带来的冲击力，以及真实感和现场感，何止是扩大了读者的眼界，它摧毁的是读者天朝中心的陈腐观念。”[①]

石印时期的照片往往成为报刊在追求“实事求是”途中的临摹对象。维新变法时期，康有为在《公车上书》指出“照相片”在中国已“家置户有，人多好之”。[②] 此时人物肖像照的临摹最为常见。而早在1872年《申报》竹枝词便有对于人像摄影的惊叹：“鬼工拍照妙如神，玉貌传来竟逼真。技巧不须凭彩笔，霎时现出镜中人。”[③]《点石斋画报》先后刊登的英国维多利亚女王像、曾国藩之子曾纪泽肖像均描摹自照片底本。画报亦曾图文介绍过摄影术在上海流行的情景，称“自泰西脱影之法行，而随地皆可拍照，尺幅千里，纤毫靡遗”。更重要的转变在于，照片也成为新闻时事现场的中转站。譬如，《租界灯会》便配文说明是根据汉口友人寄来的照片摹制而成：“此图友人从汉口寄来，据云五月初一日彼处租界举行灯会，特携照相具在英领署前摄取真景，嘱登入画报以供众览，本斋……照样临摹，刊于篇终。”[④] 被称为晚清社会风俗画卷的《图画日报》设有“调查员”拍照取景，为补遗缺又特意发文征集照片底稿：“除由调查员随时摄影调查外，特恐挂漏万一，以讹传讹，如蒙代为介绍，即恳详示坐落，及建筑时代，建筑费用，以存真相，设能将房屋影片一并邮寄本社，俾得逐日摹绘刊登，聊尽提倡之微意。”[⑤] 摄影师通过手中的相机将时事新闻、风景人像拍成照片，画师则以此为蓝本将画笔转换为另一形式的镜头，为读者展现“尺幅千里”的情形，这便是照片在晚清新闻界得以亮相的特殊途径。

值得注意的是，此时拍摄和制版技术都难以达到直接刊登照片的标

---

① 张梅：《从晚清到五四儿童期刊上的图像叙事》，《中国现代文学研究丛刊》2012年第8期。

② 胡志川、马运增：《中国摄影史：1840—1937》，中国摄影出版社，1987，第51页。

③ 《沪北竹枝词》，《申报》1872年5月18日。

④ 郑建丽：《晚清画报的图像新闻学研究（1884—1912）》，广西师范大学出版社，2015，第65页。

⑤ 《图画日报谨布：本馆征求上海建筑及商场》，《图画日报》1909年第1期。

准，报刊在临摹之外尝试过各种折中方法呈现照片。其一为裱贴原照，20世纪70年代的《远东》杂志就把照相插图分贴在刊物上；其二为售卖新闻照，通过报馆图片供应部公开发售，如孙宝瑄的《忘庐山日记》在1897年记载自己“诣苏报馆，购得李傅相马关受伤后影像二纸”，指的便是李鸿章1895年前往日本签订《马关条约》时被日本浪人枪击致伤一事；[①] 其三则是登载有关摄影报道的新闻消息，但照片并没有直接出现在版面。1876年7月16日上海淞沪铁路通车，《申报》委托日成照相馆前去拍摄通车仪式，还刊登了照相馆邀请民众前去“点缀”的广告：“本店现蒙申报馆主托照至吴淞火车形象，订于此礼拍照日五点钟，携带机器前往停顿火车处照印。惟肖物图形，尤须点缀，敢请绅商士庶来前同照，其形景更得热闹，想有雅兴者定惠然肯来也，特此预布。”[②] 但从文字内容可以看出，此时因技术限制难以抓拍，只能在仪式之前进行摆拍，印刷技术的问题也导致读者并未在报纸上真正看到图片。

纵观石印时代报刊图像传播之路，借用“写实主义的欲望”一词来概括再恰当不过，一切转向“虽没有抽离意识形态，却在以表达真实为目的的欲望推动着”[③]。同时，更为准确的石印技术得以应用，借鉴西画肖形像物的写真画法为报人看重，广揽受众、开愚启蒙的画报定位更加关注社会。正是在写实欲望的推动下，在早期手绘图像的教育下，报界才得以察觉“描写未必与真相相符”的观念作祟，步入“自照相铜版出，与图画以一大革新”的新时期。

二　与现代报刊正式结盟：作为“工具”的新闻摄影

对于中国摄影术的变革，黄天鹏指出：“石印画报的势力，到了照相铜版产生后逐渐的衰落下去，在图画本身上是一个最大的革新。”[④] 此言指的是在1900年前后铜版制版术传入我国，报纸刊载清晰照片成为可能，

---

① 胡志川、马运增：《中国摄影史：1840—1937》，中国摄影出版社，1987，第32页。
② 甘险峰：《中国新闻摄影史》，中国摄影出版社，2008，第15页。
③ 彭丽君：《哈哈镜：中国视觉现代性》，上海书店出版社，2013，第44页。
④ 黄天鹏：《五十年来画报之变迁》，《良友》1930年第49期。

加之摄影技术本身由湿版法发展至版法阶段，清末民初第一份摄影画报的出现吹响了由图画新闻过渡到影像传播时代的号角，摄影报道开始真正成为近代报刊的一种文体和表达形态。

与此同时，伴随20世纪初国内民族民主革命的日益高涨，新闻界迎来了报业黄金期，以言说论政为主的新闻媒介成为公共舆论场，到民国初年办报办刊之风大为盛行，“一时报纸，风起云涌，蔚为大观”。时局动荡，人们了解形势、“目睹”真相的信息需求空前强烈，极具现场感的新闻照片由此越发普遍，揭露帝国主义侵略暴行，革命战争与英雄人物的再现，记录战事实况的专版图集，“南北议和后，新闻照片已成为报刊上一项固定内容”。[①] 摄影在与辛亥革命同步的特定时空中，汇入“启蒙”“革命”“救亡图存”等现实语境之中。

所谓“革新”，是从对过去石印绘画的质疑开始的。本雅明曾论及西方摄影与绘画的关系，“从新的技术和社会现实来看，随着绘画和图解信息中的主观成分越来越受到质疑，摄影的重要性也就越来越大了”。[②] 批驳矛头直指绘画图解有失客观与真实的弊病，这恰与中国报人的观点如出一辙：“盖石印式之画报，系利用人工描绘，然后点石为板，此种印法，其弊在不能传真，仅传其意而已。”[③] 有人对此表述更为直接：“图画是一幅凭着主观意志去描写景物平均的形殼，照片便是此景物一刹那间客观的综合的表现……照片为客观的，实体的，图画为主观的，造作的表现耳。”[④] 诸如此类的指摘不无道理。单从《申报》创刊人美查对待图画的标准即可知：“不必据以为实录而大略具备于是，阅者会其意而勿泥其词也可。”[⑤] 石印新闻画不基于现场摄取，而往往以虚拟想象加工的生产机制，势必导致新闻真实客观性的缺失。中法战争期间，《点石斋画报》不仅对“马江失利”避而不谈，还凭空描绘法军将阵亡士兵尸体抛入海中

---

① 方汉奇：《报史与报人》，新华出版社，1991，第200页。

② 〔德〕瓦尔特·本雅明：《巴黎，19世纪的首都》，刘北成译，商务印书馆，2013，第10页。

③ 武越：《画报谈（上）》，《北洋画报》1926年第18期。

④ 高维祥：《照片与图画有何区别》，《玲珑》1931年第11期。

⑤ 吴果中：《左图右史与画中有话：中国近现代画报研究（1874—1949）》，北京大学出版社，2017，第260页。

的画面，让读者误以为此役中方大捷；“合议画押”一图甚至将签订不平等的《中法越南条约》视作“沪上居民闻此佳音，莫不欢欣鼓舞，谓能化干戈以玉帛也”的喜闻。不管是画面还是图解，都暗含掩饰、歪曲和捏造的可能。

有鉴于此，后来者虽盛赞《点石斋画报》是“我国以图画传达新闻的首创”，但也惋惜“假使该报能随合时代需要，改用摄影制版维持到现在，一定站在文化事业的很高地位了”。[①]《时事画报》更在报道德国写真博览会时感叹国内对手绘图画的吹捧无济于实用：“吾国图画之学，不曰某氏笔法苍劲，即曰某氏笔意高古。张屏挂壁，可饰作美观也，什袭珍藏，仄啻异宝也。以言实用，则何补焉”，同时对世界摄影业的发达感到震惊，“今对于写真赛会，当瞠乎居后矣。虽然，补牢未晚，焉知后来者不能居上耶?”并盖“急起直追”之印。[②] 表明了要从摄影着手，“后来居上”的雄心。

与之相对，新闻摄影则将镜头对准了社会现实与内政外交，在 20 世纪初的革命时空里走向上风。随着国人反帝反封建斗争高涨，近代报刊事业在救亡热潮推动下从谷底逐年回升。资产阶级革命派在海内外纷纷创办报纸、杂志，宣传民族民主革命的思想主张，报刊的舆论引导功能愈显其效。新闻事业以“能量倍增器”舆论效应加速社会运动的进程，为公众的思想交流沟通提供了新的渠道体系和公共领域交往的平台，“能够很快地把分散的个人观点集中起来并加以鼓吹，创造了类似现代的社会舆论的事物”。[③] 此时报刊上的新闻照片便与文字一道，服务于既定的政治目的，通过“图像论政”建立起自身的合法性地位。

新闻摄影的兴盛被认为与革命战争直接关联，“光复之际，民军与官军激战，照片时见于报端。图画在报纸上地位之重要，至此始露其端”。[④]

---

① 陈庆正：《新闻与摄影——摄影一览编前的话》，《全球通讯社福州分社两年纪念特刊》，1936 年特刊。

② 黄大德：《“战地写真队”探秘》，《美术学报》2015 年第 1 期。

③ 费正清：《剑桥中国晚清史（1800—1911）》下卷，中国社会科学出版社，1985，第 380 页。

④ 戈公振：《中国报学史》，中国新闻出版社，1985，第 202 页。

"我国之新闻摄影，可说与革命军同时崛起。"① 诸如此言均强调辛亥革命时期新闻摄影爆发式增长的情形。但自铜版术传入至辛亥革命前，照片在报刊的地位已不断提升。1901 年《万国公报》以半版篇幅登出《醇亲王奉使过上海图》，开启报载时事新闻照片之先河。此后在内忧外患特定环境里，照片作为一种斗争手段和舆论工具被使用，发挥出政治动员的作用。

新闻照片首先成为向民众传达事实的工具。且以 1905 年 2 月"南昌教案"为例，见证新闻照片的威力。其时法国为欺骗舆论，散布知县江召棠"系属自刎"的谣言，《时报》在 3 月 17 日刊登江令被刺后照片，并配以说明文字描述图中伤口详情；《京华日报》更在头版位置刊出江令颈部特写画面，编者按语指出："教士既下毒手，又肆毒口，捏造情形，说是自刎。本馆再四辩白，今特把江大令受伤的照像，做成铜版，印入报内，请大众看看，有这样自刎的没有。"② 谣言不攻自破，让民众知晓事实真相，造成舆论压力以匡正时局，所谓"闻于耳者，不如接于目之易感；得之文字者，不若按之图画而益真"。③ 报刊多次文字"辩白"却是空口无凭，终在照片的佐证下戳穿了帝国主义分子的谎言。这正是本雅明所提及的，照片以透明化方式捕捉到现实与真相，以一种"精密语码"而非"象征性手法"来"传达纯粹的事情本身"。④ 它所展现的外部世界的权威，推动着社会政治交往围绕事实展开。

当时有报人论及办报方针，就指出"外国报纸，常有插入图画，加以解说。使人一目了然，意甚善也。吾国报纸亦可仿之者，图画不可不多也"，"美人虐待华工之景状可刊也，美货之商标可刊也，各华商拒约会议可刊也，各华商之焚弃货物真景可刊也……"⑤ "景状""真景"便是要用照片真实地呈现现实境况。梁启超创办的《新民丛报》首次使用中

① 胡伯洲：《新闻摄影》，《报展》1936 年纪念刊。

② 甘险峰：《中国新闻摄影史》，中国摄影出版社，2008，第 19 页。

③ 《欧洲写真画》，商务印书馆，1915，第 1 页。

④ 〔德〕瓦尔特·本雅明：《写作与救赎：本雅明文选》，李茂增、苏仲乐译，东方出版中心，2009，第 87 页。

⑤ 胡志川、马运增：《中国摄影史：1840—1937》，中国摄影出版社，1987，第 87 页。

国人自制铜版术就刊载了包括《檀香山焚烧华人市场惨状图》在内的众多新闻图。1907年中国新闻史上首份大型摄影画报《世界》在巴黎创刊，专设“世界最近之现状”一栏，刊登了大量“真景”照片，内容如1905年上海人民在爱国浪潮中烧毁英领事摩托车、英国人储运鸦片等，对于激起民众爱国热情意义犹大。该报因印刷精美、新闻价值高被誉为“东方文明开辟五千年以来第一种体式闳壮图绘富艳之印刷物，西方文明灌输数十年以来第一种理趣完备组织精当之绍介品”。[①] 在早期成功尝试下，新闻界对于摄影的功能乃至权利都有了更为深刻的认知，以至于1909年天津福升照相馆因国内报刊大多没有专职摄影记者，计划拍摄慈禧“奉安大典”被清政府拘捕定罪后，便有报纸直言不讳地批判政府：“按欧美各国君后之相，遍地悬挂，未尝以为亵也，今满政府则拍照一相，监禁十年。专制国，专制于此，足见一斑矣。”为捍卫新闻摄影正当性而做出不惧强权的斗争，可见此时新闻摄影在报界之重要。

新闻照片更为革命“推波助澜”，以强烈现场感和视觉冲击力宣传造势。彼得·伯克曾以法国大革命期间巴黎人民攻占巴士底狱的图像传播说明这一观点：“在革命进行的过程中，图像所起到的推动作用更为重要，它们往往有助于唤起普通民众的政治意识”，尤其是“着重描绘战争中的领袖和英雄人物以及重大战役瞬间的图像，往往会使革命行动的合法化与正当性在图像传播中得到突出和强化，从而将某种革命行动和革命理想神话性”。[②] 而这正是中国资产阶级革命派运用新闻摄影的主要途径。

1905~1911年，资产阶级革命派在上海一处就创立了15种报刊，以《神州日报》为代表的革命报刊竞相以新闻照片作为宣传手段，曾连续刊登殉国烈士徐锡麟、秋瑾等人的照片报道，在登载《大通学堂学生擎枪欢迎绍兴府贵太守纪念写真》照片时配文：“此照现为贵太守销毁殆尽，几同吉光片羽，读者对此感情如何?”大大激发了民众对于革命党人的同情和对清政府的仇恨。辛亥革命发生前后，上海、武汉、广州等地报纸几乎每天都有新闻照片见报，且照片大多拍自现场，并在武昌起义前后一两

---

① 甘险峰：《中国新闻摄影史》，中国摄影出版社，2008，第26页。

② 〔英〕彼得·伯克：《图像证史》，杨豫译，北京大学出版社，2009，第202页。

个月内达到高潮。武昌起义后，《申报》在10月19日首先刊出一幅武昌蛇山炮台的照片，从10月22日至11月19日，共刊用有关起义的新闻照片31幅，平均每天一幅，创《申报》刊用新闻照片的历史纪录。此时报纸被视作政治斗争的锐利武器，“一纸之出，可以收全国之视听，一议之发，可以挽全国之倾势”。[①] 新闻摄影，在推翻帝制和巩固民主政权的斗争中履行着责任，也从此站稳了脚跟。

关于新闻摄影与革命斗争、政治叙事的关系，在1912年出版的《真相》画报得以集中体现。梁得所认为，《真相》画报是中国摄刊照片的图画杂志之开元，正是从真相画报开始，中国画报开始真正重视新闻摄影。[②] 这份以“监督共和政治，调查民生状态，奖进社会主义，输入世界智识”为宗旨的国内第一份铜版画报，每期照片占及三分之一，“执笔人皆民国成立曾组织之人”，试图以照片“探讨民国真相”。[③] 17期《真相画报》共刊载了300余幅时事新闻照片，涵盖政治新闻和社会新闻，其中政治新闻约占整个摄影报道的90%，革命目的十分明显。其主要刊载新闻照片的“时事写真画”栏目介绍为：“民国新立，时局百变，事有为社会上注视，急欲先睹为快者，本报必为摄影制图，留作纪念，其无关重要，概付阙如。”[④] 这让人不禁联想到戈公振对于民国初期新闻界景象的描述：“欧战以前，民国初造，国人望治，建议纷如，故各杂志之所讨论，皆注意于政治方面，其着眼在治标。”[⑤] 摄影在此便被视作“治标”的利器，以照片“真相”促进和监督权力，强烈的政治色彩不仅是《真相画报》的特色，也成为这一时期新闻摄影的主要风格。

彼时新闻照片多源自照相馆摄影师和读者征稿。比如《妇女时报》自1911年创刊以来几乎每期都有征集：“吾女军人中，如能以玉照惠登本杂志，俾令英杰之姿，为世界所崇拜，尤为本志所祝。”[⑥] “彼东西洋文明

① 方汉奇：《中国新闻事业简史》，中国人民大学出版社，1983，第142页。
② 转引自甘险峰《中国新闻摄影史》，中国摄影出版社，2008，第25页。
③ 黄宾虹：《真相画报出世之缘起》，《真相画报》1912年第1期。
④ 《本报图画之特色》，《真相画报》1912年第1期。
⑤ 戈公振：《中国报学史》，中国新闻出版社，1985，第217页。
⑥ 《编辑室》，《妇女时报》1911年第2期。

国杂志，往往图画几占原书之半，诚以增进阅者兴味，唤起美术精神，图画尤视文字为必要。故本报极力于图画上注意'搜集'、'印刷'，不肯为滥竽充数，敷衍塞责之计。"[①]《时事画报》更因收到的相片过多而特意强调投稿质量，"画报采用相片之条件，除明晰及附有说明两点外，务求相片所表现者为动态，其并有时间性者尤佳"。[②] 对于新闻照的时效性和现场感有了要求。摄影报道水平在此时有了重大进步，专题摄影、特写、中景、全景的组合变化都已出现。《真相画报》第六期"李汉维枪击港都梅轩理"的组照画面不仅涵盖了梅轩理登岸、阅兵、上轿、遇刺以及李汉维被捕的全过程，而且是一组成功的现场抓拍新闻照；"宋教仁被刺"案发生后《真相画报》从被刺之地点、治伤医院、遗像、出殡等多个侧面进行影像的报道渲染，以至于画报在 1913 年 3 月被迫停刊，创刊人高奇峰流亡日本，可见图片报道巨大的影响力。

总体而言，20 世纪初摄影与现代报刊的结盟可谓中国新闻事业的一大进步，以"每日有照片"来招徕读者的现象表明，加强摄影报道已成为改进工作的重要一环。但在特殊的革命背景下，摄影亦主要承担了服务政治斗争和社会舆论的任务，要论及回归新闻本源的常态化和职业化，则有待于下一阶段新闻摄影的全面崛起。

三　合法性全面确认：作为"职业"和"知识"的新闻摄影

五四新文化运动，不仅给中国带来了民主与科学，也给新闻摄影带来了长足进步。此后十余年间，报纸摄影附刊和摄影画报不断涌现，专业新闻摄影记者诞生，新闻摄影机构纷纷成立。作为新闻报道的一种形式，摄影不仅受到报界同人的高度重视，逐渐摆脱依附于文字报道的局面而走向独立，也成为新闻教育的一部分，在人才培养和学理价值方面加以研究。及至 1936 年有人谈及摄影的变化"是三十年前的人所梦想不到的事"，"它不但被利用为研究各种科学的工具，而且还推广到传达文化的利

① 《编辑室》，《妇女时报》1913 年第 9 期。
② 《编辑室》，《时事画报》1911 年第 2 期。

器……在这层上，摄影和新闻的关系，便形成最密切而不能分离的事了”。[①] 此语指明，摄影真正成了新闻不可或缺的重要部分，新闻摄影从此建立起了不容置疑的合法性。

从 1916 年开始，中国在军阀割据、分裂混乱中迎来自由主义思想高潮，新闻业也获得了相对稳定的发展空间。此时，印刷业作为民族工业的一部分发展迅速，加之交通、邮政、电信系统的进步，信息收集和报纸发行都极为有利；新文化运动引发的思想交锋亦推动新闻思想的前进。1931 年“九一八”事变激起国人抗日救亡宣传的高潮，冲破了大革命失败后舆论沉寂的局面，也使新闻界自身发生了巨大变化。在此背景下，摄影报道业务飞速发展的同时，围绕新闻摄影展开的理论探讨如雨后春笋推动着新闻摄影从一门技艺向一种知识的转变。

（一）摄影刊物风起云涌，学理探讨提升新闻摄影重要性

1920 年 6 月 9 日，我国第一份报纸摄影附刊《时报》的《图画周刊》由戈公振在上海创立，创刊导言说道：“世界愈进步，事愈繁琐，有非言语所能形容者，必籍图画以明之……今国民敝锢，政教未及清明，本刊将继文学之未逮，一一揭而出之”，为摄影照片赋予了“彰善阐恶”的重任。该刊对时事照片选稿标准颇为严格，“需是临时发生的、不常遇到的事情，要极其迅速，以报纸上没有揭载过的为限”。[②] 不仅凭此赢得了读者，也成为其他报纸争相模仿的典范。到 20 世纪 30 年代初，全国设有摄影附刊的日报和晚报已达数十家，掀起了摄影附刊的热潮。各报摄影工作各有千秋，纷纷致力于提高自家摄影报道质量，“申报注重大事和美术方面，新闻报注重社会新闻照片方面，而时报则仍注重原来的妇女与运动方面，各延专家主持，以引起阅者之兴趣和美感为主旨……对于图片之生动，拼版之参善有致，皆各勾心斗角，出奇以争一日的短长”。[③] 可见对于新闻摄影报道的取材和刊登裁剪已成为各大报纸互相竞争的重要环节。

---

① 陈庆正：《新闻与摄影——摄影一览编前的话》，《全球通讯社福州分社两年纪念特刊》，1936 年特刊。

② 胡志川、马运增：《中国摄影史：1840—1937》，中国摄影出版社，1987，第 87 页。

③ 黄天鹏：《五十年来画报之变迁》，《良友》1930 年第 49 期。

与此同时，20 世纪二三十年代也是摄影画报风起之际。1925 年，《上海画报》在创刊首期大幅登载“五卅惨案”，刊登《凄凉之南京路》《学生大游行》等现场照，此后更连续跟踪报道市民及华侨支持上海人民的消息和图片，一炮而红，“京津报房以电索报者踵相接”，“如春雷之乍发，如奇葩之初胎，吾人惊魂未定，耳目为之一新”。[①] 三日刊形式的画报大为盛行，次年诞生的《良友》更销行五大洲，“每月发生的重大新闻，几乎都可以从画报中找到如实的照片”。[②]

新闻摄影的重要性在摄影附刊和画报热潮中得以确认。对于“欧美各报章杂志之重视照片而勤于搜集者，良有以也”的艳羡，逐渐转变为“吾国之新闻摄影事业，渐有起色，蒸蒸日上，已引起新闻界之注意，不久入于‘竞争摄取照片’之时代”[③] 的自豪。彼时摄影的作用已被一般民众所认知，从 1929 年《大亚画报》记载“驻美领事夫人廖女士贩土案”细节可见一斑：廖女士赴京受审沿途“以帽覆额，力避观者为之摄影”，原因正是“不怕人目，而怕镜头……留影于国内各报，万人传睹也”。[④] 到了 20 世纪 30 年代，摄影被视为新闻事业整体进步的推手，“翻开十几年前的报纸，和目下的报纸比比看……有极神速的进步，新闻摄影底日渐增多，便是一个明证”。[⑤] 作为令新闻界“面目一新”的摄影，凭借直观易懂、生动形象和真实性强的性质优势站稳脚跟，成为较文字有过之而无不及的新闻界宠儿。

相较于抽象深度的文字报道，照片首先凭借能被绝大部分读者所读懂的传播优势受到喜爱。戈公振就曾评价：“图画先于文字，为人类天然爱好之物。虽村夫稚子，亦能引起兴趣而加以粗浅之品评”；“图画为最妙之有形新闻，任何人能直接了解，不必经过思考，且不限智识高深，即妇

---

① 吴果中：《左图右史与画中有话：中国近现代画报研究（1874—1949）》，北京大学出版社，2017，第 260 页。

② 马国亮：《良友忆旧——一家画报与一个时代》，生活·读书·新知三联书店，2003，第 225 页。

③ 林泽苍：《摄影记者指南（二）》，《中国摄影学会画报》1927 年第 84 期。

④ 谷生：《摄影新闻之重要》，《大亚画报》1929 年第 179 期。

⑤ 晓广：《怎样做新闻记者》，《新闻杂志》1936 年第 12 期。

人孺子亦能一目了然”。[①] 识记文字尚需要一定程度的教育背景，“书报之普及不是简单的问题，中国识字的人少，识字而喜阅书报的人更少”。[②] 而图片能被人类天然地接收，甚至跨越国别与语言障碍，成功引起了各个阶层的兴趣。“世界人类，仅有不通文者，而绝无不识图画者，其引起读者兴味，万不能如图画之远。”[③] “报纸上的文字是思考的，图画是直觉的；文字是象征的，图画是写实的；文字是机械的，图画是美术的；文字是记事的符号，图画乃传形的工具；文字需学而后知，图画则不学而辨；文字因有国别，故非加以翻译不可，图画则打破国界，而各色人种，尽可知晓，因此进步的报纸，每日离不了新闻照片的篇幅。”[④] 通过图文新闻多维对比，对于照片的全面认可一览无遗。

另外，摄影照片现场感、过程感强和故事化呈现的功能，在当时看来甚至是文字报道所难以触及的高度。中华摄影学会创办人林泽苍曾对二者优劣一较高下：“虽有生花之妙笔，仍难得窥其真相。奚异日隔履抓痒，纸上谈兵，故不得不赖摄影以补文字描摹之不及，盖照片能示当时实景，活活纸上，于不知不觉间，若置身其中，摄影之所以为贵者此耳。”[⑤] “凡一事件之发生，新闻之外，且附以当时之情景，与有关系之图片，读者如历其景，其有助于新闻事业者诚无穷矣。”[⑥] 论及摄影特别的现场再现能力，还有一桩报道趣闻更能加深理解。1934 年上海有“来沪之世界最胖女人”，彼时报人为完美呈现“胖”的要点，尝试用文字和数字描述：“体重七百余磅，上臂围二十六寸……这些字数述记，阅者可以想象其肥胖。”但《大众画报》别出心裁刊登了一幅儿童与“最胖女人”合影照，“用衬托方法替代文字叙述，使人一看而明事件之特点”，达到“一目了然”的效果。[⑦] 由此，新闻摄影似乎已建立起更优于文字的话语模式，

---

① 戈公振：《画报的责任与前途》，《中国摄影学会画报》1930 年第 250 期。

② 梁得所：《编辑后记》，《大众画报》1933 年第 1 期。

③ 天笑：《上海画报百号纪念颂祷之词》，《上海画报》1926 年百期纪念。

④ 陈庆正：《新闻与摄影——摄影一览编前的话》，《全球通讯社福州分社两年纪念特刊》，1936 年特刊。

⑤ 林泽苍：《摄影记者指南（一）》，《中国摄影学会画报》1927 年第 83 期。

⑥ 佚名：《电传照像与新闻事业》，《报学月刊》1929 年第 4 期。

⑦ 王小亭：《新闻摄影佳作一例》，《大众画报》1934 年第 11 期。

“有时文字描写，累累数千言，尚不能形容其实际状况，而照片一帧在手，一览无遗，画意能达万言”。[①] 当时报刊上较多地出现“消息照片”，比如《晨报》1926 年 4 月 5 日刊登的《段政府之独脚总长》，以一幅新闻照附以标题和说明，便构成一则独立的消息，显然是新闻照片地位提高的有力佐证，突破了认为照片只能作为文章插图和报纸附庸的固有框架，报人实际工作中已经认识到的功能，终于得到理论上的经验概括。“倘然在新闻中，同是刊入一帧新闻写真，使读者看了，除晓得事情的始末外，还可以领略当时的情景，慷慨激昂地，俨同身入其境，兴趣百倍了。”[②] 提倡用新闻写真带领读者“身入其境”的这位报人，在 20 世纪 30 年代断言“报纸未来的竞争焦点，当在新闻摄影上”，时至今日，新媒体创造的新一轮“读图时代”无疑是当年论断的最好佐证。

更为关键的问题在于，在晚清石印画报萌生“写实主义的欲望”数十年后，新闻摄影以机械成像的方式将欲望变为现实，将新闻的“真实”“客观”提升至另一高度。1930 年戈公振这样总结，“报纸记载新闻，以真实为主，图画乃最能表现真实者也”。[③] 也正是在该年，《良友》和刚创刊的《图画周刊》都启用了最现代化的凹版滚筒影写版技术印刷，“这一先进的方法，可用次道林纸代替铜版纸，节省了成本，而印刷效果又高出铜版，而且印数越大，成本越低”。[④] 同时伴随“小型照相机”在新闻摄影界的应用，拍摄者们已能够在“任一发生事变的所在随意拍取照片”。[⑤] 文字新闻“虽能描写内幕，然究难免支离虚饰之弊”，而摄影新闻则“当场真相，历历在目，毫无假饰，一刹那间之现象，可成永久之铁证。禹鼎铸姦，无此清晰”。所以，“有摄影在，足资依据，刊布报纸，则真相可大白天下”。[⑥] 至于写实绘画，“他们的写实究其极不过是描画一些自然所

---

① 胡伯洲：《新闻摄影》，《报展》1936 年纪念刊。

② 晓广：《怎样做摄影记者》，《新闻杂志》1936 年第 12 期。

③ 戈公振：《画报的责任与前途》，《中国摄影学会画报》1930 年第 250 期。

④ 赵家璧：《〈良友画报〉二十年的坎坷历程》，载《新闻研究资料》总第 37 专辑，中国社会科学出版社，1987，第 64 页。

⑤ 陈传霖：《论小型相机》，载陈申、陈景希《中国摄影艺术史》，生活·读书·新知三联书店，2011，第279 页。

⑥ 谷生：《摄影新闻之重要》，《大亚画报》1929 年第 179 期。

给予的印象”，华灵回应：“对于自然，对于人生，我都能抓住赤裸裸的现实。只有我才是真正的写实主义者……我所抓住的实在，绝不是观念，也不是印象，而是绝对的纯粹的实在。”[①] 1936年更出现了一篇《摄影的具有真实性》的专文，被称为“在中国早期摄影论著中是绝无仅有的一篇”，作者盛赞“摄影的具有真实性底艺术价值是无可否断而永不能泯灭，从焦点、距离、速度组合下后在镜箱的快门上泰然一拨便可使任何物件留得真像”，从事摄影者便可“高傲”地说一句：“用我们的镜箱，把世界上任何事物垂之于永久。”[②] 一方面，新闻图片从依靠“丹青妙手着手摹”到机械快门的“泰然一拨”，摄影以写实性在价值等级序列中超越绘画；另一方面论及文字，报人承认“镜箱给予新闻记者的便利，实在和笔一样的重要”，但又进一步强调了“它的真实性更超过笔述，这是一个真正的写实工具，可以把当时的情形，很忠实地显示在阅者眼前”。[③] 言下之意，此时的镜箱已成为新闻记者必不可少的装备与技能之一，甚至在某些情况下相较于笔杆更胜一筹。

（二）专业机构与职业登场，新闻摄影价值标准初步确立

新闻报刊在确认摄影照片的合法性地位之后，对其需求量日益增长，以往“照相馆为新闻照片最大之出产处，报馆不给费，照相馆则得广告之作用”，但非专业新闻人才产出的摄影照片并不能尽如人意，“对于新闻学识及新闻之价值之关键则茫然不知，欲得优美之成绩，难乎其难矣”。[④] 照相馆也因获利不丰、要求过彦等问题不愿投入过多精力。由此，摄影通讯社和摄影记者应运而生，也成为中国新闻摄影业初步形成的重要指标。

中国最早向报纸供应照片的新闻摄影机构当属1920年前后出现的中央写真通信社，“每月平均送稿八次，每月取费十元，其材料颇合报纸之

① 华灵：《镜头的世界》，《良友》1933年第74期。

② 唐火星：《摄影的具有真实性》，《飞鹰》1936年第7期。

③ 毛松友：《新闻摄影概论》，《黑白影集》1936年第3期。

④ 林泽苍：《摄影记者指南（三）》，《中国摄影学会画报》1927年第86期。

用”。[1] 中国摄影学会在 1927 年“因鉴新闻照片之重要，预料将为各报竞争之焦点，且能摄有新闻价值之照片者又寥寥无几”，特别增设了新闻部，“广聘国内外摄影记者，专采新闻照片，供给本埠及国外各种报纸及杂志之用”。[2] 同时向社会提供摄影服务，如用户发现“紧要新闻”可电话通知新闻部，该部当即派员前往摄影。“九一八”事变至七七事变前夕，东北国土沦丧，关内步步吃紧，民众渴望目睹时局演变，报纸、画报和时事性刊物都加强了摄影报道，新闻摄影机构已达数十家，为日益增长的图片需求提供了及时而有力的支持。

至于专业新闻摄影记者的正式出现则是在 1926 年，《天民报图画周刊》刊登启事，以现金征求摄影照片，首次招聘“特约摄影记者”。1928 年《时报》聘请郎静山、蔡仁抱为摄影记者，成为中国报界聘用摄影家任专职摄影记者的开始，郎静山受聘后一直工作到 1937 年，成为我国第一批最负盛名的专业新闻摄影记者之一。到了 20 世纪 20 年代末，职业摄影记者已发展为一只活跃力量，当时的报人张友鸾评论说：“吾国报纸，近年亦知图照重要，故略具规模之新闻社，必皆设立摄影制版部……而年来摄影记者之专门人才亦辈出。”[3] 到 1930 年出现的一篇《摄影记者之常识》的文章便感叹道：“五六年前‘摄影记者’之名目尚未流行于社会。近两年中各种刊物，对于照片异常注意，广事搜罗，最近数月刊物多种，均以照片为主体……是此后之摄影记者将受社会之注意，报馆杂志之需要矣。”[4] 作为一种全新的社会职业，摄影记者从此活跃在中国新闻场域，对我国的新闻摄影事业起到了重要作用。

在风云变幻的特殊时代背景和新闻照片空前需求的推动下，摄影记者这种新兴职业迅速获得了相当高的社会地位。当时在欧美、日本等国的摄影记者“素为人民所重视，如需摄影，则旁观者能为让道，当事者赞助不遗余力，而被摄者则以为莫大荣幸”，在中国同样是“一种高尚有趣之工作”，中国摄影学会新闻部的记者便“得工部局赞助，能于戒严时通过

---

① 戈公振：《中国报学史》，中国新闻出版社，1985，第 250 页。
② 胡志川、马运增：《中国摄影史：1840—1937》，中国摄影出版社，1987，第 135 页。
③ 张友鸾：《新闻与图照》，《报学月刊》1929 年第 4 期。
④ 《摄影记者之常识》，《中国摄影学会画报》1930 年第 238 期。

租界，又受中央日报之托，供给新闻照片”，一般记者也能“受社会人士之赞助”，从经济上得到辅佐，又在政治场合得到特别许可，无怪乎林泽苍盛赞此职业清廉、高尚、有趣、娱乐，总结称“摄影记者处最多新闻材料之时代，实为各界所需要，占新闻事业极重要之地位，而为社会不可少之人材”①。商界名人朱葆三轰动全沪的葬礼上，“时两旁观众十分拥挤，而记者在路中自由行走，绝不受他人干涉”。② 可见摄影记者职业的重要性在当时已被各界接纳认同。

对于摄影记者人才素质和作品质量的讨论，亦是时人对新闻摄影价值标准逐步探索和确立的过程。林泽苍首先将“新闻价值”概念引入摄影领域，提出“新闻摄影，最要之点，在于有‘新闻之价值’”。③ 新闻界需要何种摄影记者，拍摄出什么样的新闻照片作品？在 20 世纪二三十年代已有了基本完备的判断要素。新闻照片要讲求时效性，“因为日报是必须有时间性的……一待时过景迁，人们的眼光早又转到别的时事去了，而照片也就成为明日黄花”。④ 摄得有效的新闻照片，为了刊载先人一步，“冲晒须敏捷，不宜提早回家，因恐紧要新闻或因此而失”。⑤ 作为各报互相竞争的卖点之一，新闻照片又特别注重独家与独特性，记者要通过选材、站位、临场发挥等各个细节突破，争取摄得别具一格的佳作，“试思十余人同在半圆形中争摄一人，则其所得之照片相差极少，登于刊物中，几何雷同，故‘创作’即他人所无而又有新闻价值者方为贵”。⑥ 彼时便有文章指导摄影记者在重要集会时主动争取上台摄影的机会，因为在重大新闻面前“非此不足出奇制胜，他人均无而我独有者，斯为贵耳”。⑦ 摄影记者本身更要秉持良好的职业道德与新闻素养，不能“失却摄影记者原有之高尚地位”，要把“有内容，有容积，于时代知识和思想有阐发的

---

① 林泽苍：《摄影记者在社会之地位》，《中国摄影学会画报》1927 年第 84 期。

② 林泽苍：《摄影记者指南（十）》，《中国摄影学会画报》1927 年第 99 期。

③ 林泽苍：《新闻摄影之价值》，《中国摄影学会画报》1926 年第 54 期。

④ 徐光焕：《画报编者眼中的新闻照片》，《摄影画报》1935 年第 7 期。

⑤ 林泽苍：《摄影记者指南（五）》，《中国摄影学会画报》1927 年第 88 期。

⑥ 《新闻摄影之常识》，《中国摄影学会画报》1930 年第 238 期。

⑦ 林泽苍：《摄影记者指南（八）》，《中国摄影学会画报》1927 年第 91 期。

材料多登一点"[①]，一要确保所摄照片不容置疑的真实性，因为其"目的在于作为事实的证明的，不是专做艺术上的赏鉴"，二不可为了吸睛拍摄违背社会责任的猎奇照，比如"诲盗诲淫的新闻照片登在报上，虽也足以引起人们的注意，惟于社会的风化，殊有毁伤"[②]。

伴随实践经验的丰富和学理研究的深入，到了20世纪30年代末，一位摄影记者需满足这样的条件："须有灵敏的脑筋，活泼的眼力，聪明的耳朵，健全的体格，和向前的勇气，然后才能够得到他所要摄的照片，然后才能够构成自存一格的风范。"[③] 针对新闻摄影从业人员与作品的标准建立，意味着行业内有规可循，有法可依，摄影记者成了一种得以持续发展和进步的稳定职业。

（三）由术至学：新闻摄影纳入知识版图

摄影记者刚在我国兴起之时，戈公振叹息"惜国内有新闻学识之摄影记者极为缺乏，所摄之照片，多呆笨而无新闻化"[④]，某种程度上正是因为职业发展初期理论教育缺失所致。摄影术传入中国的最早期并没有被视作学问纳入教育体系，相反，作为商业照相馆盈利谋生的技术资本，往往只能先师法外国摄影师，再以师徒继承、言传身教的方式留存。19世纪末在北京开设鸿记照相馆的杨远山便广收门徒，"今庙内外照相馆，不下十数家，皆其弟子徒孙也。"[⑤] 掌握摄影的人"视同枕密，不肯轻易示人"，行业外人即便好学也不得其法。直至1872年英国德贞译著的《脱影奇观》问世，"开数十年不传之秘"，也为清除有关摄影的奇谈怪论和诋毁谣言起到了很大作用。清末在政府"南洋劝业会"上获得银奖的《实用映相学》首次面向业余摄影者做了一般知识的普及；及至辛丑条约签订，清政府在实业救国幌子下发展工商业，各省相继成立工艺学堂，照相也是其中一种，如1906年济南成立了传习所，分设照相等十科，始形

---

① 刘凌沧：《画报与新闻摄影》，《北辰画刊》1935年第1期。

② 何名忠：《新闻照片的价值及其取材》，《留东学报》1936年第1期。

③ 毛松友：《新闻摄影概论》，《黑白影集》1936年第3期。

④ 戈公振：《戈公振对于画报之见解》，《中国摄影学会画报》1928年第171期。

⑤ 崇彝：《道咸以来朝野杂记》，北京古籍书版社，1982。

成最初的摄影职业教育。

当摄影逐渐成为报纸工作的一部分时，新闻摄影也逐渐作为一门知识被列入新闻教育的内容。1923 年出版的《实际应用新闻学》在我国报学专著中第一次提及新闻摄影，邵飘萍将“写真”列为新闻记者必备的技能之一。同年中国人自办的第一个正规新闻教育机构——北京平民大学新闻系成立，第二学年便开设“照相制版术”，每周授课一学时。当时各大报社设立照相铜版部已成潮流，平民大学开始摄影印刷技术教育正是顺应趋势的创举。1924 年开办的燕京大学新闻系先后设置了“照片”和“报纸图画课”，曾任新闻系主任的黄宪昭在《燕京大学新闻学系概况》一文谈及“报纸图画”课的任务时写道，“报纸图画”研究报纸之插图，在现代报纸上之地位及功用，特别注重画报编辑方针及安排图画等方法。[①] 到了报纸摄影附刊和摄影画报风行的年代，这门课便将重心转移至培养具有摄影图片知识的新闻人才。复旦大学新闻系在 1929 年创建之时直接将“照相”列为必修课。上海民治新闻学院更史无前例地把新闻摄影列为四门重点课程之一，聘请曾任上海《新闻报图画附刊》特约摄影记者的杨霁明担任教师。[②]

我国首批职业摄影记者郎静山感叹以往学习摄影之艰难：“曩昔国人之究习此道者，以营业为多，即有自供玩赏，或视之为专门学术锲而不舍者，偶有心得，辄秘而不宣，未尝公布于世。”[③] 在新闻摄影实践操作日趋成熟的推动下，摄影技能也终于与采写编评一道成为新闻学知识树上的重要一枝。

四　结语

如上所述，新闻摄影进入近代中国并成为新闻界的一种常规，并非一种自然而然的进化过程。舒德森对李普曼关于新闻业的“自然史论”的

---

① 转引自甘险峰《中国新闻摄影史》，中国摄影出版社，2008，第 53 页。

② 胡志川、马运增：《中国摄影史：1840—1937》，中国摄影出版社，1987，第 154 页。

③ 郎静山：《摄影漫谈》，《良友》1940 年第 150 期。

那种批评，放在此处似乎仍然适用。[①] 在这里尤其注意两方面的问题。一方面是技术方面的传统与革新。作为一种新技术、新媒介，摄影术进入中国新闻界后，开始与已有的技术条件和基础进行某种结合。中国传统的绘画术以及石印术为这种媒介结合提供了最初的条件，并产生出以往传播历史中难以企及的体验。这一点，如同麦克卢汉所言，“两种媒介杂交或交汇的时刻，是发现真理和给人启示的时刻”。[②] 同时，摄影术在新闻界的合法化历程之中，有赖于其他技术（特别是制版术、印刷术以及纸张）的配套发展，通过不断的技术革新，建构新型的媒介组合形态，才能使其在新闻报道上的价值得以充分发掘与呈现，进而被普遍接受。其中有一个依托传统并超越传统的技术革新过程。

另一方面，对于这种合法化，不能脱离近代中国新闻界自身的实践及积极探索。也正是在这种实践中，摄影的新闻传播价值得以发展和呈现，其中有一个从观念到操作逐步衍变和积累的过程。石印画报时期，承载“写实主义欲望”的新闻画的出现，打破了传统认知中文字凌驾于图片之上的固有框架，新闻界掌握了传递信息的又一手段，受众则得到了最初的图像新闻教育。到摄影与制版术足够发达的 20 世纪初年，照片无须再由石印画师临摹手绘，石印画费时费力又有失真实的缺陷由摄影代为修正。特别是在清末民初政治动员背景下，新闻摄影便成为报刊有意识运用的斗争工具，影像从文字的附庸地位挣脱出来，逐渐确立自己在新闻报道中的独立地位。当照片需求的持续增长催生专业摄影机构和新闻摄影人才出现后，围绕摄影性质和摄影记者的学理探讨进一步巩固了新闻摄影的合法性，被新闻教育纳入版图便是合法性最终建立的有力证明。以致此时报人得以自信地宣称“照片在新闻上之价值，举世皆知”[③]。正是在近代中国启蒙、动员以及新闻职业化语境的持续催发下，新闻摄影之于新闻报道中的价值才获得全面的认可。这里有着我们自身的发展之路。

1926 年，上海《时报》在被称为“摄影迷”的黄伯惠执掌后，设立

---

① 〔美〕迈克尔·舒德森：《发掘新闻：美国报业的社会史》，陈昌凤、常江译，北京大学出版社，第 32 页。

② 〔加〕马歇尔·麦克卢汉：《理解媒介——论人的延伸》，商务印书馆，2000，第 91 页。

③ 《当心摄影记者》，《良友》1934 年第 97 期。

了照相制版部，黄将郎静山纳入麾下，后者成为中国第一位专职摄影记者。这意味着新闻摄影真正获得了报社的具体建制，并得到专门角色认可。由于《时报》的推动，中国出现了专门的摄影社团“华社”，并于两年后组织了中国摄影史上第一次大规模的摄影展览。[①] 虽然这场展览的作品并非完全是新闻摄影作品，但是对于蜂拥而入的1.5万名参观者而言，他们感受到的技术与人在新闻摄影上的交相辉映，与“读图时代”我们的习以为常相比，应该还是会有很大不同吧。

① 袁义勤：《黄伯惠与〈时报〉》，《新闻大学》1995年夏季号。

旧官员与新媒体：袁世凯与《北洋官报》关系之新探*

随着1815年《察世俗每月统记传》在马六甲的开办，新式报刊开启了中国之旅。在此过程中，以线装书和传统邸报、京报为主要读物的晚清官员逐步意识到新式报刊之于政权统治的作用。无论是林则徐编译《澳门新闻纸》,[1] 抑或早期洋务派及维新派倡办新式报刊，大抵均可作为其中形态各异之反应。如果将当时朝中和地方官员有关报刊的论述视作对此新式报刊的观念形态,[2] 那么有关新式报刊这一“新媒体”在官员的政治生活中的影响堪称令人瞩目。不过，清政府真正以此类新式报刊作为施政治国之要略，也许要推延到20世纪初清末新式官报群体的出现。此类官报模仿新式报刊式样，以省为单位逐步推开，成为清末新闻事业的一个独特景观。本文主要梳理袁世凯与清末新式官报之典范——《北洋官报》的关联，透视晚清官员是如何理解和利用“新媒体”，并对其个人政治际遇如何发生影响，以期为清末政治转型时期报刊与政治之关系提供一个侧影。

众所周知，在中国近代史上，袁世凯可谓毁誉参半之人物。就报刊史

---

* 本文发表于《新闻记者》2019年第1期，合作者为丁捷，此处标题和内容略有改动。

① 关于《澳门新闻纸》的最新研究，参阅苏精《林则徐看见的世界：〈澳门新闻纸〉的原文与译文》，广西师范大学出版社，2017。

② 此类论述颇多，分别参阅曾纪泽、郑观应、梁启超、康有为等此时诸多文献，本文不再一一列举。

而言，对其“毁”的层面可能更为突出。从晚清到民初，袁世凯参与了一系列与报刊相关的活动。如在维新运动时期，袁捐资支持强学会出版《中外纪闻》；清末新政期间，袁世凯直接支持创办《北洋官报》；民国成立后，袁世凯采取各种手段控制媒体，限制言论自由。目前，学界对于袁世凯之于报刊史的研究，主要集中在民初这一段，并因其民初癸丑报灾以及随后一系列之于报业的倒行逆施，而对其做了非常负面的评价。① 对于清末期间袁世凯的报刊活动还有待进一步展开。②

本文并非要为其平反，只是试图将视野拉回到清末最后十年间，透过袁世凯与《北洋官报》的关联，了解清末新式官报这一“新媒体”如何影响官员的命运，以及官员如何在旧体制中运用“新媒体”，“新媒体”对于旧体制下的官员又有何意味。

一　新式官报开办时的形势与袁世凯的打算

20世纪初，清政府在办理官报的问题上面临着两难选择。一直以来对于报刊的偏见，以及维新变法时期对康梁所办报纸的影响还记忆犹新，都使得朝廷对报刊有所忌惮，也并不想办理新式报刊。此时，传统邸报依旧被认为是一种有效的政务信息传播媒介。1902年，户部侍郎兼江南乡试正考官戴鸿慈请奏设立报局。据《清史稿》载：“时各省教案滋多，鸿慈请设宣谕化导使，以学政兼充，编辑外交成案，颁发宣讲。又请就翰林院创立报局，各省遵设官报，议格不行。”③ 新设官报以及报局被否，可见邸报仍是当时清廷政务信息传播之所赖。

不过，尽管清廷不愿接纳官报，有关官报的讨论却在朝廷内部逐步成为一种共识。在朝廷层面，不少大员也提出了办理官报的建议。1901年，

① 很多新闻史学者都对此进行过分析，如戈公振：《中国报学史》，中国新闻出版社，1985，第149~151页；赖光临：《中国新闻传播史》，三民书局股份有限公司，1978，第129~130页；方汉奇：《中国近代报刊史》（下册），山西教育出版社，2012，第639~641页。

② 郭传芹：《袁世凯与近代新闻事业》，花木兰文化出版社，2013，第24页。

③ 赵尔巽等撰：《清史稿》（卷41册），中华书局，1977，第12404页。

御史张百熙认为，私家报纸“多不免乱是非而淆视听”，所以“惟有由公家自设官报，诚使持论通而记事确，自足以收开通之效，而广闻见之途”。[①] 孙诒让则建议每一级政权都创设官报：“窃谓当此更化之初，宜广开官报局于京师，以次及于各直省，府厅州县亦饬广开报馆，民间私报亦尽弛其禁，每月部吏督抚以公私报章汇送军机处，恭备乙览。”[②]

20世纪初，不仅在朝廷层面很多大员在谈论官报，民间舆论场中，官报这种新生事物也被与民报放在一起，讨论孰优孰劣。《大公报》当时刊登两位读者的来信，两人就“开官智”之法进行辩论，其中牵扯到设立官报的问题。有人认为，官报犯忌讳之事不登，所以欲知民情，还是该阅民报。“官报其体裁例自不与私立之各日报同，势必严定一例，凡触犯忌讳之事概不登录，充其弊必致无一敢发直言者，阅报如不阅也。”[③] 反驳者则认为，官报的独特优势在于能够以强制的手段使人阅报，所以比日报要胜一筹。“盖官报由督抚札颁者也，日报由各员自备者也，权操诸上者，有不得不阅之势，权操诸己者，在可阅不可阅之间，如是则官报不差胜于日报哉？”[④]《申报》总主笔黄协埙发表议论称，民报“有文无行之流，藉笔墨为渔猎之具……任情颠倒，几使天下无公是非。”因此“报律之不可不定，而官报之不可不兴焉。”[⑤] 可见当时官报问题已为舆论界所瞩目。

在此舆论形势下，清廷对官报的态度发生了一定的转变。虽然清廷仍坚持在朝廷上层不设新式官报，但对地方办理官报试点，实际上给予了默许。于是在1901~1902年，直隶、湖北等省，最受朝廷器重的督抚大员几乎同时在张罗办理官报。袁世凯所筹办的《北洋官报》，尤其为清廷所重视。1902年，有报纸报道称：“太后命袁制军办官报时，指己手二指尖，谓之曰：‘报字须如此大，以便批阅’。”[⑥] 袁世凯对在筹办过程中的

---

① （清）张百熙：《张百熙集》，岳麓书社，2008，第17页。
② 孙诒让：《广报》，《周礼政要》，第41页，出版年代和出版社不详。
③ 津门清醒居士：《开官智法》，《大公报》1902年8月2日。
④ 《来函》，《大公报》1902年8月7日。
⑤ 黄协埙：《阅昨报纪鄂省创兴官报事特书鄙意如左》，《申报》1902年2月22日。
⑥ 《谕办官报》，《集成报》1902年第42期。

情况也及时上奏，如他任命张孝谦办理官报事务后，向朝廷做了汇报，上奏称："该员才识明通，分发有为，筹办一切，均为得力，现委办理直隶官报及印书各事，手订章程，极有条理。"① 并在奏折中恳请将原张之洞手下任事的张孝谦留在直隶，得到允准。

事实上，办理官报既承载了朝廷的期许，又存在着诸多不可知的因素。毕竟，这是官方第一次尝试直接办理公开发行的报纸，需要进入舆论场中去接受检验。如果办理成功，可为朝廷提供办理官报的经验。万一处理不当，不但办理官报的目的无法达到，还可能引火烧身。加上当时庚子事变后，各省财政拮据，也在客观上影响到官报的开办。湖北、江苏筹备办理官报的时间和《北洋官报》相近，但是遇到了不同的情况。1901 年 12 月 19 日，张之洞想委派湖北试用知府王仁俊创办《湖北官报》，"该报即附设于商务报馆内，应需经费即并入商报馆经费，由商报馆总办核定，禀请本部堂札饬北善后局筹款支给"。② 1902 年 2 月 21 日，《申报》还对此进行报道，称"惟一时经费难筹，故出报之期尚需时日也"。③ 事实上，《湖北官报》直到 1905 年才出版。江苏的《南洋官报》1903 年也在酝酿出版，但是在出报前夕，江宁布政使李有棻却犹豫："方今邪说横流，迭见于中西各报。不辟其说，殊失创行是报之心。若辩驳频仍，则笔墨之争势必纠缠不已。既滋纷扰，且虞淆惑是非，不如暂时敛手。"④ 由于这种犹豫不决，该报直到 1904 年 2 月 16 日才出版第一期。

这样，1902 年 12 月 25 日创刊的《北洋官报》，在这种督抚之间的暗自竞争中脱颖而出，成为第一份有着重要影响的地方官报。从朝廷层面而言，《北洋官报》的顺利运转，使得各省官报的开办有了参考。不久，外务部下令以《北洋官报》和继起的《南洋官报》为基

---

① 袁世凯：《请将知府张孝谦留直补用片》，载骆宝善、刘路生主编《袁世凯全集》第 10 卷，河南大学出版社，2013，第 320 页。

② 张之洞：《札委王仁俊办理湖北官报馆事务》，载苑书义、孙华峰、李秉新主编《张之洞全集》第六册，河北人民出版社，1998，第 4164 页。

③ 《鄂兴官报》，《申报》1902 年 2 月 21 日。

④ 《官报难行》，《申报》1903 年 7 月 11 日。

础，向全国推广官报。《吉林官报》在创办前，吉林将军致信袁世凯派员去学习，在信中提到“查各省官报创办，始自北洋章程，一切亦以北洋官报为最详备”。[①] 就是中央级别的官报《政治官报》在创刊前，也“拟即派员调查，藉资参考”。[②] 可见，《北洋官报》显然得到朝廷的认可，袁世凯创办的这份官报符合朝廷的预想，为袁世凯的政治生涯加了分。

袁世凯对于媒体较为了解，深知办理一份新式官报，人才和资金都是很重要的。他曾经聘请过知名人士朱淇、杭辛斋、江亢虎加入。朱淇加入过兴中会，创办过《岭南旬报》《岭海日报》《胶州报》等，被聘为《北洋官报》的主笔。[③] 杭辛斋参与创办或编纂过《国闻报》《京话日报》《中华报》。江亢虎曾经留学日本，回国后被聘为《北洋官报》的总纂。在财力支持方面，《北洋官报》开办前“袁宫保特捐两万金，以备开局首三月之津贴”[④]。另有固定经费，出版当月，“总督府把官报局的经费规定为每月二千五百两”[⑤]。

对此，《北洋官报》也投桃报李，满足了袁世凯新政各方面的需要，把承载朝廷的期许和提供实际的功用结合起来。袁世凯署理山东巡抚初期，正是义和团兴起、教案频发的时期。前任山东巡抚毓贤因同情义和团，得罪了列强。清政府在外强压力下，任命袁署理山东。面对教案这一复杂而棘手的问题，袁世凯越发认识到“民教相安”之重要性。所以，他希望设立官报后，“庶几风气日辟，耳目日新，既可利益民生，并可消弭教案”。[⑥] 袁世凯认为，中国腹地因为“风气未开”，民众“一遇洋人，非存畏避之心，即起仇视之意”。所以避免产生教案，根本还要启发民

---

① 《督宪袁准吉林将军咨调查北洋官报成案章程札饬本局查照文》，《北洋官报》1907年第1286册。

② 《调查北洋官报》，《大公报》1907年9月3日。

③ 《纪官报》，《大公报》1902年9月11日。

④ 《纪官报》，《大公报》1902年7月28日。

⑤ 〔日〕中国驻屯军司令部：《二十世纪初的天津概况》，侯振彤译，天津市地方志编修委员会总编辑室，1986，第331页。

⑥ 袁世凯：《遵旨敬抒管见上备甄择折》，载骆宝善、刘路生主编《袁世凯全集》第9卷，河南大学出版社，2013，第146页。

智，“亟须启其智慧，广其见闻，始可期彼此相安，兼可益民商生计”。在《北洋官报》中，还经常刊登一些外国人过境，提醒当地官员注意保护的消息，防止和外国人发生摩擦。

《北洋官报》作为新闻纸为袁世凯服务，作为一个印刷机构，更是袁世凯的得力助手。新政伊始，公文繁复，直隶督署经常需要印刷一些小册子，供直隶府厅州县学习或者商议。如 1902 年，候补知府朱守钟筹办崇实学堂，制定了编书的章程，以此编订教科书，但是不敢擅自定夺，请求袁世凯将编书章程通过官报局刊布各府厅州县，集思广益。袁世凯同意了他的请求，饬令官报局刊印所议章程。[①] 彼时，《北洋官报》尚未创办。《北洋官报》创刊后，袁世凯曾多次下令《北洋官报》刊印各种小册子和书籍，为其新政变法服务。如曾下令北洋官报局刊印介绍土特产工艺的小册子、日本共进会章程以及法律书籍等。北洋官报局凭借先进的印刷设备，实际上成为袁世凯的官方印刷机构。

由此分析，北洋官报局既寄托了朝廷的期许，又满足了袁世凯应对教案、推行新政的需要。对直隶省外来说，《北洋官报》成为袁世凯新政中的一个响亮的品牌，为袁世凯赚了不少声誉；对于直隶省内来说，《北洋官报》成为袁世凯的得力助手。

二　政治声誉的建立与维护

在全国性的新式官报《政治官报》出现以前，《北洋官报》实际上成为一份兼顾直隶和全国的报纸，这从其发行范围可以看出。其代销处涉及北京、天津、保定、开封、南京、锦州、济南、汉口、南昌等大城市。1903 年 7 月 23 日，北洋官报总局和天津邮政总局签订合同，由邮政局无偿发行《北洋官报》，更加扩大了报纸的发行范围：“各省邮政总局、分

① 袁世凯：《饬议编书札》，载骆宝善、刘路生主编《袁世凯全集》第 10 卷，河南大学出版社，2013，第 269 页。

局自六月初一日起，均认明代派本报。凡由邮局订购者，不取邮费。”[①]除了直隶本省外，《北洋官报》尤其重视在京的发行。成立后不久还在北京设立分局，并在官报上发布分局广告：“现在本局在北京设立分局，发售书报，统由铁老鹳庙公慎书局一家经理，所有原设之方壶齐李宅分局，自闰五月初一日停止。”[②] 据考证，北洋官报局还在北京设立过印刷厂，“1908 年在北京白纸坊建另一个印刷厂。”[③]

京师是权力的中心，《北洋官报》在京师的发行，可以扩大袁世凯的政治影响力，增加袁世凯的美誉度。据统计，《北洋官报》前 100 期所登文牍，刊登了 66 篇地方督抚奏议，袁世凯占了 32 篇。正是如此，有论者以为，“袁世凯通过官方文牍也建立了自身致力于新政的开明督抚大员的形象。”[④]

限于目前的材料，很难统计《北洋官报》在北京的发行量。但是其经常被朝廷要员甚至驻外机构读到，说明其在京师影响力不小。如，御史江春霖阅读《北洋官报》并对其中的观点提出过质疑：“倾阅北洋官报，遂谓中国自来无科学，不觉失笑……谓中国无科学，诬古人莫甚。”[⑤] 1906 年，驻美公使从《北洋官报》中看到了奉天府、安东县、大东沟三埠自行开埠的办法，认为该办法不符合中美商约的规定，并向外务部提出交涉。[⑥] 御史王步瀛，也从《北洋官报》上看到官制改革的消息，专门提出自己的官制改革主张。王步瀛还专门上了一封奏折，开头就提出“窃臣阅本月十六日《北洋官报》所述‘京师近事’各条，备言官制，不无疑虑，夫报由官出，其言当非无稽，而事有难

① 《本报代派处》，《北洋官报》1903 年第 134 册。

② 《本局广告》，《北洋官报》1903 年第 91 册。

③ 万启盈编著《中国近代工业印刷史》，上海人民出版社，2012，第 254 页。

④ 姜海龙：《从文牍到新闻：早期〈北洋官报〉中的新政展示》，《中国社会历史评论》2014 年第 15 卷，第 381 页。

⑤ 江春霖：《四科》，载朱维幹、林鎧编纂《江春霖集》下册，马来西亚兴安会馆总会文化委员会，1990，第 423 页。

⑥ 《纪奉天县省城安东县、大东沟商埠》，载李毓澍主编《东三省政略》卷三，文海出版社，1965，第 2187 页。

行，似应熟思审处”。[①] 这些大致能够说明《北洋官报》在京师官员中还是有很大影响力的。

《北洋官报》的这种影响力，有助于袁世凯个人在朝廷中良好形象的构建。但是，当官报一旦出现不利于袁世凯个人形象的报道时，袁世凯也会变得小心谨慎，并饬令改正。上述御史王步瀛就《北洋官报》所登官制文章所上奏折就是一个例子。1906 年农历八月十六日的“京师近事”中，《北洋官报》一共刊登了 7 条新闻：“议订阁部大臣官守”“改订户部官制消息”“酌定年限裁撤兼差”“限期预算各部经费”“筹议选举议院问题”“饬查各学堂经费”“定期考试卒业医生”[②]，前 5 条都是当时朝廷上下所讨论的官制改革的问题，其中有 3 条开头署以“传闻”。

王步瀛在奏折中针对《北洋官报》登载的这 5 条官制改革内容逐一进行了批驳。如针对《北洋官报》所说的议设内阁总理大臣的事，王步瀛认为，“若号为内阁总理，不过近支王公，或者不明武断，名实相违，似转不若现设军机三五臣工参酌办理之为得”。[③] 在当时，改革官制是很敏感的内容，牵扯到清廷大员中的权力再分配，是否裁撤军机处改设内阁总理大臣是争论的焦点，醇亲王载沣、军机大臣铁良和荣庆等反对设立责任内阁；载泽、奕劻、袁世凯赞成设立内阁总理大臣，希望能够获得更多的实权，以限制慈禧和皇帝的权力。

当时，袁世凯在官制改革中设立内阁总理大臣的意图，在朝臣之间已有传闻。一些朝臣反对设立内阁总理大臣，暗示这样会导致袁世凯权势过重，从而削弱君权。御史刘汝骥在农历八月十三日的奏折中称：“继闻厘定官制大臣，有设总理大臣一人之议，是置丞相也。”并直言设立内阁总理大臣“是避丞相之名，而其权且十倍于丞相也”。[④] 御史赵炳麟认为，

---

① 《御史王步瀛奏新定官制多有未妥应饬认真厘定折》，载故宫博物院明清档案部编《清末筹备立宪档案史料》上册，中华书局，1979，第 427 页。

② 《京师近事》，《北洋官报》1906 年第 1147 册。

③ 《御史王步瀛奏新定官制多有未妥应饬认真厘定折》，载故宫博物院明清档案部编《清末筹备立宪档案史料》上册，中华书局，1979，第 427 页。

④ 《御史刘汝骥奏总理大臣不可轻设以杜大权旁落折》，载故宫博物院明清档案部编《清末筹备立宪档案史料》上册，中华书局，1979，第 421 页。

新官制会导致“大权操于大臣一二人”“流弊太多”。[①] 慈禧也因此对袁世凯心生戒备。《北洋官报》抢先刊载还未议决的官制改革传闻，被王步瀛参了一本，显然是帮了袁世凯的倒忙。袁世凯因此大为恼火，罕见地批评《北洋官报》：

> 官报记事，要贵采取实事为主，核与寻常报纸有闻必录之例正自不同。岂得以传闻无据之词率行登录？现查该局八月十六日报载京师近事各节，语多失实，最足淆乱听闻。似此人云亦云，于政界所关匪浅，亟应严行札饬。嗣后凡遇新闻，一切必须力求征实，速予改良。不准摭拾浮辞，致惑众听。[②]

面对袁世凯的指示，北洋官报局迅速登报自我检讨，相关责任人“当即于官报中据实更正”，并表示“虽在假期之内，而失察之咎万不能辞，业经电禀自请处分在案”[③]。自此以后，《北洋官报》很少再刊登这种容易给袁世凯招致麻烦、仅凭传闻获得的时政消息。

为避免此类事件再次发生，《北洋官报》在业务上进行了改革。其中最明显的改革就是将报刊栏目由“新闻”改为“近事”。在1906年之前，《北洋官报》的主要栏目一般分为：宫门抄、奏议录要、文牍录要、折片摘要、畿辅近事、各省新闻、各国新闻、要件等。1906年栏目稍有变化，“畿辅近事”进一步细化，分为“京师近事”和“本省近事”两个部分，把来自京城政务类报道和本地的政务类报道分开。[④] 从第1201册开始，《北洋官报》将“各省新闻”改为“各省近事”，“各国新闻”改为“各国近事”，“京师近事”和“本省近事”又合并成了“畿辅近事”，栏目

---

① 《御史赵炳麟奏新编官制权归内阁流弊太多折》，载故宫博物院明清档案部编《清末筹备立宪档案史料》上册，中华书局，1979，第438页。

② 《据实更正》，《北洋官报》1906年第1159册。

③ 《本局禀官报改良增添论说送呈样本请批示只遵由并批》，《北洋官报》1906年第1200册。

④ 目前所能看到的《北洋官报》第900册，栏目中有“畿辅近事”，第903册已改为“京师近事”和“本省近事”，第904册改为“京师新闻”和“本省新闻”，第905册又改回“京师近事”和“本省近事”。

中没有了“新闻”二字。

由此可以看出，袁世凯力图淡化新闻，突出公文，通过《北洋官报》不掺杂任何政治观点的报道，来维护自己的形象，在清廷的复杂政治斗争中得以保身。《北洋官报》在创刊伊始就提出，“命专重节取，而不事条驳……懔小辩破道之嫌，祛文字相倾之习，此物此志，勿相北驰而已”。[①]从一份官报来说，这样可以避免卷入舆论的漩涡；对于袁世凯来说，官报这样做可以树立他埋头苦干、不拉帮结派之形象。此可谓两全其美。

三　退隐时期的报刊交往

袁世凯在地方的势力过于强大，引起清廷的猜忌。1907 年 9 月，袁世凯被调回京城，任外务部尚书、军机大臣。这一调动明升暗降，实际上剥夺了袁世凯地方上的权力和北洋军的指挥权。接任直隶总督的是袁世凯的老部下，此前任山东巡抚的杨士骧。虽然调离直隶，袁世凯依旧对《北洋官报》有影响。这主要从袁世凯和直隶总督以及北洋官报局总办的联系上可以看出。

袁世凯离开直隶后继任的直隶总督杨士骧是袁世凯的老部下，他并没有对北洋官报局总办做出变动，该职位仍继续由袁祚廙担任。袁祚廙 1907 年初被任命为总办，为候补道员，且为袁世凯的幕府。在被任命为官报总办前，袁祚廙曾经在习艺所任职。[②] 袁祚廙以后的总办中，冯汝桓和袁世凯关系也很好。冯汝桓 1910 年被任命为北洋官报局总办，是袁世凯部下。在袁世凯退隐期间，冯汝桓和袁世凯有多次信件往来。从袁世凯的回信中看出，冯汝桓与袁世凯私交甚深。如 1909 年，袁世凯刚刚下野不到半年，冯汝桓就“雅贶汽水、洋酒两事”，[③] 袁世凯嫁女时，冯

① 《序三》，《北洋官报》1902 年第 2 册。

② 《官场纪事》，《大公报》1907 年 1 月 20 日。

③ 《复北洋官报局坐办即补道冯汝桓函稿》，载骆宝善、刘路生主编《袁世凯全集》第 18 卷，河南大学出版社，2013，第 415 页。

汝桓又送礼相贺，“珍贶衣料、屏镜八事”[①]。袁世凯51岁生日前夕，冯汝桓又“雅贶糖、烟、酒、烛等事”。[②] 袁世凯也多次向冯汝桓回信表示感谢。

冯汝桓之后的北洋官报局总办苏品仁是光绪年间进士，任过新阳县知县、长洲县知县、江苏省工商局总办道员，1909年经陈夔龙奏请委办江苏商务局兼充商务议员。苏品仁之后，袁世凯的五弟袁世辅被任命为北洋官报局总办，袁世辅是光绪年间江苏候补知府，[③] 或许是同在江苏做事、有过交往的缘故，苏品仁任《北洋官报》总办时，把袁世辅也拉了过去。袁世凯在回复苏品仁的信中表示感谢：“五舍弟蒙小帅笃念旧属，雅意萦维，获与执事同舟。尚希不吝教诲，是为厚幸。”[④] 后来苏品仁去禁烟局，袁世辅接充北洋官报局总办。

可以看出，即便是在“回籍养疴”期间，袁世凯仍然和北洋官报局总办保持密切联系，这些或是袁世凯任直隶总督时期的属僚、朋友，或者是其亲属，这说明袁世凯依旧在直隶有很大的影响力。其直隶旧属也可能推断世异时移，凭袁世凯的政治权术和影响力，一定会有再出山之时。

事实上，袁世凯在退隐期间，反而建立了良好的舆论形象。根据骆宝善的统计，退隐期间的媒体报道中，“袁世凯出山的呼声越来越高，开出的官职愈来愈大，表示对袁的倚重愈来愈迫切”。[⑤] 这种良好形象的树立，与其和媒体之间的交往是分不开的。他“主动与媒体联系，对其隐居生活进行曝光，如著名的‘垂钓图’，企图通过新闻照片塑造其与世无争的归隐生活，掩盖真实意图”[⑥]。袁世凯和《北洋官报》总办的交往，也说明其对媒体重要性的认识。对民报，袁采取即刻拉拢策略，对《北洋官

---

① 《复北洋官报局坐办即补道冯汝桓函稿》，载骆宝善、刘路生主编《袁世凯全集》第18卷，河南大学出版社，2013，第469页。

② 《复北洋官报局总办即补道冯汝桓函稿》，载骆宝善、刘路生主编《袁世凯全集》第18卷，河南大学出版社，2013，第539页。

③ 卫明理：《项城历史名人传略》，项城市姓氏历史文化研究会，2008，第356页。

④ 《复北洋官报局总办即补道苏品仁函稿》，载骆宝善、刘路生主编《袁世凯全集》第18卷，河南大学出版社，2013，第680页。

⑤ 袁世凯原著，骆宝善评点：《骆宝善评点袁世凯函牍》，岳麓书社，2005，第247页。

⑥ 郭传芹：《袁世凯与近代新闻事业》，花木兰文艺出版社，2013，第26页。

报》，则是一种私下交往，积蓄友情。从这一点看，袁世凯或许对于《北洋官报》有着更为长远的利用打算。

从《北洋官报》的报道看，在袁世凯离开直隶后，《北洋官报》仍然给予袁世凯很高的赞誉。1907 年 10 月 23 日，《北洋官报》在“要件”中刊登了天津各学校集体落款的《诰授光禄大夫袁宫保督宪德政颂》，对袁世凯在直隶的新政极尽颂扬。[①] 3 天后，又刊登了袁世凯答谢学、工、商界的颂词，表现出一种依依不舍之情：“属以内召，遂留枢府，未获与我绅商一别，辄用歉然。我绅商乃复跻堂致颂，赠物记念，备极殷拳，愧不敢当。”[②] 此时袁世凯已经调外务部尚书一个多月，《北洋官报》依旧用大幅版面来刊登，足见袁世凯虽然调任京师，对于直隶来说依旧有很大的影响力。1908 年，袁世凯捐助其老家——河南项城县七邑学堂的经费，[③] 虽然直隶并非受益省份，《北洋官报》也进行了刊登。

从 1909 年 1 月 2 日奉旨“开缺回籍养疴”，到 1911 年 10 月 14 日被授湖广总督这两年多时间里，《北洋官报》几乎没有刊登袁世凯的任何消息。但是如前所述，袁世凯依旧和北洋官报局的总办保持着交往。武昌起义后，清廷在列强压力下重新启用袁世凯，在清廷任命袁世凯为湖广总督四天后，《北洋官报》就发表了《德报赞扬袁宫保》，称“柏林电云：袁宫保补授湖广总督，德国报界极力赞扬”[④]。似有为袁世凯复出造势的味道。此后，袁世凯就任内阁总理大臣的上谕，以及袁世凯在镇压武昌起义时的来电等，《北洋官报》都及时刊登，袁世凯在《北洋官报》的报道中又重新回到了舆论的中心。

在武昌起义后，在《申报》《大公报》等报道中，清政府处于风雨飘摇，摇摇欲坠中，各地起义不断。而《北洋官报》不报道独立省份尤其是西南省份的情况，而是侧重于报道没有独立省份的“安靖”，或者是独立后又被清军反扑的省份，并且几乎全部使用当时的督抚电报、

① 《诰授光禄大夫袁宫保督宪德政颂》，《北洋官报》1907 年 10 月 23 日，第 1522 册。

② 《升任督宪袁宫保答天津学商工界颂词》，《北洋官报》1907 年 10 月 26 日，第 1525 册。

③ 《豫学孔札陈州府遵照院札奉宫保袁捐助项城七邑学堂经费转饬立案文》，《北洋官报》1908 年 12 月 5 日，第 1919 册。

④ 《德报赞扬袁宫保》，《北洋官报》1911 年 10 月 18 日，第 2936 册。

清军作战将领的电报、清廷的电报等，不引用民报的报道。这种有选择性的报道，一度制造出全国安宁、形势大好的景象。这反映出《北洋官报》在关键时刻对于袁世凯的支持。武昌起义后，袁世凯先后被任命为湖广总督和钦差大臣，有权节制赴武昌的水陆各军，成为清政府镇压武昌起义的希望。《北洋官报》的此类报道，显然是试图为袁世凯指挥镇压武昌起义制造良好的舆论。

四 《北洋官报》的民初“转身”

辛亥一役，新旧政权更替，1911 年就成了很多官报的终刊年份。如《湖北官报》《浙江官报》《四川官报》等均于当年终刊。《北洋官报》却不同，顺利实现了从晚清新式官报到民国公报的转身。1912 年 2 月 12 日的《北洋官报》是 3053 册，现存 3 月 1 日的《北洋公报》变成了 3061 册，而 2 月 13 日到 2 月 22 日因春节例行停报 10 天。这样来看，《北洋公报》的期数延续了《北洋官报》，这非但不是巧合，而是说明两者之间有着明显的继承关系。

《北洋官报》改为《北洋公报》，也在《北洋公报》的报道中得到了证明。晚清直隶最后一任总督张镇芳主政直隶时期，北洋官报局曾向其申请更名，并得到了批准：“窃查职局原办官报兼印刷事宜，然其初注重仅在官报，故定名曰官报局。及共和政体宣布，复经禀请，取消官报字样，改名为‘北洋公报兼印刷局’，蒙前督宪张批准，并请另颁发关防在案。”①

在政权的剧烈变动下，晚清帝制时代留下来的一份官报为何还能顺利过渡到民国？这和当时的政局有关系，亦和袁世凯在直隶的特殊地位有关。武昌起义后，南北革命的声势呈现出很大的不平衡性。在没有独立的一些北方省份，清末督抚换个“都督”称号，摇身一变，成为中华民国一省最高行政长官，此乃地方政权更替的一种方式。在直隶，清朝最后一

① 《本局详请将公报归督署办理并改局名为北洋印刷局录批抄详分别咨行由》，《北洋公报》1912 年 4 月 29 日，第 3120 册。

任总督张镇芳虽然没有接任中华民国的直隶都督，但袁世凯1912年3月11日任命的直隶都督张锡銮和袁世凯是昆弟之交，袁世凯依然在直隶有很大的影响力。南方的革命党人曾经提议，任命南京临时政府第三军军长王芝祥为直隶都督，以制约袁世凯在北方的势力。袁世凯虽然答应，却出尔反尔，改派王芝祥为南方军宣慰使，革命党的计划由此落空。

在北京，皇帝虽然已经退位，但是皇族强大的势力依旧对袁世凯有潜在的威胁。据《泰晤士报》记者莫理循记载，以良弼为首的宗社党，反对袁世凯逼迫清帝退位，甚至迫使袁世凯打算离开北京，逃亡天津，[①] 足见天津对于袁世凯来说，依旧有着独特的意义。

天津对于袁世凯如此重要，直隶又是由袁世凯的亲信所统治，《北洋公报》自然为袁世凯继续鼓呼。在栏目上，《北洋公报》相对于《北洋官报》做了很大的修改，此时报纸撤掉了"宫门抄""谕旨""折奏"这样的栏目，换成了"命令""布告""公呈"等新栏目，以适应从晚清到民国公文形式的变化。同时，《北洋官报》还刊登相关评论，在袁世凯和南方革命党的冲突中，在舆论上声援袁世凯，大造定都北方优于南方的舆论。1912年3月11日，《北洋公报》同时刊登了两篇关于定都的论说，署名"黔南屯隐任斌"的文章《建都北京之平议》和署名"桂林张心澄"的《建都金陵之驳议》，前者支持建都北京，后者反对建都南京，两者都列出了多条理由，为建都北京摇旗呐喊。3月18日开始，《北洋公报》刊登章太炎的《驳黄总长主张南都议》，3月20日、21日继续刊登此文，此文逐条驳斥了黄兴六条建都南京的理由，把革命党人的争论公开化。

《北洋公报》对于袁世凯统治的支持，还体现在对既有秩序的维护上，反对"莠言锲说"，劝导人民各守本分。比如，1912年3月29日，《北洋公报》发表署名"渊如为是"的论说《平等自由说》，在介绍公民应该享受的各种权利后，笔锋一转，劝导人们维护现有秩序，不要加入革命党派从事鼓动活动："倘肆莠言锲说，联悍党，弃仁里，惑左道，冒国书，得意洋洋，毫无忌惮，则本身逾闲荡检，法网难逃焉，能自保其产业

① 胡绳武、金冲及：《辛亥革命史稿》第四册，上海辞书出版社，2011，第1383页。

家宅乎？”[①]

1912 年 5 月 23 日，《北洋公报》更名为《直隶公报》。张锡銮认为，《北洋公报》为“本省公布法令机关”，沿袭旧“北洋”的字样，“其范围嫌于宽泛”。[②] 后来，《直隶公报》又和印刷分离，归入直隶行政公署。《北洋公报》改名为《直隶公报》，可能和当时《政府公报》的出版有关。1912 年 5 月 1 日，北京政府正式出版《政府公报》。《政府公报》虽然没有和《北洋官报》重名，但是“北洋”二字，随着袁世凯的崛起而渐渐和袁世凯势力联系在一起，“逮民国成立，乃形成所谓‘北洋派’，盖对南方其他军派而言。”[③] 作为民国的地方政府，此时再继续沿用“北洋”二字来命名地方的公报，可能会导致有人误认是北京政府的中央官报。《北洋公报》的改名，也从一个侧面说明了这份报纸对于北京政府的服从和对袁世凯的支持。

从上可以看出，从晚清到民国的转变，虽然是一场政治和社会的深刻革命，不过就像袁世凯从清廷的大员跨入民国成为临时大总统一样，作为旧政权的《北洋官报》，也摇身一变，成为新政权的报纸《北洋公报》。“一若民国成立，不能再留官报字样者。”[④] 在北京就任中华民国临时大总统的袁世凯，依靠其多年在北方经营打下的基础，牢牢控制着北方多个省份。尤其是直隶，依旧由袁世凯的亲信所执政。所以《北洋公报》依旧能够生存，并且继续成为袁世凯的鼓吹者。

五　结论

自新式报刊出现于 19 世纪的中国，当时的官员和政权就面临着如何看待和应对这一新事物的问题。回顾这段历史，清政府对新式报刊大致有

① 《平等自由说》，《北洋公报》1912 年 3 月 29 日，第 3089 册。

② 《北洋印刷局为〈北洋公报〉改为〈直隶公报〉通告周知由》，《直隶公报》1912 年 5 月 23 日，第 3144 册。

③ 张国淦：《北洋军阀的起源》，载杜春和等编《北洋军阀史料选辑》上册，中国社会科学出版社，1981，第 1 页。

④ 梦幻：《阅评二》，《大公报》1912 年 2 月 26 日。

一个从防范到限制，从被动利用到主动利用的过程。[①] 但是由于传统中国的政权是建立在官方公文书和邸报等传统信息传播体系基础之上，其对于新式报刊，无论是在观念上还是在制度安排上均难有根本性变革，加上政权内部动荡起伏，晚清政权在面对新式报刊时疲于应对，错乱丛生，似乎也就在所难免了。

不过，在此过程中，袁世凯也许是众多大员中对新式报刊持开放态度并能有效利用之少数官员之一。早在维新变法时期，他支持维新派和维新报刊，虽不乏投机意味，但已觉察到此类报刊之于国家和个人政治前途之价值。《北洋官报》的创立，是袁世凯洞悉当时朝廷改革意向和舆论动向所做出的一个大胆尝试，这客观上为其树立了改革大员之新形象。对于其中的风险，袁也能果断应对，及时纠偏，进而摸索到在晚清舆论中明哲保身的办报方式，助其树立低调、勤奋的形象。在其隐退蛰伏时期，袁世凯凭借个人的私人网络和积累的影响力，维持并利用与北洋官报的关系，北洋官报又成为袁世凯东山再起的重要凭借。袁世凯对于官报的利用一直延续到民初政党之争之中，改名后的报纸成为其维护政治利益，获取政治权势的有力工具。

同时也应注意，袁世凯对《北洋官报》之利用在一定程度上反映了旧官员与新媒体相遇时那种相生相克、新旧杂陈的复杂关系。对于袁世凯而言，借助新式报刊，固然让其脱离了传统意义上的旧官僚形象，为其攫取更多的政治资本，从而使其获得新生，但是，《北洋官报》毕竟仍处于旧体制之内，以体制内意见为俯仰，如果在制度安排和配置上无法突破，其新媒体的躯壳下仍然是旧体制的灵魂。这一点，上述袁世凯针对谣言坚决制止，进而导致官报"公文化"就是一个明显的例子。对于《北洋官报》这一新式报刊而言，借助袁世凯这一开明官员才得以问世，同时依靠其体制内资源，获得了较好的发展环境，但是也给了体制直接干预的理由和手段，这又在一定程度上限制了新媒体自身发展的特征和潜能。特别

① 关于被动和主动的分野，实难做一明显切割，但大抵有一个基本趋势。如维新变法时期倡办官报，以及清末新式官报的运用，大抵二者均有。在清末新政中还有大员出资支持民间报刊如《申报》《时报》，并引发官场抵制。这可算作一种积极主动的利用了。参阅李卫华《清末"官营商报"案研究》，《新闻与传播研究》2016 年第 3 期。

是当新媒体缺乏应有的制度环境时，实际上也就削弱了其对于旧体制和旧官僚的改造能力。

清末新式报刊的崛起，对于清政府而言，不仅是一个具体的媒介现象，更是一场治国理政的大考。清末新式官报的出现可以看作清政府对这场大考的仓促应对，规划不足，步调不一。袁世凯则是其中的一个积极响应者。但是，其应对远非游刃有余，也非如今人般有着后见之明，而是在权力的逻辑中对待新媒介。就其权势获取而言，这种新媒介固然有着一臂之功，但对于整个清政府而言，无疑它在这场大考中败下阵来。新媒介如何嵌入旧体制以使其发挥其改造效应，这对晚清执政者而言，必然是一场持续不断的考验。而《北洋官报》至民初摇身变成《北洋公报》及至《直隶公报》，大体是新旧事物遭遇时那种光怪陆离的极致表现。当然，也是民初政治新旧夹杂的一个原因，其中很难分清你我。这是阅读这段历史时尤应细细体味之处。

后　记

去年学院决定推出新闻传播学者论丛，邀我整理自己的作品，提交出版。得此令后，可谓犹豫再三。史家常言：治史者，四十岁前不作文。依此而论，吾辈学养，只能算是蹒跚起步的幼童，岂敢如此造次。但身为学院科研主管，这一角色似乎又要求自己“身先士卒”，“为有牺牲多壮志”。在如此矛盾中，已近交稿截止期，只能硬着头皮，披挂上阵，以做交代。

自20世纪末步入新闻史学殿堂，忽忽已过二十载矣。二十年弹指一挥间，检视自己留下的文字，真正能够入得了法眼的，可谓凤毛麟角。这不禁让人汗颜，更感叹史学道路之畏途。唯一感到欣慰的是，自己对于新闻史仍保持热爱，不离不弃，视为己命，方能在此路上坚持，甚至希望能够凭己之力，推进它，发展它。有着这份初心和希冀，也就能心灵安顿，无所彷徨了。

依笔者构想，收入此书的作品，大致能够观照自己从事新闻史研究的学术心路。我本科攻读政治学，硕士转入新闻传播学，受导师张昆教授影响，研究兴趣主要在政治传播；2003年投入方门之下，将政治传播与史学结合起来，从政治文化视野探讨近代中国报刊的舆论动员问题。博士后研习，受合作导师成露茜老师影响，从社会史视野提出近代中国的新闻职业化问题，关注和研究成舍我十余年。近年来则颇受互联网革命之震撼，将研究重心转向媒介，与诸众师友共同探寻，百家争鸣，从史学上呼应这一巨变。虽不能说已得堂奥，但本书所谓的“探索”和“反思”，大概是一直在进行，即使目前对于新媒介史的书写仍然战战兢兢，游离不定。只是关于新闻职业化的研究，因另有专书，相关文字也就未再纳入。编辑和整理此书，让我梳理和回顾来时之路，检讨学问之得失，同时可以明确未来方向，以做规划和展望。因此，此书于我而言，既是检讨自身学术得失之机会，又是承上启下的一个节点。如果能够通过自己的浅陋之见贡献方家一二，也就“幸甚至哉”了。

回顾这段求学路，可谓经历曲折，跌跌撞撞。在此期间，我先后就读于武汉大学、中国人民大学，之后在台湾世新大学从事博士后研究，工作单位也从我的家乡湖南转到武汉。其间得到所在单位同人诸多关心，更得到诸多名家指点，也离不开诸多学友的帮助。

在此，特别要感谢导师张昆老师、方汉奇老师和成露茜老师等在我求学期间先后给予的悉心指导和长期关照，投入三位门下，真是吾之学问之大幸。三位老师各有所长，对我学问影响至深。尤其要感谢导师张昆教授百忙中为学生拙作作序，给我鞭策和鼓励。

感谢我求学和工作的单位，湖南师范大学、武汉大学新闻学院、湖南大学、中国人民大学新闻学院、台湾世新大学以及华中科技大学新闻与信息传播学院的诸多老师、同事和同学。感谢吴高福、何梓华、吴廷俊、罗以澄、单波、黄旦、尹韵公、郭庆光、童兵、陈力丹、程曼丽、陈昌凤、唐绪军、杨保军、涂光晋、雷跃捷、强月新、蔡雯、李金铨、冯建三、李彬、黄瑚、刘家林、吴予敏、吴飞、倪延年、陈卫星、马艺、徐新平等师长在我学术道路上的点拨和照拂。感谢王润泽、邓绍根、刘海龙、孙玮、夏春祥、蒋建国、王天根、孙藜、路鹏程、胡翼青、向芬、程丽红、李秀云、张毓强、夏倩芳、俞凡、黄月琴、支庭荣、王金礼、吴果中、潘祥辉、王颖吉等学友在各种场合给我的建议和启发。感谢张满丽、刘瑞生、朱鸿军、张国涛、周奇、冯建华、纪海虹、刘小燕、刘鹏、焦宝、李建红、刘畅等编者为拙作发表和出版所做的辛勤工作。也要感谢一路陪同前行的可爱的同学们，以及参加媒介与文明读书会的所有朋友，书中不少文章是与他们相互交流和合作的成果。

最后，感谢社会科学文献出版社各位领导和专家对拙作出版的大力支持，感谢周琼老师为拙作编辑出版所做的辛勤工作。感谢华中科技大学新闻与信息传播学院组织和资助此书出版。

学术即生命。这里提交的只是本人学术生命中的一段体验，希望诸君都能与学术一道翩翩起舞，在学术史上留下一道美丽的弧线。

唐海江

2019 年 10 月于东湖之滨

图书在版编目(CIP)数据

转向媒介：中国传播史的探索与反思 / 唐海江著
. -- 北京：社会科学文献出版社，2019.12
（喻园新闻传播学者论丛）
ISBN 978-7-5201-3135-3

Ⅰ.①转… Ⅱ.①唐… Ⅲ.①传播媒介-新闻事业史-研究-中国 Ⅳ.①G219.29

中国版本图书馆 CIP 数据核字(2019)第 288545 号

喻园新闻传播学者论丛
转向媒介：中国传播史的探索与反思

著　　者 / 唐海江

出 版 人 / 谢寿光
责任编辑 / 周　琼
文稿编辑 / 杜红春

出　　版 / 社会科学文献出版社 · 政法传媒分社(010) 59367156
地址：北京市北三环中路甲 29 号院华龙大厦　邮编：100029
网址：www.ssap.com.cn
发　　行 / 市场营销中心（010）59367081　59367083
印　　装 / 三河市龙林印务有限公司

规　　格 / 开 本：787mm × 1092mm　1/16
印 张：17.25　字 数：269 千字
版　　次 / 2019 年 12 月第 1 版　2019 年 12 月第 1 次印刷
书　　号 / ISBN 978-7-5201-3135-3
定　　价 / 89.00 元

本书如有印装质量问题，请与读者服务中心（010-59367028）联系